Diana Maria Friz

Bertha Krupp
und ihre Kinder

Das Leben meiner Großmutter

Mit 138 Abbildungen

Deutscher Taschenbuch Verlag

Von Diana Maria Friz ist im
Deutschen Taschenbuch Verlag erschienen:
Margarethe Krupp. Das Leben meiner Urgroßmutter (dtv 24703)

*Ich widme dieses Buch dem Andenken
meiner Mutter Waldtraut von Bohlen,
meinen Kindern und Enkeln,
sowie allen anderen Mitgliedern
unserer zahlreichen Familie.*

**Ausführliche Informationen
über unsere Autoren und Bücher
finden Sie auf unserer Website
www.dtv.de**

MIX
Papier aus verantwor-
tungsvollen Quellen
FSC® C013736

Originalausgabe 2011
© 2011 Deutscher Taschenbuch Verlag GmbH & Co. KG, München
© für die Abbildungen, wo nicht anders vermerkt: Familienarchiv Hügel
(heute Historisches Archiv Krupp) und Privatbesitz der Autorin
Reproduktion: Michael Rasche, Dortmund
Dieses Werk wurde vermittelt durch
die Literarische Agentur Thomas Schlück GmbH, 30827 Garbsen
Umschlagkonzept: Balk & Brumshagen
Satz: Greiner & Reichel, Köln
Gesetzt aus der Minion 10,2/12,5˙
Druck und Bindung: Kösel, Krugzell
Gedruckt auf säurefreiem, chlorfrei gebleichtem Papier
Printed in Germany · ISBN 978-3-423-24905-8

Inhaltsverzeichnis

DAS DRITTE REICH

DER ZWEITE WELTKRIEG

DIE BUNDESREPUBLIK DEUTSCHLAND

Vorwort

Als meine Großmutter Bertha Krupp 1957 starb, war ich 13 Jahre alt. Ich erinnere mich gut an sie. Sie war häufig zu Gast in meinem Elternhaus, am Deliusweg in Bremen. Wir verbrachten gemeinsam Ferien in Haus Hasenheide in Kampen und später waren wir zu Besuch in ihrem Haus in der Berenberger Mark in Essen. Mein erstes Lebensjahr verbrachte ich in Blühnbach bei meinen Großeltern, wohin ich 1944 als Baby aus dem bombardierten Berlin geschickt wurde. Daran erinnere ich mich natürlich nicht, ebensowenig an meinen Großvater Taffy, der in meinem sechsten Lebensjahr starb. Wunderbare Erinnerungen an die Großmama habe ich dagegen von späteren Ferienbesuchen in Blühnbach. Wie unsere Großeltern, Eltern, Onkeln und Tanten liebte auch meine Generation das schöne große Jagdhaus in dem idyllischen Blühnbachtal, wo alle Familienmitglieder – ob jung oder alt – sich entspannten und erholten. Das war so bei der Großmama, bei meinem Onkel Alfried und auch bei meinem Cousin Arndt.

Vielleicht fällt es mir deshalb so schwer, diese Personen in den vielen Veröffentlichungen wiederzuerkennen, in denen sie als verschlossene oder kalte Charaktere geschildert werden, da ich sie doch so ganz anders in Erinnerung habe. Wie andere große Unternehmerfamilien oder Dynastien standen Bertha Krupp und ihre Familie immer im Lichte der Öffentlichkeit. Ihr Name stand für das, was man an Deutschland liebte oder hasste. Entsprechend fielen die öffentlichen Beurteilungen aus. Ich meine, dass meine Großmutter ein für das Großbürgertum ganz typisches Schicksal hatte. Davon zu berichten, bedeutet auch, die Geschichte vieler anderer deutscher Familien zu erzählen.

Meine Biografie über Bertha Krupp und ihre Kinder ist ein persönliches Buch. Ich erzähle aus der Perspektive der handelnden Personen und verzichte bewusst auf abschließende Wertungen

oder den Anspruch wissenschaftlicher Ausgewogenheit. Ich bleibe
so nahe wie möglich an den Quellen, meist Briefen aus dem Familienarchiv oder Privatbesitz, von denen die allermeisten noch nicht
veröffentlicht wurden. Das gilt auch für viele Fotos aus den privaten
Fotoalben der Familie.

Während der Arbeit an diesem Buch stellte ich zu meiner großen Freude fest, dass viele Quellen und Briefe, die ich bei meiner Re-
cherche fand, bestätigten, was innerhalb der Familie erzählt wurde.

Ich erzähle Berthas Leben aus ihrer Perspektive und der Perspektive der Kinder und hoffe, es gelingt mir darzustellen, ein wie
reiches Leben dies war. Ein Leben vor allen Dingen, das sich nicht
nur auf die Jahre des Dritten Reiches verkürzen lässt. Bei Ausbruch
des Zweiten Weltkriegs war die Großmama 53, der Großpapa 69
Jahre alt, ein wenig älter, als ich selber heute bin. Wenn ich mir
vorstelle, was es bedeutet, in der zweiten Lebenshälfte all dem aus-
gesetzt zu sein, was dieses Ehe- und Elternpaar erlebt hat, bedaure
ich, ihnen und ihrer Generation als junge Frau so überkritisch ent-
gegengetreten zu sein, wie ich es damals tat.

Im Gegensatz zu ihrer Mutter Margarethe Krupp verlief Berthas
persönliche Entwicklung gradlinig und ohne Brüche. Als einzige
aller Krupp-Frauen führte sie eine glückliche Ehe, die erst mit dem
Tod ihres Mannes endete. Ihres und das Leben ihrer Kinder waren
geprägt von den nahezu unaufhörlichen – meist dramatischen –
Veränderungen, die in der ersten Hälfte des 20. Jahrhunderts in
Deutschland stattfanden. Bertha wurde 1886 geboren. Sie verlebte
ihre Kindheit, Jugend und die ersten Ehejahre in den Zeiten Kaiser
Wilhelms II. Dann folgten der Erste Weltkrieg, die Weimarer Republik und das Dritte Reich. Im Zweiten Weltkrieg verlor sie zwei
Söhne und einen Schwiegersohn. Ein dritter Sohn blieb bis 1955 in
russischer Gefangenschaft. Ihr ältester Sohn wurde in den Nürn-
berger Prozessen verurteilt und erst 1951 freigelassen. 1950 starb ihr
Mann in seinem 80. Lebensjahr nach jahrelangem Leiden.

Es ist immer wieder gerätselt worden, inwieweit sich Bertha
ihm untergeordnet hat, wenn es um geschäftliche Belange ging. An
der Spitze der Firma Krupp stand Gustav, nicht Bertha, die sich bewusst im Hintergrund hielt, so dass der Eindruck entstehen konnte,

sie beschränke sich auf rein repräsentative Aufgaben. Die beiden waren ihr Leben lang zusammen. Es gibt keine Briefe oder andere Quellen, die Anhaltspunkte zu Klärung dieser Frage bieten. Tatsache ist jedoch, dass sie die Besitzerin von Krupp war, und sich dessen vollkommen bewusst. Meine Überzeugung, dass sie sehr wohl das Heft in der Hand hatte, gründet sich auf meine persönlichen Erfahrungen mit meiner Mutter, Waldtraut von Bohlen und Halbach. Sie war zweimal verheiratet und hat immer dafür gesorgt, dass nicht sie, sondern ihr Ehemann nach außen hin in Erscheinung trat. Sie selber hielt sich völlig im Hintergrund. Trotzdem war sie jederzeit über alles informiert und sie alleine war es, die entschied, was mit ihrem Besitz geschehen sollte.

Bis zu ihrem letzten Lebenstag bildete Bertha Krupp den Mittelpunkt ihrer großen Familie. Wir Enkel haben sie in Erinnerung als eine große Dame, die Gelassenheit und Weltgewandtheit mit Mütterlichkeit und Herzenswärme verband. Uns war sie näher als unseren Eltern, denn der Krieg, der Zusammenbruch der Firma 1945, die Witwenschaft und auch das Alter haben sie milder werden lassen, so dass sie uns gegenüber Gefühle zeigen konnte, die ihren Kindern zu zeigen sie sich nicht gestattet hatte.

Je schlechter die Zeit,
je weniger dürfen wir die Hände in den Schoß legen,
desto mehr müssen wir uns rühren!
Alfred Krupp

Anfangs hatte ich mir ausgemalt, was für ein Leben doch
eigentlich das Große Haus bergen könnte, eine Zuflucht
für Kunst und Wissenschaft, eine Geselligkeit im Stil
der Herzoghöfe des 18. Jahrhunderts, Schauplatz großen
Mäzenatentums. Aber dann wurde ich inne, wie wenig das
alles in das Jahr 1924 paßte, wieviel mehr die Aufgabe des
Tages bedeutete, die doch beide, Gustav wie Bertha von
Bohlen gefesselt hielt. Und ich sehe mich noch in tiefen
Gedanken in der großen Halle stehen, als mir aufdämmerte,
wie sehr Reichtum verpflichtet, daß er viel weniger Glück
als Aufgabe bedeute und daß auch der reichste Mann die
Freiheit nur aus seinem Gewissen kennt.[1]
Hans Freiherr von Wangenheim, 1924

DAS KAISERREICH UNTER WILHELM II.

Das Nützliche mit dem Angenehmen verbinden
(Baden-Baden 1904)

Die Haushaltungsschule in Baden-Baden ist Eigentum Ihrer König-
lichen Hoheit der Großherzogin Luise von Baden und befindet sich in
der Höchstderselben gehörenden, in unmittelbarer Nähe des Schloßes
sehr schön und gesund gelegenen Villa an der Burgstraße Nr 2.[1] Eine
mit zierlichen Pergolen gesäumte Terrasse schließt sich an den *zum*
Hause gehörenden hübschen Garten mit Pflanzungen von Spalier-
obst und Beerensträuchern[2] an, so recht geeignet, den beiden Schülerinnen, die heute eintreffen, einen guten Eindruck zu machen.
Fräulein Auguste Schück, die Vorsteherin der Großherzogin-Luise-
Haushaltungs-Schule, lässt es sich nicht nehmen, sie persönlich zu
empfangen. Bereits der prominente Nachname der beiden hätte
für diese Ehrung ausgereicht, aber Fräulein Schück weiß außerdem
um die Freundschaft, die ihre Vorgesetzte, die Großherzogin, mit
Margarethe Krupp, der Mutter der neuen Schülerinnen, verbindet.

Unter dem hochgeschlossenen Kleid aus schwarzem Tuch mit
dem kleinen weißen Spitzenkragen als einzigem Schmuck hebt sich
Fräulein Schücks üppiger mütterlicher Busen in neugieriger Erre-
gung. Wie alle Bürger der Stadt hat auch sie aus der Ferne das Geschehen um den skandalumwitterten Tod Friedrich Alfred Krupps,
des Vaters ihrer beiden neuen Schülerinnen, verfolgt. Man kennt
die Krupps in Baden-Baden. Die Familie bewohnt mehrmals im
Jahr die Villa Meineck, die eigentlich ein Schlösschen ist, das Fritz
Krupp gekauft und seiner Frau als Witwensitz geschenkt hat. Das
öffentliche Interesse an den Bewohnern ist seit dem sogenannten
»Krupp-Skandal« kräftig angeheizt worden. Eine Verleumdungs-
kampagne, in der der Firmenchef der Homosexualität beschuldigt
worden und damit in Gefahr geraten war, ins Gefängnis geworfen
zu werden, hatte in Italien ihren Ausgangspunkt gehabt und war in
Deutschland aufgegriffen worden.

Vor wenigen Monaten erst hat Fräulein Schück die Witwe des kaiserlichen Leibarztes, Mathilde Schliep, getroffen, die ihr von ihrer letzten Begegnung mit Friedrich Alfred Krupp berichtete. *Wir gingen auf dem ebenen Panoramarundweg auf der Höhe des Friesenberges, den Weg, den Ihre Majestät die deutsche Kaiserin Augusta täglich unter vielen Schmerzen ging. Auf dem freien Platz mit dem Kreuz standen einige Männer. Sie sprachen erregt italienisch, und Herr Krupp stand unter ihnen. Herr Krupp …, war das Herr Krupp? So oft er mir begegnete, rief er mir ein paar fröhliche Scherzworte zu … Und heute? Heute war er wie gehetztes Wild unter der Meute. (…) Als wir nach Hause kamen, fanden wir einen unerwarteten Gast in ernstem Gespräch mit meinem Mann. Excellenz Scholl, der Generaladjutant S. M., war im Auftrag seines Allerhöchsten Herrn gekommen. Ich weiß nicht, aus welchem Anlaß man Krupp bei S. M. verdächtigt hatte. Der Kaiser hatte gesagt: ich lege für diesen Mann meine Hand ins Feuer.*[3] Solche und ähnliche mehr oder weniger von den persönlichen Vorlieben geprägte Geschichten haben die Runde gemacht. Nachdem Friedrich Alfred Krupp dann am 22. November 1902 in Essen unerwartet und plötzlich verstorben war, flammten die Gerüchte wieder auf, angeheizt durch neue Gerüchte, es sei kein natürlicher Tod gewesen. Gedämpft wurde das allgemeine Getuschel dann allerdings während der Beerdigung durch eine großherzige Geste des Kaisers. Er war höchstpersönlich hinter dem Sarg einhergeschritten und hatte damit, wie die Zeitgenossen es ausdrückten, die Ehre des Hauses Krupp gerettet.

Das alles ist erst etwas über ein Jahr her. Heute stehen sie nun

Bertha Krupp 1906

vor ihr, Bertha, die 18-jährige Erbin des Hauses Krupp, und ihre um ein Jahr jüngere Schwester Barbara. Fräulein Schück ist von Margarethe Krupp ausführlich über die Erziehung der beiden

Klassenfoto der Haushaltungsschule in Baden-Baden mit Bertha und Barbara Krupp, 1904

Mädchen unterrichtet worden. Sie erhalten den üblichen Unterricht in deutscher Literatur, Französisch, Englisch, Geschichte, Zeichnen und Aquarellmalen, aber auch – vom Vater veranlasst – eine gründliche Ausbildung in verschiedenen naturwissenschaftlichen Fächern. Nun sollen sie die Sommermonate nutzen, um als Externe an einem achtwöchigen Kochkurs teilzunehmen, dessen Ziel es ist, den *Töchtern gründliche theoretische und praktische Anleitung in der einfacheren und feineren Kochkunst, im Backen, im Haushaltungsrechnen und in der Haushaltungskunde zu geben*[4]. Fräulein Schück ist sich bewusst, dass es sich hier nicht nur um die Vermittlung der Kochkunst handelt, sondern auch darum, den beiden Schwestern einen geschützten Raum zu bieten, in dem sie vor den Gerüchten, die über ihren Vater im Umlauf sind, abgeschirmt werden sollen.

Sie begrüßt die beiden würdevoll und freundlich und erklärt ihnen die Regeln ihres Instituts: *Von 9 bis halb 1 Zubereitung des Mittagessens, das die Schülerinnen mit der Vorsteherin und den Leh-*

Rückseite des Klassenfotos der Haushaltungsschule. In der linken Ecke ist die Unterschrift Berthas, in der rechten die Barbaras zu sehen.

rerinnen einnehmen. Von 2 bis 4 Uhr findet der theoretische haus-wirtschaftliche Unterricht statt. Nach Schluß desselben begeben sich die Schülerinnen nach Hause. Die Schülerinnen haben in einfacher Kleidung zu erscheinen und während der Arbeit die für die Haus-haltungskurse vorgeschriebene, von der Anstalt gegen Kostenersatz gelieferte werdende große Hausschürze zu tragen, außerdem ist ein Serviettenring mitzubringen[5]. Fräulein Schück weiß, dass Bertha und Barbara sich in diese Hausordnung problemlos einfügen werden. Disziplin und das jungen Damen der höheren Gesellschaft an-gemessene höfliche Betragen ist ihnen seit Kindertagen zur zweiten Natur geworden. Beide wurden auf dem Stammsitz der Krupps, der Villa Hügel in Essen, geboren und aufgezogen. Die Mutter Marga-rethe Krupp sorgte dafür, dass der sie umgebende Luxus ihnen nicht den Kopf verdrehte, indem sie ihnen immer und immer wieder klar macht, Reichtum sei eher Verpflichtung als Privileg. Der Besuch dieses Kochkurses ist Teil von Margarethe Krupps Bemühen, ihren Töchtern einen Einblick zu verschaffen in das normale, bürgerliche Leben und sie zu Einfachheit und persönlicher Bescheidenheit anzuhalten. Und das ist sicherlich in Baden-Baden einfacher als in Essen, wo sich alles und jedes um die Firma und Familie Krupp dreht und die Menschen den Schwestern nur selten unbefangen und natürlich begegnen.

Fräulein Schück sieht in den folgenden Wochen mit Freude, dass sich ihre Erwartungen erfüllen. Bertha und Barbara fallen in der Gruppe ihrer Altersgenossinnen nicht weiter auf, sie nehmen an den Spielen und Albernheiten genauso teil wie am Unterricht. Bertha, die ältere, erscheint ihr allerdings von gesetzterem Betragen und einem ihrem Alter unangemessenen Ernst. Die meisten ihrer Schülerinnen wirken jünger, pausbäckiger, eben noch ganz als die Backfische, die sie dem Alter nach sind. Barbara Krupp leuchtet der Schalk aus den Augen, sie ist immer für einen Streich oder Spaß zu haben. Bertha dagegen wirkt brav, ausgeglichen und jederzeit beherrscht. Das hängt – so vermutet die Institutsleiterin – sicherlich mit ihrem Status als Alleinerbin eines der größten Vermögen des Deutschen Reiches zusammen. Sie war erst 16 Jahre alt, als ihr Vater starb und ihre Mutter als Treuhänderin an ihrer Stelle den Firmenvorsitz übernahm. Seit jenem Tag wurde ihre Erziehung noch strenger, ihr Leben noch mehr überwacht als vorher.

Das gilt vor allem für ihr Leben in der Villa Hügel in Essen. Dort bestimmt ihre Gouvernante, Fräulein Brandt, über sie und legt gemeinsam mit der Mutter ihren Tagesplan und ihre Aktivitäten fest. Zwar nimmt an ihren Freizeitvergnügen auf dem Tennisplatz, beim Schlittschuhlaufen oder Reiten eine muntere Truppe von gleichaltrigen Freunden teil, aber immer ist sie umgeben von Mitgliedern des zahlreichen Personals. Seit sie denken kann, ist das Leben auf dem Hügel für sie ein Leben auf dem Präsentierteller vor einer immer gegenwärtigen Öffentlichkeit. Dazu gehören das Dienstmädchen, das ihr Zimmer in Ordnung hält, die Diener, die sie auf den Fluren trifft, oder die Gäste, die sich fast jeden Tag einfinden. Immer – so hat ihre Mutter es ihr von klein auf beigebracht – sehen die Menschen in ihr die zukünftige Herrin der Firma Krupp. Die

kleinen Freiheiten, die Margarethe Krupp ihrer jüngeren Tochter
durchgehen lässt, sind Bertha nicht gestattet. Die beiden Schwestern sind vom Temperament her grundverschieden. Wo Bertha sanft und zurückhaltend wirkt, sprudelt Bar-
bara vor Temperament und Lebensfreude, wo Bertha vorsichtig
handelt, ist Barbara impulsiv. Vielleicht gerade deshalb sind sich die
beiden sehr zugetan und vertragen sich bestens. In Baden-Baden,
weit entfernt von Essen und dem zeremoniellen Leben auf dem
Hügel, können sie im Kreis gleichaltriger Mädchen unbefangen und
fröhlich ihre Sommerferien verbringen und dabei sogar noch etwas
Nützliches lernen. Fräulein Schück jedenfalls sieht die Teilnahme
der beiden an dem Sommerkurs als einen Glücksfall an, nicht nur,
weil sie ihrem Institut Glanz verleiht, sondern auch, weil die großzügige Spende, die Margarethe Krupp für die sozialen Projekte der
Großherzogin stiftet, zum Teil auch ihr und ihrem Institut zugute-
kommt.

Besonders gelegen kommt ihr das Geld heute. Es ist der 20. September 1906, der Tag, an dem das Großherzogliche Paar seine Gol-
dene Hochzeit feiert. Die Großherzogin-Luise-Haushaltungschule
sendet dem Jubelpaar eine schön dekorierte Glückwunschadresse
mit dem Sinnspruch »Die Hand bei der Arbeit, das Herz bei Gott«[6]
und dem Text: *Euere Königliche Hoheit haben uns »blauen Kindern«* [die Schuluniform bestand aus einem blauen Kleid mit weißer Schürze] *stets so unendlich viel Liebe und Güte erwiesen, daß
unsere Herzen erfüllt sind von tief empfundener, inniger Dankbarkeit.
Als schwachen Ausdruck dieser Gefühle bitten wir Euere Königliche
Hoheit beifolgende Spende von 9550 Mark gnädig anzunehmen und
zu einem wohltätigen Zweck verwenden zu wollen.*[7] Es unterzeichnen
die drei Vorsteherinnen, die fünf Lehrerinnen und die 675 Schülerinnen, die seit der Gründung die Schule besucht haben, darunter
Bertha und Barbara Krupp, deren Mutter den Löwenanteil zu diesem Geschenk beigetragen hat.

Aus der Neuen Welt zurück in die Alte Welt (1862–1903)

Nicht weit von der badischen Landeshauptstadt Karlsruhe entfernt befindet sich das Schlösschen Obergrombach. Es liegt oberhalb des gleichnamigen Ortes und besteht aus den Ruinen einer mittelalterlichen Burg und einem Wohnhaus aus neuerer Zeit, beides eingebettet in eine von der alten Burgmauer umschlossene großzügige Gartenanlage. 1885 hat es Gustav Bohlen-Halbach (der Vater Gustav Krupp von Bohlen und Halbachs) gekauft. Er war der Sohn eines wohlhabenden amerikanischen Bürgers und 1852 nach Karlsruhe gezogen in der Absicht, dort Adelstitel und Grundbesitz zu erwerben. Das gelang ihm auch. Er war jahrelang im diplomatischen Dienst für das Großherzogtum Baden tätig, zuerst in Berlin, dann in Paris und Frankfurt. Höhepunkt seiner diplomatischen Karriere war seine Tätigkeit als Legationsrat und späterer Ministerresident der badischen Gesandtschaft in Den Haag. Er wäre gerne für immer in den Niederlanden geblieben. Dort wohnte er mit seiner Frau Sophie und der wachsenden Kinderschar im Winter in einem schönen Haus in Den Haag und im Sommer auf dem Schlösschen Beeckestijn in Nordholland, das seinem Schwiegervater gehörte. Mit irdischen Gütern war er wohl versorgt. Sein Vorfahr, Bohl Bohlen, war der Begründer einer angesehenen und wohlhabenden Quäkerfamilie in Philadelphia. Sein Schwiegervater, General Henry Bohlen, zeichnete sich in den europäischen und amerikanischen Kriegen des 19. Jahrhunderts aus und ging in den USA als Held in die Geschichtsbücher ein. Als Gustav Bohlen-Halbach 1862 dessen Tochter, seine Cousine Sophie Bohlen, heiratete, durfte das junge Paar ein Leben ohne finanzielle Probleme erwarten.

Der Plan, auch weiterhin in den Niederlanden zu bleiben, ging für die Familie Bohlen-Halbach nicht auf. Die deutsche Reichsgründung 1871 machte ihr einen Strich durch die Rechnung. Wie die übrigen deutschen bis dahin souveränen Staaten löste auch Baden seine auswärtigen Vertretungen auf. Dr. jur. Gustav Bohlen-Halbach, ehrenvoll dekoriert aus dem badischen Staatsdienst entlassen, wird 1871 geadelt und darf sich ab sofort »von Bohlen und Halbach« nennen.[8] Damit hat er die erste Voraussetzung für seinen Wunsch geschaffen, ein eigenes Stammgut zu besitzen. Dazu bedurfte es des Adelstitels, den er nun erworben hat, und eines bedeutenden Immobilienbesitzes. Mit dem Kauf des Schlösschens Obergrombach sowie eines anliegenden 56 Hektar großen Hofguts und der Einbringung des Familienhauses in Karlsruhe erfüllt er auch diese Bedingung, so dass 1885 sein Traum wahr wird. Als Vater von acht Kindern kann er seinen Besitz nun als unteilbaren Fideikomiss vererben und damit der Familie sichern. Dass alle diese Mühen 1923 Makulatur werden, weil Baden, wie viele andere Teilstaaten Deutschlands, dieses Erbprivileg aufheben wird, kann er zu dem Zeitpunkt natürlich nicht ahnen. Ebensowenig kann er wissen, dass er sich nur fünf Jahre seines neuen Lebens als adeliger Stammgutsbesitzer erfreuen wird. 1890, im Alter von 59 Jahren stirbt Gustav. Immerhin kommt er für diese fünf Jahre auch in den Genuss von anderen Vorzügen des Adelstitels. Er wird Hofzeremonienmeister am großherzoglich badischen Hof, hat Umgang mit Königen und Prinzen, Zugang zur Hoftheater-Loge und *die Berechtigung, bei allen dienstlichen Funktionen mit Hofequipagen abgeholt zu werden.*[9] Nicht zu vergessen das Privileg, auch nach außen hin seine Stellung durch die dem adeligen Stand vorbehaltene Uniform geltend zu machen, die bei höfischen Anlässen zu tragen ist: *Einen blauen Rock mit rotem Kragen, goldener Webkante, goldeingefaßten Knopflöchern und vergoldeten Knöpfen mit Namenszug, eine weiße Weste und weiße Beinkleider, das großherzoglich-badische Degengehenk mit Kordel und Quaste und einen Hut mit Kordons.*[10] Das ergibt wahrlich ein anderes Bild als das ewige Einerlei bürgerlicher Anzüge in dezentem Grau und Schwarz!

Als Gustav sen. 1890 stirbt, hinterlässt er seiner Witwe geordnete finanzielle Verhältnisse und eine achtköpfige Kinderschar: den 27-jährigen Arno (der vier Jahre später stirbt), den 25-jährigen Alwyn, den 24-jährigen Harry, den 22-jährigen Fritz und den als fünfter Sohn 1870 geborene Gustav, der zum Zeitpunkt des Todes seines Vaters noch nicht ahnt, dass er einstmals die schönste und reichste Erbin Deutschlands heiraten wird. Weitere Kinder sind Karoline (beim Tod des Vaters 18 Jahre alt) und Emily (16) sowie das 15-jährige Nesthäkchen Kurt. Das Leben der Familie geht weiterhin seinen geordneten Gang in der gleichen Weise, wie zu Lebzeiten des Vaters: Den Winter verbringt man im eigenen Haus in Karlsruhe und den Sommer in Obergrombach, wo sich die Familie auch um das Hofgut zu kümmern hat.

Das Schicksal der Kinder gleicht dem anderer Familien, die bürgerliche Tugenden und adeligen Glamour schätzen. Mehrheitlich wählen sie ähnliche Wege wie die Eltern: Alwyn wird großherzoglich luxemburgischer Oberstallmeister und Kammerherr sowie königlich preußischer Major. Nach seiner Pensionierung lebt er bis zu seinem Tode bei seiner Mutter in Obergrombach. Gustav junior wählt den diplomatischen Dienst, den er als Legationsrat beendet. Karoline heiratet Hans von Winterfeldt, und Emily, Gustavs Lieblingsschwester, vermählt sich mit Sigmund, Freiherr Göler von Ravensburg, großherzoglich badischer Kammerherr und späterer Hofmarschall. Kurt, der Jüngste, strebt eine militärische Karriere an. Alles in allem deutet nichts darauf hin, dass die von Bohlen und Halbachs etwas Besonderes sein könnten.

Und doch müssen sie etwas Besonderes haben, etwas, das sie von anderen Familien unterscheidet. Vielleicht ist es das herzliche und harmonische Familienleben, auf das viele Briefe hinweisen. Die Witwe Sophie von Bohlen und Halbach etwa erhält zu ihrem 65. Geburtstag am 23. Juni 1902 von ihrem Sohn Gustav aus Peking, wohin ihn das Auswärtige Amt des Deutschen Reiches geschickt hatte, folgenden Brief: *Meine liebste Mama, eigentlich hatte ich seit dem vergangenen Jahr schon immer gehofft, daß ich den diesjährigen 23. Juni mit Dir sein würde und mit so vielen Lieben als möglich in Obergrombach zusammen zu sein. Aber seit Anfang dieses Jahres kam ich immer mehr zu der Überzeugung, daß die bestehenden Zustände es mir nicht erlauben werden, diesen Posten vor dem Sommer oder sogar später noch zu verlassen.*

Du weißt, liebe Mama, daß mich meine Arbeit genügend interessiert, um mir zu helfen, diese Enttäuschung zu überbrücken. Auch wäre es diesmal wieder so gewesen, wüßte ich nicht zu gut, daß es nicht nur meine eigene Enttäuschung ist, sondern auch Deine, welche für mich aber viel wichtiger ist. (...) Zu diesem 23. Juni kann ich Dir also nur per Brief meine wärmsten Glückwünsche senden und alles Gute. Ich bin sicher, daß Du weißt, daß gerade an diesem Tage meine Gedanken und Gebete noch mehr bei Dir sein werden wie sonst und wie ich Dir wünsche, daß so viele von Deinen Kindern wie nur möglich durch ihre Gegenwart Deinen Geburtstag erhellen werden. Dadurch wirst Du vielleicht ein Kind weniger vermissen, welches Du von seiner frühesten Kindheit an so verwöhnt hast mit Deiner Liebe, wie nur eine Mutter wie Du es kann. – Der Liebe Gott möge mit Dir sein, wie bisher; möge er auch mit uns sein, daß wir es wert sind, daß Du uns so viel Liebe geschenkt hast. (…)

Herzlichste und liebe Grüße an alle und besonders meinem eigenen, lieben Mamachen, von Taffy.[11]

Mutter Sophie erhält diesen Brief in Obergrombach, wo sie im Erdgeschoss an ihrem kleinen viereckigen Tisch sitzt, auf den durch die Butzenscheiben genügend Licht zum Lesen und Schreiben fällt. Durch die Eingangstür dringt der Duft der Sommerrosen, der ihre Geburtstage immer begleitet. Dann nimmt sie den Stift zur Hand und schreibt unten auf den Brief: *such a dear, dear letter*[12].

Diplomat in China (1900–1903)

Im Spätsommer des Jahres 1900 bot der Norden Chinas ein Bild äußerster Verwüstung. Die gewaltigen Stadtmauern der Hauptstadt Peking waren teilweise niedergerissen, ganze Stadtviertel waren in Schutt und Asche gelegt und das Gesandtschaftsviertel durch Kanonenbeschuß weitgehend zerstört. Nicht wesentlich anders sah es in Tietsin, der zweitgrößten Stadt Nordchinas, aus. In dem Gebiet zwischen den beiden Metropolen waren die Dörfer niedergebrannt und entvölkert, in den Flüssen der Region trieben Leichen.[13] Die Situation ist das Ergebnis des Boxerkriegs in diesem Sommer, der durch die europäischen Kolonialmächte niedergeschlagen wurde. Die chinesische Boxer-Bewegung hatte sich gegen die chinesischen Christen und die europäischen Kolonialmächte gewendet und führte Attacken gegen Ausländer und ausländische Einrichtungen durch. Sie belagerten unter anderem das Gesandtschaftsviertel. Der deutsche Gesandte Clemens von Ketteler wurde am 20. Juni 1900 ermordet. Kaiser Wilhelm hielt seine berüchtigte Hunnenrede, Europäer und Amerikaner stellten ein gemeinsames Expeditionsheer auf unter deutschem Kommando, das im August Peking einnahm und drei Tage lang plünderte. In Nordchina gab es »Strafexpeditionen« und brutale Ausschreitungen vonseiten der alliierten Truppen. Dies ist das Panorama, das der 30-jährige Diplomat Gustav von Bohlen und Halbach vorfindet, als er nach einer langen See- und Landreise im Herbst des Jahres 1900 in China eintrifft. 1893 war er in Heidelberg zum Dr. iur. promoviert worden und hatte danach die Ochsentour durch den diplomatischen Dienst durchlaufen: zuerst im Dienste des Großherzogtums Baden, dann für das Auswärtige Amt Berlin. Dieses schickt ihn nun an die Kaiserlich Deutsche Gesandtschaft nach Peking.

Am Freitagmorgen brachen wir von Tientsin auf, fuhren mit der Eisenbahn, soweit es ging, bis Yangtsun, und bestiegen dann dort die Pferde, welche das Kavallerie-Regiment mitgeschickt hatte. (...) Unser Gepäck, es waren nur Handkoffer mit dem Allernötigsten und Vorräte an Lebensmitteln für drei Tage, wurde auf Karren verladen. Wir hatten einen recht angenehmen Ritt durch eine sehr wilde Gegend, kamen durch viele Dörfer, alle zerstört, dann nach Wu-sing-Fu, das wir gegen 5 Uhr nachmittags erreichten. (...) Gerüchte gingen um, dass 1000 Chinesen-Soldaten und 1000 Boxer nicht weit fort waren. (...) So viele Tausende, vielleicht Millionen, Chinesen, die aus ihren Behausungen zwischen Taku und hier vertrieben wurden, leben nun in den Feldern, durch hohes Gras oder Gebüsch verdeckt. Es ist daher kein Wunder, daß jetzt, wo der Winter zu kommen droht, Kälte und Hunger sie dazu treibt, verzweifelte Versuche zu machen, um an etwas Eßbares heranzukommen.[14] Die Reisegruppe gelangt ohne Zwischenfälle nach Peking, der sagenumwobenen Stadt, die der junge Mann ernüchtert so beschreibt: *Peking selber ist wirklich eine trostlose und staubige Stadt, wohl das Ödeste, was man sich vorstellen kann. Lange Straßen mit nur einzeln dastehenden Häusern, diese Straßen sind aber nur Schmutz und Staub.*[15] Welch ein Unterschied zu Berlin und Washington, wohin ihn seine berufliche Laufbahn bis jetzt geführt hatte. Die Entsendung in das unwirtliche Peking hat ihm zwar zu einem Karrieresprung verholfen – er ist als 2. Legationssekretär der dritte im diplomatischen Rang nach dem Botschafter und dem Kaiserlich Deutschen Gesandten –, dafür aber wird die Tätigkeit in dem von den Boxerkriegen verwüsteten Nordchina nicht einfach sein.

Nach ihrer Ankunft in Peking richten sich die Deutschen wie die anderen Europäer in dem zerstörten Gesandtschaftsviertel ein. Gustavs Briefe berichten von den Schwierigkeiten, die eintreffenden Gäste und Truppen unterzubringen, zu versorgen und standesgemäß zu betreuen. Er nimmt teil an den Verhandlungen über einen Frieden, die im Januar 1901 mit dem für die Chinesen sehr demütigenden »Boxer-Protokoll« endeten, und arbeitet einen Teil der Unterlagen aus. Die Kaiserinwitwe Cixi, die in Wirklichkeit die Regentschaft führte, hatte schließlich die Bedingungen der Kolonialmächte akzeptiert. Dazu gehörte auch der Bau des Ketteler Bogens als Denkmal für den ermordeten deutschen Gesandten Clemens Freiherr von Ketteler, für dessen Bau Gustav verantwortlich ist. Er beobachtet und kommentiert ausführlich die Unterschiede zwischen chinesischer und europäischer Kultur.

Besonders beeindruckt ihn seine Begegnung mit der Kaiserin-Mutter, die er in einem Brief an seine Mutter Sophie anschaulich beschreibt: *Meine liebste Mama, ich möchte Dir heute schreiben, um Dir die Ankunft des Hofes gestern zu schildern. – Wenn es bisher immer verboten war, daß sich irgendjemand auf den Straßen aufhielt oder zeigte, oder überhaupt auch aus den Häusern zusah, wenn der Kaiser aus der »Verbotenen Stadt« getragen wurde – ja es bestand Todesstrafe für so ein Vergehen – so durften gestern nun die Leute wenigstens aus den Seitenstraßen zusehen und aus den Fenstern. (…) Recht pünktlich kam die Courtège* (der Hofstaat) *an. (…) Als eine Sänfte in etwas dunklerer Seide vorbeikam, da knieten alle nieder: Jeder Chinese auf der Straße, Beamte, Offiziere, Zuschauer, ja sogar die Soldaten, während sie das Gewehr präsentierten! Diese Sänfte wurde von 16 Kulis getragen und wurde zu einem Tempel innerhalb des Chien-Men Tors gebracht. Die Sänfte wurde niedergestellt, und da kam der Kaiser heraus, um für einige Minuten in den Tempel zu schreiten. (…) Aber einige Minuten, nachdem der Kaiser wieder in seiner Sänfte unterwegs war, kam eine dieser sehr ähnliche vorbei und wurde zu dem Tempel getragen, über dem ich* (auf der Tartaren-Mauer)[16] *nun gerade stand. Von diesem Tragstuhl stieg die Kaiserin-Mutter, die so berühmte »Boxer-Tante« aus! Ich konnte sie mir genau ansehen, da ich ja nur etwa um die sieben Meter von ihr entfernt über ihr stand. Nie hätte ich gedacht, daß sie es sein könnte, sie sah so jung und nett*

*aus! (…) Nach einigen Minuten kam sie wieder aus dem Tempel her-
aus und schaute eben so nach oben, gerade dahin, wo ich stand; dann
mit einer entschlossenen Bewegung, drehte sie den Kopf nach oben und*

Gustav von Bohlen und
Halbach als Bräutigam,
1906

Bertha als Braut, 1906

*sah hinauf zu mir, und ich, der eigentlich ziemlich von den anderen
isoliert stand, nahm meinen Hut ab und machte eine Verbeugung.
Die anderen, die dies beobachtet hatten, folgten nun meinem Beispiel,
und sie nickte nun immer wieder herauf mit einem Lächeln. (…) Für
mich bedeutete diese Geste, daß die Kaiserin-Mutter, sie allein ist ja
letztlich der »Regent«, eine äußert kluge und gescheite Frau ist, die
sich geschickt neuen Umständen und Umgebungen anpassen kann.
Umsomehr bin ich sicher, daß hier nun für viele Jahre alles in Ruhe
seinen Gang gehen wird.*[17]

Doch es gibt auch lange Tage des Dienstes, an denen nichts geschieht. Um dieser Eintönigkeit zu entfliehen, erkundet er auf seinem Pferd »Coquette« die nahe und die weitere Umgebung. Sobald
sich ein anderer abenteuerlustiger junger Diplomat einfindet, wer-

den gemeinsame Reisen in das Landesinnere organisiert. *Morgen werden es 14 Tage, daß Graf Wedel und ich auf unseren Chinesenponys, begleitet von einem Mafu* [chinesischer Diener], *reitend aufbrachen und froh und glücklich waren, nach etwa einer halben Stunde Ritt die Mauern der Stadt mit all ihrem Staub hinter uns zu lassen und auf dem offenen Land zu sein. Unser Gepäck wurde von Maultieren getragen, welche eine Stunde vor uns losgegangen waren und mit denen wir kurz hinter der Stadt zusammentrafen. In einem der nächsten Orte mußten wir mit dem örtlichen Mandarin eine Tasse Tee trinken (…) Dann in Shaho, unserer Lunch-Station, wurden wir von mohammedanischen Mönchen begrüßt, in deren Tempel wir zweimal im vergangenen Jahr auf dem Wege zu und von den Ming-Gräbern unseren Lunch eingenommen hatten. (…) Als wir am anderen Morgen den Paß zur Großen Mauer hinanstiegen, blies der Wind immer noch recht stark. (…) Am Nachmittag, als die Straße etwas besser wurde, konnten wir wieder reiten, und kamen in Huailai gegen Abend an. (…)*[18] Auch der Besuch eines neu erbauten christlichen Trappistenklosters, das die Wirren des Boxer-Aufstandes heil überstanden hat, steht auf dem Programm. *Samstag früh verließen wir die Mönche wieder und kletterten fast senkrecht eine Gebirgskette empor, von deren Höhe man wieder einen herrlichen Blick hatte, auf eine fast endlose, schneebedeckte Bergkette. Man kann sich kaum etwas Schöneres vorstellen als diese wilden, felsigen, spitzen Berge und im Kontrast dann mittendrin das europäisch gebaute Kloster!*[19]

Die Ausflüge können nicht verhindern, dass Gustav sich in Peking zu langweilen beginnt. Die Krise ist vorüber, der Frieden geschlossen, der Dienst wird zur Routine und der junge Mann sehnt sich nach Hause zurück. Endlich, im Juni 1903, kommt die ersehnte Versetzung zurück nach Europa. Einige Monate vergehen noch mit einem Praktikum bei der Discontogesellschaft in Berlin, dann wird er wieder befördert, diesmal zum Legationsrat an der Königlich Preussischen Gesandtschaft beim Heiligen Stuhl in Rom. Dort wird drei Jahre später das Schicksal den 36-jährigen Gustav von Bohlen und Halbach mit der 20-jährigen Bertha Krupp zusammenführen.

Ihr Glück wird unser Glück sein ... (1905–1906)

Über die andere Angelegenheit, die Sie in Ihrem Briefe berühren, möchte ich mich nicht weiter schriftlich auslassen. Auch habe ich darüber niemals mit meiner Mutter gesprochen, doch glaube ich bestimmt, daß der Grund ihres damaligen Verhaltens, nichts in der Angelegenheit zu tun, wohl insofern ganz verständlich ist, da man froh ist, wenn derartiges nicht noch mehr aufgewühlt wird und man schließlich doch immer der leidende Teil bleibt. Jedenfalls war es in derartigen Sachen stets unser Grundsatz, möglichst nicht darauf zu reagieren.[20]

Mit diesen sibyllinischen Worten bezieht sich Bertha Krupp, inzwischen 38 Jahre alt und selber achtfache Mutter, in einem Brief an Anna Caspary, die Biografin ihrer Mutter, auf die Tragödie, die ihre Mädchenjahre überschattete: den Krupp-Skandal und den Tod ihres Vaters. In den 23 Jahren, die seither vergangen sind, hat sie mit ihrer Mutter nicht über den Vorwurf reden können, ihr Vater habe homosexuelle Neigungen gehabt. Hinter dem neutralen »man«, »immer der leidende Teil« verbirgt sie ihre eigenen Gefühle.

Der Tod des Vaters am 22. November 1902 beendet schlagartig die bis dahin behütete und im Wesentlichen glückliche Kindheit der beiden Schwestern. Sie verlieren nicht nur plötzlich den Vater. Gleichzeitig verändert sich auch das Verhalten ihrer Mutter. Sie war immer ernst und beherrscht gewesen, doch jetzt legt sich ein Schleier der Depression über sie. Darüber hinaus wird ihre Zeit für die Töchter knapper, denn die neuen Pflichten in der Firmenführung beanspruchen sie sehr. In diesen Jahren muss Margarethe sich zudem noch um todkranke und pflegebedürftige Familienmitglieder kümmern. »Das höchste Gut des Menschen ist die Pflicht«, ist Margarethes Wahlspruch, nach dem sie nicht nur lebt, sondern den sie sogar für ihr Grabmal bestimmt.

Von Bertha und Barbara sind aus dieser Zeit keine persönlichen Aussagen überliefert, aber es ist unwahrscheinlich, dass sie das veränderte Verhalten der Menschen in ihrem Umfeld nicht bemerkt haben sollten. Trotz monatelanger Abwesenheiten von Essen, sei es durch Sommerkurse oder durch Reisen in das In- und Ausland, verbringen sie doch die meiste Zeit in ihrem Zuhause auf dem Hügel.

Dort hat sich die Atmosphäre nach dem Tod des Vaters verändert, ist ernster, schwermütiger geworden. Wenn man den Briefen der Mutter Glauben schenkt, reagiert Bertha auf alles dies, indem sie noch stiller, noch introvertierter, noch ernster wird. Barbara hat ein robusteres Naturell. Sie nimmt die Dinge leichter, treibt viel Sport und liebt es, ihre gleichaltrigen Freunde um sich zu haben. Und sie ist frei von den Verpflichtungen, die auf Bertha lasten.

Mutter Margarethe tut, was in ihren Kräften steht, um ihren Töchtern trotzdem eine heitere, wenn schon nicht unbeschwerte Jugend zu bieten. *Bertha und Barbara sind munter und vergnügt,* schreibt sie, *aber der Ernst des Lebens tritt doch auch schon an sie heran, während ich ihnen so gern die harmlose Jugend recht lange ausdehnen möchte.*[21] Dieses Ziel ist in Essen nicht zu erreichen. Am ehesten gelingt es auf Reisen, eine Zeit der Leichtigkeit und Unbeschwertheit zu schaffen. Eine Zeit auch, in der die Töchter sich bilden und im gesellschaftlichen Umgang üben können. Und so reisen sie im Frühjahr 1905 nach München und Baden. In einem Brief an ihren Berliner Arzt und vertrauten Freund Oskar Vogt berichtet Margarethe von weiteren Reiseplänen: *Ende September, Anfang Oktober gedenken wir die Hochzeit meiner Nichte mitzumachen und dann hoffe ich, falls das Wetter nicht zu ungünstig ist, vielleicht auch eine kleine Reise zur Erholung von dem sehr anstrengenden Sommer zu machen. Wir liebäugeln mit Kopenhagen[22] und Rügen, und wenn wir im letzteren Falle über Berlin kommen, hoffe ich Sie jedenfalls zu sehen. Unsere Pläne sind ja stets sehr unsicher, zunächst müssen wir am 19. nach Coblenz, da wir zum Empfang der Kaiserin befohlen sind. Bei der Gelegenheit wollen wir auch die Kaiserparade ansehen, junge Damen müssen doch militärisch gebildet werden!*[23] Den Winter über bleiben alle auf dem Hügel in Essen, aber kaum sprießen die ersten Schneeglöckchen, erwacht wieder die Reiselust.

Deshalb befinden sich in den Ostertagen des Jahres 1906 die drei Damen Krupp – Margarethe, Bertha und Barbara – in der üblichen Begleitung von Fräulein Brandt, deren Rolle sich von der Gouvernante der Töchter in die der Gesellschafterin der Mutter gewandelt hat, in Rom. *Nach allerlei Hindernissen sind wir nun doch seit 14 Tagen hier in Rom gelandet, wo uns herrlicher Sonnenschein empfing und wo wir schon sehr viel Schönes und Interessantes genossen haben.*

Da wir die Sache ziemlich gründlich machen, ist es freilich ermüdend, aber da die Beschäftigung so ganz anderer Art wie gewöhnlich ist, empfinde ich den Aufenthalt doch als große Erholung und freue mich des Interesses und wachsenden Verständnisses meiner Töchter. Falls nichts Unerwartetes dazwischen kommt, werden wir wohl bis in die 2. Hälfte April hier bleiben, da ich gern etwas von der weiteren Umgebung Roms sehen möchte, und dann werde ich wohl den Wünschen meiner Töchter nachgeben (...) und eine kleine Orientreise über Corfu, Athen, Konstantinopel, Bukarest, Pest, Wien unternehmen, so daß wir Mitte Mai (...) heimkehren, um dann bis zum Winter häuslich zu bleiben.[24]

Zu diesem Zeitpunkt ahnt Mutter Margarethe noch nicht, dass tatsächlich etwas Unerwartetes dazwischen kommen und alle ihre Pläne ändern wird, dass sie nicht nur ein normaler arbeitsreicher Sommer in Essen erwartet, sondern außerdem die Verlobung und Hochzeit ihrer ältesten Tochter Bertha. In Rom lernt Bertha nämlich den Diplomaten Gustav von Bohlen und Halbach kennen[25]. Er ist 15 Jahre älter und einige Zentimeter kleiner als sie und er sieht blendend aus. Die Deutsche Botschaft am Vatikan hat ihn mit der Betreuung der prominenten Damen aus Deutschland beauftragt und zu ihrem Fremdenführer in Rom bestimmt. Die vierzehn Tage, die dieser Aufenthalt dauert, weicht er keinen Augenblick von ihrer Seite, und so kann sich die Liebe zwischen der zurückhaltenden 20-jährigen Bertha und dem weltgewandten, weitgereisten und warmherzigen Mann ungestört entfalten.

Mutter und Töchter unternehmen zwar noch die geplante Orientreise, aber kaum sind sie wieder nach Essen zurückgekehrt, wird am 31. Mai die Verlobung zwischen Bertha Krupp und Gustav von Bohlen und Halbach bekanntgegeben. Die Bekanntmachung an das Direktorium lautet: *Freudigst bewegt teile ich dem Direktorium mit, daß sich meine älteste Tochter Bertha mit Herrn Gustav von Bohlen u. Halbach, Legationsrat der Königlich Preußischen Gesandtschaft beim Päpstlichen Stuhl, verlobt hat. – Überzeugt, daß alle Angehörigen der Fabrik an unserer Freude aufrichtigen Anteil nehmen werden, bitte ich diese Nachricht auf der Fabrik sofort bekannt zu geben. – Frau F. A. Krupp.*[26]

Die Nachricht, die kurz vor ihrer Volljährigkeit stehende Alleinerbin des Unternehmens habe einen Ehemann gewählt, schlägt in der Firma wie eine Bombe ein. In dem handschriftlichen Brief des Direktoriums, der in seiner herzlichen Art viel über das gute Verhältnis zwischen Margarethe Krupp und den Direktoren verrät, heißt es: *Frau F. A. Krupp, Hügel. In treuer unwandelbarer Anhänglichkeit bringen wir Ihnen, verehrte Frau, auch im Namen der Werksangehörigen sowie Namens unserer Familien die herzlichsten Glückwünsche dar zu der Verlobung Ihrer erstgeborenen Tochter, unseres lieben Fräulein Bertha, mit Herrn von Bohlen und Halbach. – Gott gebe, daß dieser Herzensbund eine neue Quelle höchsten Glückes auch für Sie werde, und lasse denselben zum Segen werden auch für die großen vaterländischen Interessen, die mit den Krupp'schen Unternehmungen untrennbar verbunden sind, und für die gewaltige Menge aller derjenigen, welche ihre Lebensaufgabe in der Arbeit für und in diesen Werken finden. – Die Mitglieder des Direktoriums.*[27]

Jedem ist klar, dass der Bräutigam entscheidenden Einfluss auf die Zukunft des Unternehmens haben wird. Und jedem, der ein wenig Kombinationsgabe hat, ist auch klar, warum diese Verbindung von der Brautmutter gefördert und zügig vorangetrieben wird. Margarethe Krupp, die seit dem Tod ihres Mannes die Interessen ihrer Tochter in der Firma gut und würdig vertritt, ist sich vollkommen bewusst, dass dieses Amt am 29. März 1907 mit der Volljährigkeit ihrer Tochter enden wird und Bertha spätestens zu diesem Zeitpunkt einen Ehemann an ihrer Seite haben muss, der ihr hilft, den Anforderungen, die an sie gestellt werden, gerecht zu werden. Es fällt nicht schwer sich vorzustellen, wie sehr sich Margarethe, deren eigene Ehe unglücklich war, für ihre Tochter freut, die aus Liebe heiraten darf. *Dies strahlende Glück mit anzusehen ist wirklich eine Herzensfreude, für die ich nicht dankbar genug sein kann, und die mir Entschädigung ist für vieles Herzeleid und viele Enttäuschungen, die mir das Leben bisher gebracht hat. Daß diese auch meinen Kindern nicht erspart bleiben werden, ist ja gewiß, aber hoffentlich bleibt es auf ein geringes Maß beschränkt, und der Widerschein einer so durchaus glücklichen Zeit, wie sie sie beide jetzt doch haben, durchleuchtet dann spätere event. trübe Stunden. (…) Bertha ist mir sogar überraschend, durch ihre Initiative (…), kurz in der Richtung habe ich momentan nur Sonnenschein und fühle mich ordentlich als ob ich wieder jung wäre.*[28]

Von Freunden gefertigte Zeichnung
zur Verlobung von Bertha und Taffy im Mai 1906

Als aufricht'ge Gratulanten

Nahen heut' die Altbekannten.

C. Netto & Frau.

Nach der Bekanntgabe der Verlobung werden die Mitglieder des Direktoriums und ihre Frauen zu einem festlichen Abendessen geladen, bei dem einer der jüngeren Beamten, wie sich die Direktoren

Margarethe Krupp mit ihren Töchtern und deren Verlobten auf dem Hügel am 8.8.1906; v. l. n. r.: Tilo, Barbara, Margarethe, Bertha, Taffy

selber nennen, die allgemeine Empfindung in Worte fasst: *Und neben dem aus tiefstem Herzensgrunde aufsteigenden heißen Wunsche für eine glückliche Zukunft ist es noch ein zweites, was ich hier aussprechen muß. Ich meine die dankbare Freude darüber, daß Sie und Ihre verehrte Frau Mutter den Wunsch empfunden haben, am ersten Abend nach der Bekanntgabe Ihrer Verlobung Ihre Direktoren und deren Frauen im Familienkreis um sich zu versammeln. Es drängt mich, dies ganz besonders zu betonen, denn es ist das einer der zartsinnigen Beweise dafür, wie Frau Krupp und ihr Fräulein Tochter das Verhältnis zu uns in Essen aufgefaßt wissen wollen, und läßt uns hoffen, daß Sie, gnädiges Fräulein, es immer so haben wollen, wie es bisher, auch zu den Zeiten Ihres lieben, unvergeßlichen Vaters, gewesen ist. (…) Ich fasse es zusammen, was ich sagen will namens aller, die hier um Sie herum an der Tafel sich befinden: Ihr Glück wird unser Glück sein und Ihr Schmerz wird unser Schmerz sein! Gott gebe eine reich gesegnete Zukunft dem jungen Paare, in welchem das künftige Glück dieses Hauses umschlossen ist.*[29] Deutlicher kann die Symbiose zwischen Berthas persönlichem Glück und dem Schicksal ihrer Firma nicht angesprochen werden.

Der Bräutigam, der ohnehin seiner Natur nach ein pflichtbewusster und verantwortungsvoller Beamter ist, spürt mit jedem Tage in Essen mehr, wie sich die Last der Verantwortung von Berthas Schultern auf seine überträgt. Seine Schwiegermutter, die sich noch gut an die eigene Eingewöhnungszeit bei Krupp erinnert, und daran, dass ihr damals niemand geholfen hat, ermutigt ihn. Sie hat ihre Beziehungen nach Berlin spielen lassen, damit Gustav kurzfristig beurlaubt wird und die wenigen Monate vor der Hochzeit nutzen

Barbara, Tilo, Bertha, Taffy beim Tennisspiel auf dem Hügel 1906

kann, um sich in das Umfeld seiner Braut einzuleben. Viele Gespräche werden geführt mit Familienangehörigen, vor allem aber mit dem Direktorium, den Beamten und anderen Mitarbeitern von Krupp. Eine Reise nach Berlin wird genutzt, um Berthas Aussteuer zu vervollständigen, aber auch, um den Bräutigam mit wichtigen Persönlichkeiten aus Politik und Wirtschaft zusammenzubringen.

In dem Brief, den sie kurz vor der Hochzeit an ihren zukünftigen Schwiegersohn schreibt, bringt Margarethe Krupp alles auf den Punkt: *Sei versichert, daß ich, soweit es in meiner Macht liegt, alles thun werde, um Dir Wege zu ebnen, nicht nur Bertha eine treue Stütze und Berather zu sein, sondern auch nach außen hin Deine Stellung als Haupt der Familie und Leiter des Ganzen zu mehren und zu festigen; nicht allein zu Eurer eigenen Befriedigung und Glück in der Ehe, die nach meinen Begriffen nur bestehen kann, wenn die*

Frau zu ihrem Mann aufsieht und sich in dieser Überzeugung von ihm leiten läßt, sondern auch zum Wohl der großen, verantwortungsvollen Aufgabe, die Euch beiden nun gemeinschaftlich zufällt.[30] Hier wird es wieder beschworen, das gemeinsame Schicksal von Firma und Erbin. Wer den Brief aufmerksam liest, wird feststellen, daß Margarethe einen Unterschied macht zwischen Berthas Stellung als Ehefrau und als Erbin der Firma. Als Ehefrau soll sie sich von ihrem Mann leiten lassen, aber die Aufgabe der Firmenführung obliegt beiden gemeinsam. Gewissermaßen gleichberechtigt neben ihren Aufgaben als Ehefrau soll ihre Aufgabe als Erbin stehen – das ist das Vermächtnis Margarethe Krupps für ihre Tochter Bertha.

Märchenhochzeit auf dem Hügel (15.10.1906)

Niemals wohl, außer für Fürstenkinder, wo Land zu Land und Dynastie zu Dynastie kam, ist eine Hochzeit so inszeniert worden, wie die Vermählung Bertha Krupps mit dem Legationsrat Gustav von Bohlen und Halbach am 15. Oktober 1906.[31] Sowohl der Bräutigam wie auch die Firma Krupp hatten im Vorfeld ihre Beziehungen spielen lassen. Gustav von Bohlen und Halbach informiert den Großherzog von Baden über die bevorstehende Hochzeit. Acht Wochen vor der Hochzeit, im August 1906, wird er zum großherzoglich badischen Kammerherrn ernannt, ein Titel, der ihn bei der Hochzeit schmücken wird. Außerdem wird er am Tag seiner Hochzeit als Reserveoffizier zum Leibgardenhusarenregiment in Potsdam versetzt, auch dieser Titel wertet ihn auf. Die Firmenleitung Krupp ist mit ihren diplomatischen Bemühungen in Berlin ebenfalls erfolgreich. Gustav berichtet in seinen Erinnerungen: *Zum gleichen Tage wurde ich (…) durch königlich preußischen Namensvermehrungsbrief ermächtigt zur Führung des Namens Krupp von Bohlen und Halbach. Für mich und diejenigen meiner männlichen Abkömmlinge, die in den Besitz des Kruppschen Fabrikvermögens gelangen.*[32] Solcherart aufgewertet besteht *Legationsrat, Kammerherr Dr. Gustav von Bohlen und Hal-*

bach[33] die Hochzeit, bei der er neben seiner Braut, dem Kaiser und den Repräsentanten der Firma Krupp dennoch ein wenig im Hintergrund steht.

Die Anwesenheit des Kaisers mit seinem Gefolge und die zahlreichen Familienmitglieder und Gäste stellen die erprobte perfekte Organisation des Hügelpersonals vor neue Herausforderungen. Für das Hochzeitsessen reicht der Speisesaal nicht aus, es muss auch in der Unteren Halle gedeckt werden. Zur gleichen Zeit müssen die Gäste zu ihren Appartements gelangen, wie also vermeiden, dass die Dienerschaft sie dabei stört? Akribische Organisation ist hier gefragt. Weitere protokollarische Fragen tauchen auf: *Soll das Hoch auf Seine Majestät gleich auf die Suppe folgen und ist es angebracht – da der einzige männliche Vertreter der Kruppschen Familie nur entfernt verwandt und außerdem österreichischer Nationalität ist* [Es handelt sich um Arthur Krupp, den Onkel zweiten Grades von Bertha Krupp] –, *daß der Bräutigam es im Namen von Frau Krupp ausbringt und zugleich dem Dank der Familie für die Allerhöchste Anwesenheit Ausdruck gibt? Werden Seine Majestät das Hoch auf das Brautpaar ausbringen und wann? (Wegen des Weinservices erwünscht zu wissen).*[34] Solche und ähnliche Fragen müssen täglich beantwortet und entschieden werden.

Auch die eigentliche Trauung wird akribisch geplant. Sie wird in einem speziell für diesen Anlass errichteten Anbau auf der Terrasse stattfinden. Der Platz ist knapp, also müssen die Einladungen auf das Nötigste beschränkt werden, ohne dass jemand vergessen werden darf. Im halbrunden Erker stehen der Altar und die Stühle für das Brautpaar, 126 Sitzplätze, aufgeteilt in neun Sitzreihen, schließen sich an. An der rechten Wand ist Raum für die Sänger und Musiker, an der linken Seite haben einige ausgewählte Zuschauer ihren Platz. Direkt hinter der letzten Stuhlreihe, mit bestem Blick auf das Geschehen am Altar, werden die Arbeiterdeputationen stehen, die von den jeweiligen Kruppwerken entsendet werden. Zwischen ihnen und dem Ausgang ist noch Platz für die Dienerschaft des Hügels. Der Mittelgang vom Eingang zum Altar wird von einem roten Teppich bedeckt. Der Gottesdienst wird dem üblichen Muster evangelischer Trauungen folgen: erst ein musikalisches Präludium, dann wird die Gemeinde ›Lobe den Herren‹ singen und Pfarrer Voß die

Traurede halten. Zum Abschluss probt der Kruppsche Männerchor
›Wo Du hingehst, da will auch ich hingehen‹.

Der Hügel platzt aus allen Nähten, sämtliche Gastzimmer –
sowohl des großen Haupthauses wie auch des kleineren Logier-
hauses – sind besetzt, außerdem die der Essener Hotels. Auch die
Mitglieder des Direktoriums nehmen Gäste auf, weitere werden in
der Feuerwache und dem Beamtenhaus sowie bei befreundeten Familien in Essen untergebracht. Die Organisation der Gästeschar hält
Brautmutter und Brautpaar tagelang in Atem: Die Zimmer müssen
verteilt, Sitzordnungen in der Kapelle und Tischordnungen für das
Festessen erstellt werden. Das alles nicht nur für die zahlreiche private Gästeschar, sondern auch für die Mitglieder des Direktoriums
Krupp und ausgewählte Mitarbeiter. Für zusätzlichen Stress sorgen
die Anforderungen des kaiserlichen Protokolls, die zu erfüllen eine
nicht einfache Aufgabe ist.

Allein die Tischordnung für die Festtafel in der Unteren Halle
erfordert die ganze Geschicklichkeit der gesellschaftlich perfekt ge-
schulten Damen Krupp und des Diplomaten Gustav von Bohlen
und Halbach. Beim Hochzeitsessen werden nicht weniger als 47 Personen jeweils eine Längsseite des Tisches, der in der unteren Halle
gedeckt ist, säumen. Insgesamt sind es 95 Personen. In der Mitte der
Tafel wird der Kaiser platziert, links von ihm die Mutter des Bräutigams, Exzellenz Sophie von Bohlen und Halbach, rechts von ihm
die Brautmutter, Frau Margarethe Krupp. Der Bräutigam sitzt dem
Kaiser gegenüber, rechts als seine Tischdame selbstverständlich seine Braut Bertha, links Eleonore Freifrau von Ende, die Großmutter
der Braut. Jeweils absteigend zu den Tischenden hin werden die
Familienangehörigen gesetzt, an die sich in Richtung Tischende die
Kruppschen Direktoren anschließen, zu denen auch der Verwalter
des Hügels, Herr Bernsau, gehört, der am Tischende zum Eingang
hin sitzen wird. Die Tafel im Speisesaal hat nur 23 Sitze. Unter dem
Vorsitz von Fräulein Brandt werden sich dort um Barbara Krupp
und ihren Verlobten, Tilo von Wilmowsky, die jüngeren Gäste versammeln.

Das Hügelpersonal allein reicht nicht aus, allen Aufgaben gerecht zu werden. *Über die Planstellen hinaus hatte man 5 Köche
engagiert für 20 Mark in Gold und 5 Mark in Silber. Dazu 19 Kellner,*

10 Putzfrauen, 17 Schreiner für die Dekorationen, 3 Sattler und 2 Elektrizitätsleute, wegen der stets lauernden Beleuchtungsstörungen. Ein Hilfstelegrafist war zur Stelle, um den Kaiser informiert zu halten.[35] Für das Hochzeitsessen werden ganze Körbe lebender Hummer angeliefert, außerdem kiloweise Marzipan und Makronen. Die Zubereitung der Mahlzeiten bei der Fülle von Gästen, die meistens mehrere Tage bleiben, ist eine Kunst für sich. Auch das Personal muss nicht darben. Im Speiseraum des Untergeschosses werden am 14. und 15. Oktober 178 Personen verköstigt. Der Küchenzettel für den Personaltisch weist den Speiseplan samt der dazu passenden Weinsorte aus:

Sonntag, 14. Oktober, 1906, Mittags 12 Uhr. Gerstensuppe. Hammelkeule, Bohnen und Kartoffeln. Pudding mit Himbeersauce. – Abends, 6.30 Uhr. Heringssalat. Schweinscarree. Möhrchen und Kartoffeln. Camembert und Holländer Käsen. 1904 Obercanneler [nicht lesbar]*, 1899 Chateau La Tour Figeac. Montag, 15. Oktober, 1906. Vormittags 11 Uhr. Legirte Reissuppe. Salm mit Butter und Kartoffeln. Roastbeef, Erbsen und Kartoffeln, Essigpflaumen. Hochzeitstorte. 1904 Obercanneler [nicht lesbar], 1899 Chateau la Tour Figeac. – Abends, 6.30 Uhr. Kalbskeule, Spinat und Kartoffeln. Pommersche Gans, Apfelmus und Salat. Camembert und Holländer Käsen.*[36] Niemand hat also einen knurrenden Magen, wenn er jeweils eine Stunde später den Herrschaften ein Stockwerk weiter oben das Essen serviert. An nichts wird gespart, nichts dem Zufall überlassen bei diesem großen Fest, das in aller Öffentlichkeit einen Schlusspunkt setzen soll unter die Jahre des Interregnums, die seit Friedrich Alfred Krupps Tod vergangen sind. Eine neue Zeit bricht an, eine neue Generation übernimmt bei Krupp das Zepter, das soll für alle sichtbar sein.

Im Mittelpunkt stand die Trauungszeremonie in Anwesenheit des Kaisers, der diesmal dem Haus Krupp die Ehre gab, nicht der Fabrik. Er kam mit kleinem Gefolge, nur Hausmarschall, drei Generäle als Adjutanten, dazu die Chefs des Zivil-, des Militär- und des Marinekabinetts. (…) Die Sicherheit wurde sehr ernst genommen. Vom Bahnhof Hügel zog sich nach beiden Seiten ein Kordon unter dem Kommando des Obergärtners. Streifposten gingen durch den Wald und standen neben der Bahnlinie. Ohne Passierschein war kein Nahekommen. Die Feuerwache bildete Doppelposten und stand an allen Durchgängen:

Portalen, Kapelleneingang und Bahnhof. Der Kaiser war nicht nur Hauptobjekt der Sorge. Er war auch, vor dem Brautpaar, Mittelpunkt der Zeremonie. Dem Kaiser galten, gleich nach der Suppe, Toast und Dank der Familie für die Allerhöchste Anwesenheit.[37] Glücklicherweise haben die zahlreichen Verwandten und die Freunde des Brautpaares am Abend vorher ausführlich gefeiert, denn der Kaiser dehnt seine Anwesenheit über die ganze Hochzeitsfeier aus und so lange kann keine unbeschwerte Stimmung aufkommen. Schon um 12.45 Uhr trifft Seine Majestät auf der Bahnstation Hügel ein. Bertha, die Braut, hat keinen Vater mehr. Deshalb übernimmt ihr ältester Onkel, Oberst Freiherr Siegfried von Ende, die Aufgabe des Hausherrn und empfängt den Kaiser gemeinsam mit dem Verlobten der jüngeren Schwester, Tilo Freiherr von Wilmowsky, am Bahnsteig. Der Kaiser fährt vor der Villa vor, Brautmutter Margarethe und ihre jüngere Tochter Barbara übernehmen die offizielle Begrüßung, und dann wird das Protokoll akribisch abgewickelt: Trauung, Trauzug (den der Kaiser *begleitet von Frau Krupp und gefolgt von dem Brautpaar, dem sich die ganze Hochzeitsgesellschaft anschließt, anführt),*[38] Empfang, Mittagessen in der Unteren Halle und im Speisesaal, Kaffee in der Oberen Halle, Verabschiedung des Brautpaares in die Hochzeitsreise und um 5 Uhr endlich die *Abfahrt Seiner Majestät nebst Gefolge zum Bahnhof wieder in Begleitung von Oberst Siegfried Freiherrn von Ende und Assessor Freiherrn von Wilmowsky.*[39]

Zurück bleiben die erschöpften Gastgeber und die Gäste, die sich in einzelne Gruppen aufteilen, um zu entspannen und sich besser kennenzulernen. Da sind die älteren Damen der Familien: Margarethe Krupp, die Brautmutter, wie immer in strenges Schwarz gekleidet, wohlgerundet und ungemütlich in ihr Korsett eingespannt, lässt sich in einen Sessel sinken, um die müden Füße zu entlasten. Sie ist mit ihren 52 Jahren die jüngste in der Runde und nun, nachdem alles wie am Schnürchen geklappt hat, entspannt und zufrieden. Zum ersten Mal kann sie sich in Ruhe mit Gustavs Mutter, der 69-jährigen Sophie von Bohlen, unterhalten, die ihr, ebenfalls in Schwarz gekleidet, und ebenfalls ermüdet, aber glücklich, gegenübersitzt. Margarethe, die streng erzogene Tochter eines Beamtenhaushalts, und Sophie, die einer amerikanischen Quäkerfamilie entstammt, finden sich in ihrer Lebenseinstellung, in der Pflicht und Disziplin beherrschende Werte sind. Die Seniorin der Familie ist die Großmutter der Braut, die 75-jährige Eleonore von Ende, die sich während der anstrengenden Feier nur mühsam aufrecht gehalten hat und nun eiligst ihr Zimmer aufsucht.

Während die Diener die Gesellschaftsräume des Hügels wieder in ihren normalen Zustand zurückversetzen, treffen sich in den Salons der Appartements die Gäste, um – wie es seit eh und je bei Hochzeiten der Brauch ist – zu plaudern und zu kommentieren, was alles sich an diesem Tage zugetragen hat. Auch in der Stadt Essen und an den Standorten der übrigen Kruppschen Werke wird über die Hochzeit geredet, denn die Arbeiter erhielten an diesem Tage *eine Gabe in Geld. Diese Gabe soll bei fünf- und mehrjähriger Dienstzeit je 10 Mark, bei kürzerer Dienstzeit je 5 Mark betragen.*[40] Es wird niemand gegeben haben, der sich über dieses Zusatzeinkommen nicht gefreut hat.

Besonders ausgiebig ist der Gesprächsstoff bei der kleinen Gruppe ausgewählter Kruppscher Arbeiter und Beamter, wie die Angestellten bei Krupp genannt werden, die das Privileg hatten, heute live die Hochzeit mitzuerleben. Es sind zwölf Vertreter der Meister und Arbeiter und vier Vertreter der Beamten. Margarethe Krupp hätte sich keine Sorgen machen müssen, als sie im Vorfeld der Hochzeit in dieser Hinsicht gegenüber dem Direktorium Bedenken geäußert hatte. *Die gestern berührte Frage, ob die Teilnahme einer solchen Arbeiter-Deputation in unserer Arbeiterschaft auch richtig verstanden werden und nicht zu Mißdeutungen Anlass geben würde, habe ich heute mit einigen Ressortchefs und Betriebsführern besprochen,*[41] antwortet ihr Direktor Klüpfel. *Als die übereinstimmende Ansicht dieser Herren hat sich dabei ergeben, daß die überwiegende Mehrheit unserer Arbeiter die Zuziehung von Arbeitskollegen zu der Trauung als hohe Ehre dankbar anerkennen wird. Die Herren wiesen insbesondere darauf hin, daß bei der Verlobung Ihres Fräulein Tochter der Empfang der Arbeiter-Deputierten auf dem Hügel in den Kreisen unserer Arbeiterschaft den besten Eindruck gemacht hat.*[42]

Frau Krupp, wie Margarethe bis zum Ende ihres Lebens genannt wird (im Gegensatz zu Bertha, die man Frau von Bohlen nennt) macht der Belegschaft wie auch der Stadt Essen noch ein ganz be-

sonderes Geschenk. Anlässlich der Hochzeit stiftet sie den Baugrund
für die Margarethenhöhe, jene Siedlung, die zum ersten Mal nicht
nur den Kruppianern, sondern auch anderen Bürgern von Essen
zugute kommen wird. Und nicht nur auf dem Hügel oder in Essen
wird über die Hochzeit gesprochen, sondern auch in weiten Teilen
des Deutschen Reiches. Tausende von Postkarten mit Abbildungen
der Villa auf dem Hügel und der jetzigen Familie Krupp – Margarethe, Bertha und Gustav – werden verschickt und verkünden ihre
Botschaft: Das vier Jahre andauernde männerlose Interregnum bei
Krupp, das seit Friedrich Alfreds Tod bestand, ist beendet. Eine neue
Ära beginnt.

Der Beginn (1906–1907)

Taffy rechnet es seiner Schwiegermutter Margarethe hoch an, dass
sie bereits Wochen vor der Hochzeit in das Logierhaus, wie das
kleinere der beiden Hügel-Wohnhäuser genannt wird, gezogen ist.
Das ist nah genug für Bertha, um ab und an Rat bei ihrer Mutter zu
suchen, aber weit genug entfernt für das klare Signal, dass nun er,
Dr. Gustav Krupp von Bohlen und Halbach, der Herr des Hügels ist.
Wochen, wenn nicht Monate werden vergehen, bevor aus diesem
Signal eine wirkliche Tatsache wird, das ist ihm bewusst. Noch ist er
Neuling sowohl in der Firma wie auf dem Hügel. Zwar hat ihn seine
Frau, als Mehrheitsaktionärin, gleich nach der Hochzeit in den Auf-
sichtsrat der Firma berufen, aber vorläufig beschränkt er sich dort
auf die Rolle des Zuhörers und Lernenden.

Johann Wilhelm Mühlon, Krupp-Direktor von 1908 bis 1914,
schildert die Lage sehr lebendig. *Unvergeßlicher erster Gang durch
die Fabrikstraße. Alle Sorten und Größen von Werkstätten, Feuer-
betrieben, nebeneinander, hintereinander, soweit Mauern, Gitter,
Pförtnerhäuser den Blick freigeben. Alles von Röhren und Schienen,
Dampf und Rauch, Ruß und Lärm umschlungen. Ein Bessemer Werk
schleudert glühende Wolken durchs Dach. (...) Wir treten beim Haupt-*

Gustav von Bohlen und Halbach um 1918

portier ein und gehen zum Hauptverwaltungsgebäude, das noch ein verhältnismäßig unansehlicher Bau war. (...) Ein paar Schritte nur, ich stehe im Arbeitszimmer von Herrn Krupp von Bohlen. Auch Frau von Bohlen ist anwesend. Ein sehr liebenswürdiges, sehr gemessenes Gespräch, das mit der Einladung endigt, gleich heute Abend auf dem Hügel zu erscheinen. Erzherzog Leopold Salvator von Österreich ist mit zahlreichem Gefolge da. Ein Rundgang im ersten Stock. Wer im Zimmer ist, wird begrüßt. Das ganze Direktorium haust hier beisammen. (...) Abends fuhr Direktor E. mit mir auf den Hügel. Da fast niemand schon 1908 ein Auto hatte, nahm die Fahrt mit der Kutsche noch dreiviertel Stunden in Anspruch. Es gab eine große Fuhrhalterei, die tausende von Pferden gehabt haben soll. Park und Villa Hügel, obwohl vom vorletzten Krupp eingerichtet, zeigten ganz große Verhältnisse. Die Aufmachung der Tafel übertraf fürstliche Pracht. (...) Ich war in Zukunft unzählige Male auf dem Hügel. Dies war ein Teil meines Dienstes. Aber auch zu privaten Anlässen wurde ich häufig zugezogen. Der Hügel repräsentierte damals viel, zweimal am Tag war nicht selten. In- und ausländische Staatsoberhäupter, Prinzen, Minister, hochgestellte Offiziere und Beamte, Diplomaten und Kommissionen, Freunde und Vertreter des Hauses oder der Firma, alle wurden ihrer Stellung entsprechend empfangen und waren zuweilen für mehrere Tage zu Gast. Da von musikalischen Darbietungen abgesehen wurde, konnte man sprechen und hören. Kurz nach 10 Uhr abends wurden die Wagen gemeldet. (...)

Herr von Bohlen hatte keineswegs infolge seiner Heirat ohne weiteres auch eine anerkannte, ausschlaggebende Stellung im Hause Krupp. Die Direktoren, durch letztverstorbenen Herrn Krupp mit ihren Ämtern betraut und durch ein mehrjähriges Interregnum unter Frau Krupp in gewissem Sinne verwöhnt, waren weder geneigt, ihre Ehrerbietung auf einen Fremden zu übertragen, noch ihre Selbständigkeit zu vermindern. (...) Zur Überraschung des Direktoriums erschien jedoch Herr von Bohlen jeden Tag Punkt 9 Uhr in der Fabrik, verblieb den ganzen Vormittag in seinem Zimmer und ließ die Herren zu sich bitten, um Einblick zu gewinnen, Fragen zu stellen, Wünsche zu äußern. Er nahm es unbedingt ernst mit seiner Pflicht als Verwalter des Vermögens seiner Frau, machte dagegen von seinen Rechten als Nutznießer nur den unvermeidlichen Gebrauch.[43]

Bertha Krupp von Bohlen und Halbach um 1906

Auf dem Hügel führt Bertha ihren Mann in den privaten Bereich des Hauses ein. Sie kennt ja jede Ecke, jedes Zimmer dieses Hauses, in dem sie und ihre Schwester aufgewachsen sind. Freudige und traurige Erinnerungen knüpfen sich an einzelne Orte, und es fällt ihr nicht immer leicht, ihrem Mann davon zu berichten. Sie kann es noch immer kaum ertragen, die früher türkisch dekorierte Ecke unter der Haupttreppe in der Unteren Halle zu betreten. Dort, unter dem aufgespannten Zelt, neben dem arabischen Hengst (ausgestopft, aber für ihre Kinderaugen doch lebendig) hatten sie und Barbara noch am Vorabend des Todes ihres Vaters mit ihm Domino gespielt und waren die Treppe miteinander hinaufgelaufen. Immer noch sieht sie dort sein liebes rundes Gesicht mit den freundlichen Augen. Sie bricht in Tränen aus, als sie Taffy davon erzählt, der sie beruhigt und den Rundgang abbricht. Und so ist es eines schönen Nachmittags doch der allgewaltige Hausmeister Theodor Herms, der Taffy in die Funktionen der Villa einführt, sachlich, kühl und kompetent:

Lunch und Dinner wird immer im Eßzimmer eingenommen. Das Frühstück zuweilen im Sommer auf der zwischen Haupthaus und Fremdenhaus an den Verbindungsgang sich anschließenden glasbedeckten Veranda. Zwischen 10 und 11 Uhr steht jeden Morgen ein Imbiß, Sandwiches, Milch, ein Glas Scherry etc. in der Halle in der Treppenecke bereit. Dieser[44] mit Sesseln, Lounges, Teppichen und einem fire-place so überaus behaglich ausgestattete Raum ist ein Lieblingsaufenthalt in Morgenstunden und Abends nach Tisch. Das Eßzimmer vermag nur 30 Gedecke bequem zu fassen. Bei größerer Tafel muß in der Unteren Halle gedeckt werden. (…)

Auf der Westseite der Villa, der sogenannten männlichen Seite – hier hausen in allen Etagen hindurch die männlichen Bediensteten – befindet sich im Zwischenstock ein als Silberkammer hergerichteter Raum. Rings an den Wänden herum Glasschränke mit braunrotem Wollstoff ausgekleidet. Darin auf mehreren Etagen Silberschalen, große Plateaux, Tafelaufsätze und Kandelaber usw. Viele von den Gegenständen sind Berndorfer Alpaca Silber, aber namentlich das von Friedrich Alfred Krupp Angeschaffte ist echt Silber. Vor allem (…) 12 wundervolle Leuchter, 6 große und 6 etwas kleinere. (…) Jedes Weihnachten prangten zwei auf dem Weihnachtstisch. Unter den Sachen befinden sich noch einige Löffel, die von Alfred Krupps Mutter herstammen. *Das Taufbecken mit Kanne ist ein Geschenk der Herzogin von Anhalt. Sie wurden für die Taufen von Bertha und Barbara benutzt. In der Mitte des Raumes steht ein tischhoher Schrank mit vielen Schüben, die Hunderte von Bestecken enthalten, alles Bernsdorfer Silber.*[45]

Fast zu jedem der über 200 Zimmer des Hauses haben entweder Bertha, seine Schwiegermutter Margarethe oder Hausmeister Herms etwas zu erzählen. Taffy nimmt alles auf, und an den gemeinsamen Abenden mit seiner jungen Frau beginnt er, gemeinsam mit ihr über Veränderungen nachzudenken, die das Haus verjüngen und modernisieren könnten.

Das Glück, dass Mutter Margarethe bei beiden Töchtern feststellt, hält an. Am 7. Mai 1907, ein halbes Jahr nach ihrer älteren Schwester, heiratet Barbara

Alfried Krupp mit Kinderschwester
Anna Lackmann, 1908

Krupp ihren Verlobten, den Rechtsassessor Tilo Freiherr von Wilmowsky. Auch dieses Fest findet auf dem Hügel statt. Aber so pompös und formell Berthas Hochzeit war, so locker und ungezwungen feiern Barbara und Tilo die ihre. Es ist ein kleines privates Fest ohne großes Protokoll. Keine Silberleuchter, sondern große Schokoladenmaikäfer und Maiglöckchen zieren die Tafel. Die Jugend tanzt nach der neuesten Mode, nur Bertha muss sich schonen. Ihr Kleid spannt über dem sich rundenden Bäuchlein, sie ist – wie man damals sagte – guter Hoffnung und bleibt, strahlend und verlegen zugleich, neben ihrem Mann sitzen.

Am 13. August 1907 wird Alfried geboren, der ersehnte männliche Erbe des Hauses. Die Geburt findet im elterlichen Schlafzimmer auf dem Hügel statt, im ersten Stock des Großen Hauses. Sie verläuft leicht und glücklich. Um 2 Uhr 15 Minuten nachmittags sendet Gustav ein Telegramm an das Direktorium, das bereits wenige Stunden später in den Werkhallen ausgehängt wird: *Dem Direktorium drängt es mich – zugleich im Namen meiner Frau – in erster Stunde mitzuteilen, daß uns soeben ein kräftiger Junge geboren wurde, dem wir in Erinnerung an seinen großen Ahnen den Namen Alfried beilegen wollen; möge er in den Kruppschen Werken aufwachsend in praktischer Arbeit sich die Grundlagen schaffen zu der wichtigen Übernahme der verantwortungsvollen Pflicht, deren Größe ich mit jedem Tag mehr erkenne. Krupp Bohlen Halbach.*[46] Unter diesen Text schreibt das Direktorium ergänzend: *In freudiger Bewegung teilen wir diese glückverheißende Nachricht den Werksangehörigen mit und fügen bei, daß wir auch im Namen der Beamten und Arbeiter den glücklichen Eltern, sowie Frau F. A. Krupp die herzlichsten Glückwünsche der Fabrik dargebracht haben. – Möge der Segen Gottes auch über der jüngsten Generation des Kruppschen Hauses walten.*[47]

Der neue Chef des Hauses Krupp hat bereits die entscheidenden Werte, die es in der Familie Krupp zu vermitteln gilt, verinnerlicht. Die Schlüsselworte aller Krupp-Generationen kommen in dieser Anzeige vor: die Erinnerung an die Vorfahren, die Größe des Werks, die praktische Arbeit und die verantwortungsvolle Pflicht. Dieses ganze große Erbe vergangener Zeiten wird dem erst wenige Stunden alten Baby in die Wiege gelegt in der selbstverständlichen Erwartung, dass es seine Aufgabe später freudig annehme.

Die junge Mutter erholt sich schnell, umsorgt von ihrer Mutter und aufgeheitert durch die Besuche ihrer Schwester und ihrer Freundinnen. Am 3. Oktober, Alfried ist knapp zwei Monate alt, wird auf dem Hügel die Taufe gefeiert. Der Erbe des Hauses Krupp hat einen prominenten Paten: Kaiser Wilhelm II. Der Vater schreibt am Vorabend *an das Nachrichtenbüro der Gußstahlfabrik. – Ich möchte, daß ungefähr nachstehende Notiz morgen (Donnerstag) abend in das eine oder das andere hiesige Blatt gebracht werde. »Heute hat auf dem Hügel die Taufe des Söhnchens von Herrn und Frau Krupp von Bohlen und Halbach in Gegenwart des Prinzen Adalbert als Vertreter des Kaiserhauses stattgefunden, das den Namen Alfried erhielt. Außer den Paten waren nur wenige Familienangehörige eingeladen, da von einer größeren Feier infolge des Hinscheidens des Großherzogs von Baden Abstand genommen werden mußte. Bekanntlich ist*

Herr von Bohlen von Geburt Badener.[48] Jahrelanger diplomatischer Dienst hinterlässt seine Spuren. Der neue Herr der Gußstahlfabrik bewegt sich sicher und gewandt auf dem Parkett, das die große Welt darstellt. Die Anwesenheit eines kaiserlichen Prinzen, der den Kaiser als Taufpate vertritt, adelt die Taufe des Kruppschen Stammhalters, die Zurückhaltung bei der Feier ehrt Gustavs Landesfürsten. So sind alle zufriedengestellt, wie Bertha und Taffy abends erleichtert feststellen können, bevor sie in die Kissen des großen ehelichen Bettes sinken.

Freud und Leid (1908–1912)

Alfried, der Erbe, ist gerade 14 Monate alt, als Bertha am 25. Oktober 1908 ihren zweiten Sohn zur Welt bringt. *Euerer Excellenz bitte ich die gehorsamste Anzeige erstatten zu dürfen, daß meine Frau soeben von einem kräftigen Knaben glücklich entbunden ist, dem wir den Namen Arnold beigelegt haben. Euerer Excellenz darf ich gehorsamst anheimstellen, ob Euere Excellenz es für angemessen erachten, Seiner Majestät dem Kaiser und Könige von Vorstehendem Mitteilung zu machen*[49], telegrafiert der stolze Vater vom Hügel aus an Oberhofmarschall Graf zu Eulenburg in Berlin. Die Liste der Empfänger, die über das moderne Telegrafenamt auf dem Hügel von der Geburt erfahren, ist kurz. Selbstverständlich werden die Kruppschen Werke benachrichtigt – das Direktorium in Essen, die Direktion des Gerüstwerkes, der Friedrich-Alfred Hütte und der Germaniawerft, und einige wichtige Persönlichkeiten in Berlin –, ansonsten aber nur die engste Verwandtschaft und einige sehr gute Freunde[50].

Bertha hat die Geburt bei bester Gesundheit überstanden. Die junge Ehe ist weiterhin glücklich und die Stimmung heiter. Ein kurzes scherzhaftes Telegramm geht an die kleine Ursula von Wilmowsky, die Tochter von Berthas Schwester Barbara: *Der lieben Kusine sendet herzlichen Dank und Grüße Vetter Arnold, der sich sehr gut aufgeführt hat.*[51] Am 22. Dezember wird die Taufe auf dem Hügel gefeiert, insgesamt sind nur 25 Personen anwesend. In der ersten Reihe gegenüber dem Altar und der Babywiege von Arnold, sitzen die beiden Großmütter, die Schwestern Krupp mit ihren Ehemän-

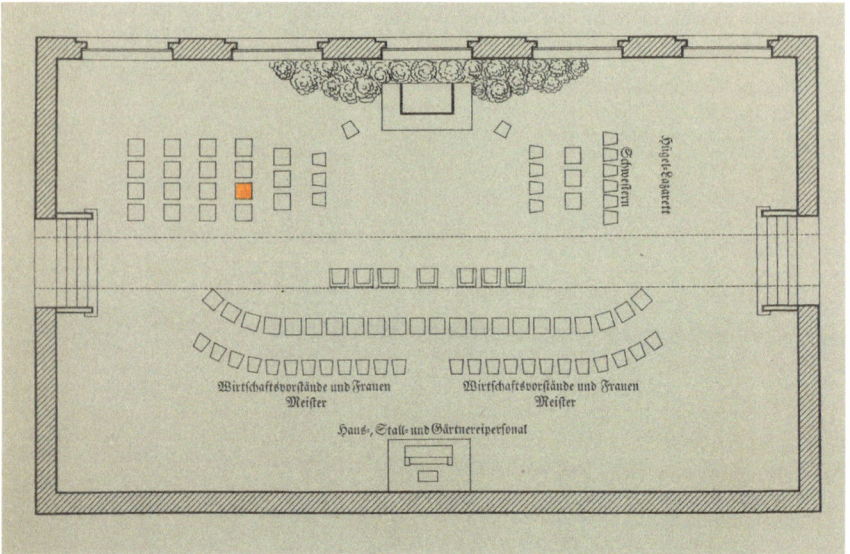

Sitzordnung für die Taufe von Alfried auf dem Hügel am 3.10.1907

nern und auch für den kleinen Erben ist ein Stühlchen reserviert. Alfried aber schmiegt sich lieber in die Arme seiner Mutter, als ahnte er, dass der einsame Sitz in der ersten Reihe ihm im Laufe seines Lebens ohnehin beschieden ist.

Das Weihnachtsfest vergeht in fröhlicher Stimmung. Aber dann erkrankt das Baby, der kleine Körper glüht vor Fieber, und während draußen der klirrend kalte Januarmorgen heraufzieht, versucht Bertha verzweifelt, dem Kind zu helfen. Aber die Wadenwickel, die Kopfkompressen, der Fiebertee und die verordnete Medizin, sie helfen nicht. *Es ist so unsagbar traurig ein geliebtes Wesen so leiden zu sehen und nicht helfen zu können, wie lange hat das kleine Geschöpfchen mit dem Leben gerungen, nun mußte es doch unterliegen und Euch diesen Schmerz bereiten*[52], schreibt Berthas Freundin Magdalene Menshausen am Abend des 8. Januar 1909 an Bertha, wenige

Stunden, nachdem der kleine Arnold seinen letzten Atemzug getan hat. Seine Mutter sitzt versteinert an seinem Bettchen, sie hat keine Tränen mehr, und es wird Wochen dauern, bis sie sich wieder dem Leben zuwenden kann.

Taffy verschickt die Telegramme mit der Trauernachricht. *Euerer Excellenz habe ich die traurige Pflicht zu melden,* schreibt er an Graf Eulenburg, *daß unser zehn Wochen altes Söhnchen heute Nachmittag nach kurzer Krankheit sanft entschlafen ist. Euerer Excellenz Ermessen darf ich ergebenst anheimstellen, Seine Majestät den Kaiser Allerhöchst dem von der Geburt Meldung erstattet worden war, von Obigem geneigtest zu unterrichten.*[53] Auf dem Hügel verstummen die Stimmen. Wieder werden die Spiegel schwarz verhängt, wieder gehen die Dienstboten auf Zehenspitzen. Im Kleinen Haus sitzt Margarethe Krupp in ihrem Salon und blickt in den winterlichen Park.

Porträt von Bertha und Taffy in Trauerkleidung vier Wochen nach dem Tod des Babys Arnold

Die Erinnerungen an einen anderen Winter überwältigen sie. Vor fast genau sechs Jahren starb ihr Mann, Friedrich Alfred Krupp, ebenfalls auf dem Hügel, und sie spürt wieder den Kummer und die Erbitterung jener Zeit. Sie hadert mit dem Schicksal, dass ihre Tochter Bertha in so jungen Jahren schon einen so großen Kummer bewältigen muss. Aber wie immer rafft sie sich auf und nimmt sich zusammen, um ihrer Pflicht, dem jungen Paar beizustehen, zu genügen. In dieser Nacht vom 8. auf den 9. Januar 1909 bleiben auf dem Hügel viele Lichter an. Sie beleuchten den kleinen Sarg und die grauen Gesichter von Bertha und Taffy, die bei ihm wachen. Und sie vertreiben die Schatten aus den Ecken der großen Räume, in denen die Familie und die anwesenden Gäste vergebens auf den Schlaf warten.

Am nächsten Tag treffen die ersten Beileidsschreiben ein. Taffy beugt sich über den Brief von Direktor Baur[54]: *Lieber Herr von Bohlen, die Nachricht von dem Tod Ihres Söhnchens Arnold hat meine*

Frau und mich sehr betrübt; wir sprechen Ihnen und Ihrer verehrten Frau Gemahlin unser herzlichstes Beileid aus. Wir hatten keine Ahnung, daß der Kleine erkrankt war. Ich höre nun aber von Herrn Richter, der in Berlin Herrn Hertwig gesprochen hatte, daß der Kleine in den letzten Tagen einen Brechanfall erlitten hat. (…). Ich hatte mich am 3. November, als ich bei Ihnen war, gefreut, den kleinen Arnold so ganz besonders kräftig zu sehen, und ich hatte darauf gehofft, daß er sich ganz besonders gut entwicklen würde. Nun ist es

Alfried, Anna Lackmann und der kleine Arnold bei der Taufe am 28.10.1908

leider anders gekommen und Sie müssen den großen Schmerz erleben, daß Ihnen Ihr lieber Kleiner genommen worden ist. Ich habe selber gesehen, mit welcher Freude und mit welcher Liebe Sie an Ihren Kindern hängen, um so aufrichtiger und herzlicher ist unsere Teilnahme an Ihrem schmerzlichen Verlust. (…) Wir wissen ja, wie glücklich Sie mit Ihrem beiden Kindern waren.[55] Die leitenden Herren der Firma und ihre Familien nehmen teil an dem Unglück, das über das junge Paar gekommen ist. Eine Fülle von handgeschriebenen Briefen legt Zeugnis davon ab.

Berthas alte Kinderfrau, Anna Garshagen, schreibt ihr aus Driburg, wo sie ihren Lebensabend verbringt. *Meine liebe Bertha! Durch die ganz unerwartete traurige Nachricht bin ich tief betrübt, und spreche Dir und Herrn von Bohlen mein innigstes Beileid aus. Gott tröste Dich in Deinem tiefen Schmerz. Ich fühle den schweren Verlust tief mit Dir und möchte ich Dir so gerne helfen, wenn ich es nur könnte. In der*

Hoffnung, daß Du, liebe Bertha, Dich in das Unvermeidliche schicken wirst, um bald den schweren Verlust zu überwinden, grüßt herzlich Deine alte Anna.[56] Die schlichten Worte der einfachen Frau, die Bertha seit ihren Kleinkindertagen kennt, berühren Berthas Herz. Auch aus vielen anderen Briefen sprechen tiefe Verbundenheit und Liebe. Ihre Freundin Hildegard von der Leyen findet diese Worte: *Meine liebe Bertha! Unser Telegramm hat Dir schon gesagt, mit welch inniger Anteilnahme wir Eurer gedenken, aber ich muß Dir noch einmal persönlich sagen, wie leid mir der Tod Eures lieben, kleinen Arnold tut, da ich ja Deine erste Sorge miterlebte und so fest hoffte, er würde die Krankheit überstehen. Möge Gott Dir helfen und Dich trösten in Deinem großen Schmerz, liebe, liebe Bertha. – Klein-Alfried mit seinem Gesichtchen so sonnig und lieb wird Dir sicherlich ein Trost sein und seine Zärtlichkeit wird Dein betrübtes Herz erfreuen. – Mein Herz ist so voll von Mitgefühl und trauert mit Dir, aber ich kann es nicht in Worte fassen, und sage Dir nur, daß ich innig Dein gedenke und für Dich des Himmels Kraft erbitte. Es umarmt Dich in treuer Liebe Deine Hildegard.*[57]

Alfried 1910 an Bord der Germania

Bertha findet Trost in den Armen ihres Mannes. Sie wird wieder schwanger. Am 18. September 1910, neun Monate nach Arnolds Tod, kommt Claus Arnold Arthur auf die Welt. Nomen est Omen, dieser Spruch trifft auf ihn zu. Er wird im Herzen seiner Mutter den kleinen Arnold ersetzen und als Erwachsener den österreichischen Betrieb seines Onkels Arthur in Bernsdorf übernehmen. Auch für Taffy geht das Leben weiter. Nach drei Jahren einfacher Mitgliedschaft im Aufsichtsrat von Krupp ernennt ihn Bertha zum Vorsitzenden. Damit ist die Übergangszeit beendet und Gustav Krupp von Bohlen

und Halbach nicht nur de jure, sondern auch de facto der Leiter der
Firma. Zahlreiche Ehrungen, die dies unterstreichen, werden ihm
zuteil. Es ist Zeit zu einem neuen Aufbruch. Die Geschäfte laufen
gut. Es werden neue Projekte in Angriff genommen, wie der Neubau
des Verwaltungsgebäudes, das 1911 in Betrieb genommen wird.
Auch auf dem Hügel wird umgebaut. Gleich nach der Hochzeit
modernisiert Taffy sein privates Arbeitszimmer, das mit zwei weiteren vorwiegend geschäftlich genutzten Salons und einem Herren-
Toilettenzimmer den ganzen ersten Stock der Nordfront einnimmt,
genau oberhalb der säulenüberdachten Einfahrt. Die privaten Auf-
enthaltsräume der jungen Familie befinden sich im gleichen Stockwerk auf der Südseite mit Blick auf den oberen Terrassengarten, den
Teich und die Bäume des tiefer liegenden Gartens und die waldige
Böschung, die hinab bis zur Ruhr führt. Margarethe Krupps früheres Schlafzimmer wird zum Empiresalon, der Weiße Salon in der
Mitte der Südfassade bleibt erhalten, und das dritte schöne Zimmer
dieser Reihe wird zum Spielzimmer der Kinder. Dazwischen liegt
die Suite der Räume mit dem gemeinschaftlichen Schlafzimmer
und Kinderzimmer.

Am 5. November 1910 heiratet Berthas Freundin und Nachbarin,
Elisabeth Freiin von dem Bottlenberg, auf dem nahe gelegenen
Landhaus Baldeney Gustav Freiherrn von Perfall. Bertha und Taffy
öffnen den Hügel für die Gäste des Brautpaares und richten den
Polterabend aus. Einer dieser Gäste ist die 20-jährige Alix Freiin von
Kesling, die mit ihrer Freundin Gisi auf dem Hügel untergebracht
wurde. Alix verdanken wir eine sehr lebendige Schilderung dieser
Festtage: *Als wir in das erste Parktor von Krupp einfuhren, begann
unsere Bewunderung. Das Parkgebiet ist ein Riesen-Komplex, in dem
allein 300 Gärtner beschäftigt sind, da auch ein großer Teil, der ter-
rassenförmig gebaut ist, aus Treibhauskulturen besteht. An der großen
Aufgangs-Terrasse standen der Portier, 2 Hausmeister u. 3 Diener, die
selbst wie Fürsten aussahen. Mit großer Ruhe u. Gewandtheit entwirr-
te sich das Chaos der unzähligen Koffer, Handtaschen u. Helmkisteln.
In der Riesen-Hall empfing uns die alte Frau von Krupp, eine sehr gescheite, distinguirte Dame, und wurden Gisi und ich gleich in unsere
appartements im Hauptbau geführt, die anderen Damen wurden im
kleineren Flügel, den die Excell. Krupp bewohnt, einlogiert. Durch*

einen langen Wintergarten, d. h. Palmenhain, u. eine Menge Sääle
u. Zimmer gelangten wir im Hauptbau, wo uns das junge Ehepaar
Krupp-Bohlen begrüßte. Sie sind beide sehr hübsch, riesig elegant
u. äußerst sympathisch. Gisi und
ich wohnten zusammen in der so-
genannten »Kemenate«, das sind
die appartements für die beiden
Töchter Krupp, die sie als junge
Mädchen bewohnten. Wir hatten
einen gemeinsamen großen Salon
mit 2 reizenden Schreibtischen,
2 Sofas, Bibliothek, Klavier, einen
reizenden kleinen Wintergarten
mit Palmen u. großen gefüll-
ten Chrysanthemen und einen
Balkon mit herrlicher Aussicht.
Dann hatte jede von uns ihr rei-
zendes ganz weißes Schlafzim-
mer. Waschtisch u. Toilettentisch
mit hellblau-grauer Marmor-
platte, darin eingelassen das La-
voir mit heißem u. kaltem Was-
ser u. Ablauf. Für die Schwämme

Der Gartensaal im Großen Haus der
Villa Hügel

eine große Schale aus echt Kristall ebenso Zahnglas, Seifenschüssel
etc. Sogar Kölner Wasser, Haarnadeln, Seife, ganz neue Kämme etc.
waren da bereit, es fehlte nur noch ein gefülltes Portemonnaie am
Nachttisch! Im Schlafzimmer hatte jede 7 elektrische kleine Lüster mit
gelb-seidenem Schirm. Im Salon waren 12 u. haben Gisi u. ich mit der
herrlichen Beleuchtung gar nicht gespart. Dann hatten wir noch ganz
allein ein wundervolles ganz weißes Badezimmer in weißen Kacheln
mit Bad, Sitzbad und certain lieu[58]*…(…)*

Die beiden jungen Mädchen fahren dann nach Baldeney, wo sie
das Brautpaar empfängt und man gemeinsam zu Mittag isst. *Um*
4 Uhr fuhren Gisi u. ich wieder nach Hügel u. waren zum Thee bei
der Excell. Krupp, der uns sehr schmeckte, besonders Kaviarbrötchen,
Karlsbader Oblaten, Baumkuchen etc. Dann begaben wir uns in un-
sere appartements, wo unser graziöses Kammerzöfchen (über die wir

lachen mußten, weil sie uns wie am Theater vorkam) bereits unsere Ballkleider tadellos gebügelt hatte. Um 8 Uhr erschienen wir chaperonniert[59] von der reizenden Baronin Bohlen-Krupp in den Riesen-Salons und war ein langes Vorstellen. (…) Dann wurde man in einen Pracht-Saal zum diner geführt, wo gesetzt war. Zu meiner großen Freude hatte ich einen sehr schönen Platz u. einen ganz charmanten Tischherrn. Es waren ungefähr 8 große ovale Tische u. an jedem saßen ungefähr 8 Personen. (…) Jeder Tisch hatte in der Mitte ein sehr großes arrangement von lila Orchideen aus den Treibhäusern von Bohlen, dann imposante Silberaufsätze. Pracht Service u. Besteck. Es gab Bouillon in Tassen, Langustenschnitten in Gallerte, Rehfilets nach financiére, Pulards am Spieß gebraten, Salat Assmannshäuser, Sorbet, Käsestangen, Obst, Desserts. Es spielte die Regiments-Musik von Köln, die für 3 Tage da war. Ganz ausgezeichnet haben besonders den Herren die prima Rheinweine geschmeckt. Das souper war ausgezeichnet zubereitet u. serviert, doch finde ich gab's nicht zu viele Gänge. (…) … Auch mit Bar. Bohlen unterhielt ich mich sehr gut. Er war früher bei der Diplomatie in Paris und Rom u. hat nun die Tochter Krupp zur Frau u. somit das ganze Erbe des verstorbenen Krupp u. soll er auch zur Verwaltung sehr viel Geschick haben u. bei der Bevölkerung sehr beliebt sein. Unter ihm stehen 20 Direktoren, die ein Villenviertel für sich haben. Die Dienerschaft in Hügel allein beträgt 80 Personen. Die Jungfern u. Stubenmädchen waren an einem Tag alle in rosa, am nächsten alle in himmelblauen Leinenkleidern mit weißen Häubchen und Schürzchen. Das sah sehr appetitlich aus. Um 10 Uhr ungefähr wurde getanzt. Baronin Bohlen, die vor 7 Wochen ein Baby bekam, zog sich etwas früher zurück. Wir hatten riesig viel Platz u. einen spiegelglatten Boden zum Tanzen u. dazu die herrliche Musik und der sich immer wiederholende melodische Walzer aus dem »Graf Luxemburg«: »Bist Du's, lachendes Glück, das vorüberschwebt« (…) Am Samstag früh um 1/4 nach 8 Uhr war allgemeines Frühstück u. spielte dazu auf der Terrasse die Regiments-Musik. Richtig beim Aufstehen u. Anziehen wurde auch schon ein Ständchen gespielt. Dadurch waren wir natürlich sofort aus dem Bett. Beim Frühstück saß ich zwischen Grf. Quadt u. Rudi Redwitz. Es gab zuerst riesige Trauben, die auch aus den eigenen Treibhäusern waren, herrliche Birnen etc. dann nach Wunsch Thee, Kaffee oder Chocolade; fast alle

*nahmen aber Thee, dann Ochsenaugen oder Rühreier, Schinken, Filet,
etc. (...) Nach dem Frühstück ging man in die elegante Reitbahn wo
ein Musikreiten stattfand. Der Stallmeister (wie ein Lord!) empfing
uns. Ein Blick genügte u. es wurden die Pferde sofort vorgeführt, je
von einem livierten Diener. Wir Damen u. ein paar nicht reitende
Herren begaben uns in die großer Zuschauer-Loge. Es war ein Pracht
Pferde-Material u. waren alle besonders entzückt von einem reizenden
coquetten Fuchs »Sirene« aus Ungarn, der auch in Wien schon I. Preise
erhielt u. den Baron Bohlen selbst ritt. Der Stallmeister wurde wegen
seines tadellosen Reitens ganz verwachsen mit dem Pferde, auch sehr
anerkannt. Das ganze bot ein sehr elegantes, chices Bild. Am Schluß
führte der Stallmeister zu Pferd an einer langen Leine ein allerliebstes
Shetland-Pony herein, das dem herzigen kleinen 3 jährigen Alfried
Bohlen-Krupp gehört u. auf dem er jeden Tag mit seinem Papa im
Park spazieren reiten darf. Das Pony hat auch einen eigenen Bereiter,
den 16 jährigen Zwerg, der sehr komisch aussah. Nach dem Musikreiten sah man sich die Stallungen an, die raffiniert elegant sind. Es ist
mehr ein Wohnhaus für Pferde, als Stallungen zu nennen. Die Seiten-
wände sind mit Cocosmatten gespannt; der Mittelgang ist waschbarer
Parquet-Boden, u. in jedem tadellos gehaltenen Trog hat jedes Pferd
2 Hähne mit kaltem und warmen Wasser. Der Herzog Ernst August
u. ich amüsierten uns noch im Laufstand mit dem kleinen Pony, das
die Größe eines Jagdhundes hat, und inzwischen war die ganze Gesellschaft schon längst weiter gegangen; bis auf den Stallmeister, der uns
fragte ob er uns vielleicht noch die Wagenburg zeigen dürfe, was wir
beide natürlich bejahten. Es waren unglaublich viele Equipagen, Jagd-
wägen, Dienerschafts-Wägen, Gepäck- und Gebirgswägen; meist in
Brüssel u. auch Wien gebaut u. prämiert. Nach 1/2 stündiger genauer
Besichtigung begaben wir uns durch den Park wieder zu unserm
Wohn-Palast u. hatten alle andern verloren. Es war herrliches Wetter
mit Sonnenschein. In der »Kemenate« fand ich Gisi, die bereits beim
Frisieren für die Hochzeit war. Um 3/4 11 Uhr nahm man in Hügel
noch ein kleines Frühstück und fuhr dann zur Trauung in die Kapelle
nach Baldeney.*[60]

Der Brief an die Großmutter beschreibt das weitere Geschehen
in Baldeney, einen Ausflug in die Treibhäuser des Hügels und vieles
mehr. Alix erscheint der Hügel perfekt, aber Bertha und Taffy wün-

schen sich für die immer zahlreichere Gästeschar einen angemessenen Festsaal. Deshalb entsteht im Erdgeschoss der Gartensaal, ein
großer ebenerdiger Raum, der das Große Haus mit dem kleinen,

Aufsichtsrat und Direktorium der Fried. Krupp AG 1912. In der Mitte stehend
Gustav Krupp von Bohlen und Halbach. Gemälde von Sir Hubert von
Herkomer.

dem Logierhaus, verbindet. Französische Fenstertüren gehen auf
die Terrasse und lassen Licht und Luft herein. Ein riesiger Aubus-
son-Teppich, extra für diesen Raum gefertigt, bedeckt den Boden
aus hellem Marmor. Am schönsten aber sind die sieben Gobelins,
die alle drei Wände schmücken. Sie sind in grüne, goldgefasste
Rahmen eingelassen und stellen Szenen aus der Apostelgeschichte
dar[61]. Die Entwürfe fertigte Raffael um 1515 für die Sixtinische
Kapelle in Rom, die Teppiche selbst entstanden in Brüssel Mitte
des 18. Jahrhunderts. Margarethe Kupp erwirbt sie 1912. Das scheint
ihr ein angemessenes Geschenk an ihre Kinder, aber auch für ihren
geliebten Hügel zu sein. In diesem Raum werden von nun an alle
großen Feste gefeiert, seien sie nun privater oder geschäftlicher Art.
Heute noch, hundert Jahre später, finden Aufsichtsratssitzungen

von ThyssenKrupp und andere feierliche Versammlungen in diesem Raum statt.

Aber auch wenn es nichts zu feiern gab, wurde dieser Raum genutzt. Berthas und Taffy jüngste Tochter Waldtraut erinnert sich: *Die Gobelins hingen im Gartensaal, wo ich mit Eckbert ein bis zweimal in der Woche Gymnastikunterricht hatte bei Klavierbegleitung und Befehlen einer Lehrerin. Da hatte ich ausreichend Zeit, die Langeweile mit dem Studium der Gobelins zu überbrücken. So sind diese mir in besonderer Erinnerung.*[62]

100 Jahre Krupp: Das Fest der Superlative (1912)

Es ist für die Familie und die Firma der Zenith der Macht und des Wohlstandes. Sie schwimmen im Strom des Zeitgeistes mit, und dieser ist nicht nur deutsch, sondern europäisch, ja, sogar amerikanisch. Die Jahre zwischen 1890 und 1914 sind die Jahre der Superlative, des wirtschaftlichen Überflusses, der nationalen Begeisterung und einer Euphorie, die nicht nur die adeligen und bürgerlichen Schichten, sondern auch die proletarischen erfasste. Quer durch alle Klassen, durch alle Religionen, bei Gewerkschaftern, Sozialdemokraten, Beamten, Bürgern, Arbeitern und Bauern wächst der Glaube an die eigene Nation und die Notwendigkeit, dass diese wachsen und sich ausdehnen müsse. Die Deutschen wollen ihren Rückstand gegenüber Engländern und Franzosen aufholen. Die Mehrheit der Deutschen erschreckt der Gedanke an Krieg nicht. *Der Nationalismus des Zeitalters war eine schier alles durchdringende Macht.*[63]

Die Wirtschaft in Deutschland boomt, und mit ihr gedeiht die Firma Krupp. Zwar ist die Friedensproduktion mengenmäßig immer noch größer als die Kriegsproduktion, aber Letztere ist lukrativer. Nicht nur die nahtlos geschmiedeten Eisenbahnreifen gehen in alle Welt, auch Waffen und Waffenteile werden exportiert. Hauptkunde der Kriegsproduktion ist das Deutsche Reich, repräsentiert durch seinen Kaiser. So ist wieder der Kaiser Dreh- und Angelpunkt des größten Festes, das von und bei Krupp je gefeiert wurde: das 100-jährige Jubiläum 1912. *Der Jubiläumstermin erscheint auf den ersten Blick ganz willkürlich gewählt. (…) Eigentlich war 1911 das Grün-*

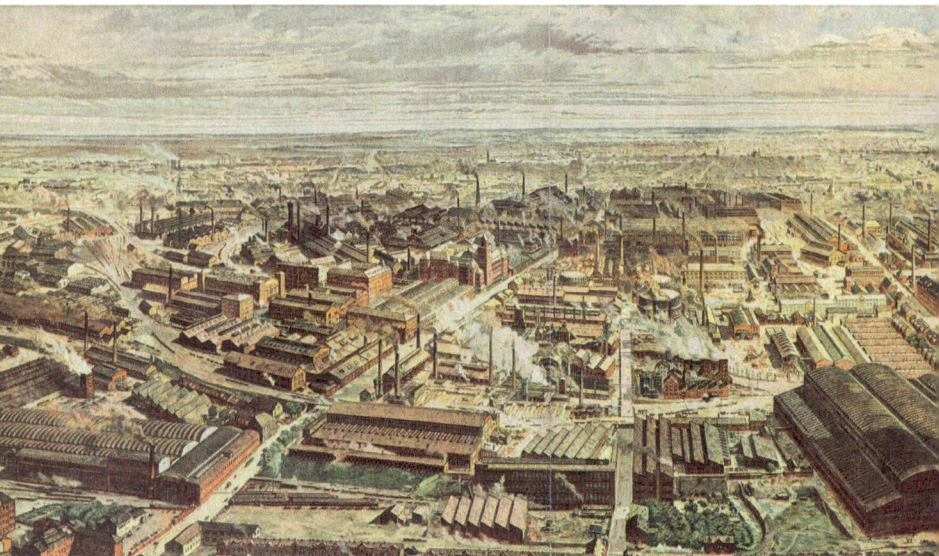

Die Gussstahlfabrik 1912

dungsjahr der Firma, aber das war anscheinend selbst Alfred Krupp nicht so recht bekannt gewesen, dürfte sich vielmehr erst mit den zum Jubiläum vorangetriebenen historischen Studien erwiesen haben.[64]

Bereits Jahre vorher beginnen die Vorbereitungen. Taffy und das Direktorium bauen in der Fabrik die neue Hauptverwaltung mit großzügigen Räumen für große Versammlungen, wobei an nichts gespart werden muss. Auch der Hügel wird verschönert und erweitert. Taffy und Bertha, die selbst gut zeichnet und aquarelliert, erwerben in diesen Jahren eine Gobelinserie, die 1670 in Brügge gefertigt wurde und die sieben freien Künste darstellt. Die Wandteppiche finden ihren Platz im ersten Stock, sowohl in der Oberen Halle als auch in den privaten Salons. Auch Gemälde werden gekauft oder in Auftrag gegeben, viele mit Darstellungen der wachsenden Familie. Um den dafür notwendigen Platz im 1. Stock zu schaffen, verbannt das junge Paar die meisten Gemälde, die Fritz Krupp erworben hat, in die neu eingerichtete Gemäldegalerie. Sie sammeln Kunst nach anderen Gesichtspunkten. *Ich entsinne mich noch mancher Gespräche, in denen sie es ablehnten, dem Angebot von ganzen Sammlungen näherzutreten,* erinnert sich Schwager Tilo von Wilmowsky, *sie liebten es, gewisse wertvolle Bilder, die ihnen angeboten worden waren, eine Zeitlang auf sich wirken zu lassen bis sie beide (...)»sich täglich erneut daran erfreuen konnten«. Die Parole war »nur langsam sammeln; es kommt nicht darauf an, in besonderer Eile Kunstwerke zu erwerben«. So erlebten wir, wie ein ganz persönliches Verhältnis zu den Bildern entstand, von denen jedes Kind schließlich auch jedes einzelne Bild kannte; dieses Vertiefen in die Kunst hat auf meine Frau und mich stets den größten Eindruck gemacht.*[65]

Der Hügel passt sich der neuen Generation an. Im ersten Stock dominiert nicht mehr, wie zu Alfreds und zu Friedrich Alfreds Zeiten, das Arbeitszimmer des Hausherrn mit den vielen geschäftlichen Besuchern. Taffys Arbeitszimmer ist privater. Hier steht ein Doppelschreibtisch, Platz genug für die täglichen Besprechungen mit seiner Frau, in denen er seine Sitzungen in der Hauptverwaltung vor- und nachbereitet. Ein großes Porträt Berthas und ihrer Kinder hängt hier, ebenso seine Jagdtrophäen, und auf den Regalen stehen seine Bücher und die Souvenirs seiner Reisen. Das Herz des Hauses aber schlägt in dem großen ehelichen Schlafzimmer. Die Wände sind im Stil des 18. Jahrhunderts gestaltet, leicht und luftig panneliert, bemalt und vergoldet. Wenn Bertha in dem schweren, barockisierenden Ehebett liegt und ihre Augen zur Decke erhebt, sieht sie den Himmel sich öffnen über einem Wolkenbett, auf dem eine geflügelte und von Putti umgebene weibliche Gestalt zu sehen ist. Es ist Aurora, die Göttin der Morgenröte, die, den blitzenden Morgenstern über der Stirn und eine leuchtende Fackel in der Hand, die Nacht vertreibt.[66] Taffy schenkte ihr Tiepolos transplantiertes Fresko zu der Geburt von Irmgard am 31. Mai des Jubiläumsjahres 1912.

Berthas Schwangerschaft beschränkt ihre Beteiligung an den unmittelbaren Vorbereitungen des Jubiläumsfestes auf die allgemeine Planung und die Maßnahmen für sich und ihre Kinder Alfried, Claus und das Baby Irmgard. Es gilt, die Garderoben – Kleider, Hüte und Accessoires – auszuwählen und anzuprobieren für die vielfältigen Anlässe des Festes. Die Leitung der Festivitäten, die auf dem Hügel geplant sind, die Unterbringung der zahlreichen Gäste, die komplizierten Tischordnungen (die mit dem kaiserlichen Hof abgestimmt werden müssen) und die Organisation der Dienerschaft – das alles liegt in den bewährten Händen von Exzellenz Krupp, wie Margarethes offizieller Titel lautet.

Berthas Entbindung ist erst neun Wochen her, als die Feierlichkeiten am 8. August beginnen. Am Abend vor dem Fest sitzt sie mit ihrem Mann und ihrer Mutter im Empire-Salon, der anlässlich des Jubiläums ebenfalls renoviert worden ist. Die noch aus Margarethes Zeit stammenden Möbel sind mit blassgelbem und gestreiftem Satin neu bezogen worden. Von der Decke hängt ein kostbarer Kronleuchter aus venezianischem Glas, kunstvoll in Messing gefasst, auch er eine Anschaffung dieses Jahres. Keiner wirft einen Blick hinaus in den bunten Terrassengarten oder auf die in der sommerlichen Hitze flimmernde Ruhr. Die Köpfe beugen sich über die beiden gedruckten Programmhefte, jeweils eines für den 8. und den 9. August, die in detaillierter Form das Programm der beiden Festtage aufführen.

Margarethe, Bertha und Taffy haben mit Abstand den anstrengendsten Anteil an den offiziellen Repräsentationspflichten, denn ihnen obliegt es, den Kaiser bei allen Anlässen zu begleiten. Es wird an diesem Tage keinerlei Rücksicht genommen auf ihre Exzellenz Margarethe Krupp und Frau Bertha Krupp von Bohlen und Halbach, weder auf die alte Dame, die an Rheumatismus leidet und der das Gehen und Stehen Schmerzen bereitet, noch auf die junge Frau, die gerade aus dem Wochenbett kommt und körperlich noch nicht wieder ganz auf der Höhe ist.»Das höchste Gut des Menschen ist die Pflicht«, Margarethes Wahl- und Grabspruch hat auch die nächste Generation verinnerlicht und trägt ihm Rechnung.

Das Jubiläumsfest beginnt am Donnerstag, dem 8. August 1912, mit dem Empfang Kaiser Wilhelms II. am hügeleigenen Bahnhof durch Bertha, Taffy, Margarethe, Barbara und Tilo. Oben im Großen Haus warten in der Unteren Halle die Gäste, die die Ehre haben, auf dem Hügel übernachten zu dürfen, auf die Ankommenden und empfangen den Kaiser gebührend. Dieser darf sich kurz erfrischen und einen kleinen Imbiss zu sich nehmen, dann steht eine ganze Kolonne von Automobilen für die Fahrt nach Essen bereit. Der

Kaiserliche Hofmarschall hat zwei Automobile nach Essen gesandt: das des Kaisers und das des Prinzen Heinrich. Die restlichen Gäste verteilen sich auf die zwölf von Krupp bereitgestellten Wagen. Auf

Taffy und Kaiser Wilhelm II. bei der Autofahrt anlässlich der 100-Jahr-Feier durch Essen, 8. August 1912

dem Weg zur Fabrik werden dem Essener Oberbürgermeister ganze 15 Minuten zugestanden, den Wagenzug aufzuhalten und den Kaiser zu begrüßen. Der Kaiser steigt aus seinem Fahrzeug aus, um den Oberbürgermeister mit seinen Ehrenjungfrauen zu begrüßen. Der Rest der Gäste verlässt die Automobile nicht.

Es folgt der Empfang des Kaisers im Lichthof des neuen Verwaltungsgebäudes. Gustav Krupp von Bohlen und Halbach begrüßt den hohen Gast: *Eure Kaiserliche und Königliche Majestät hier begrüßen zu dürfen, im Herzen der Kruppschen Werke, von dem die Pulsschläge ausgehen für so viele über Preußens Gebiet verstreute Werksteile, Euere Kaiserliche und Königliche Majestät hier empfangen zu dürfen an der Schwelle zwischen dem ersten und zweiten Jahrhundert Kruppscher Geschichte, ist für alle, die mit dem Kruppschen Namen irgendwie verbunden sind, eine tief empfundene Ehre, eine dankbarst gefühlte Freude. Euerer Majestät Teilnahme weiht die Hundertjahrfeier der Firma Krupp, Euerer Majestät Anwesenheit zeugt von der Allerhöchsten Billigung der Vergangenheit, Euerer Majestät Gegenwart*

Der Festakt der 100-Jahr-Feier im Lichthof des Hauptverwaltungsgebäudes am 8. August 1912

bürgt für die Fortdauer des gnädigen Interesses auch für die Zukunft.[67] Am Tage zuvor hatte Gustav bei dem Festakt der Mitarbeiter erstmals das Wort »Kruppianer« verwendet, um auf die Werksgemeinschaft aller bei Krupp Beteiligten zu verweisen.[68] Der Direktoriumsvorsitzende, der Geheime Finanzrat Dr. Alfred Hugenberg, später Chef eines nationalsozialistischen Medienkonzerns und Minister im Kabinett Hitlers, hält die Festrede. Der Kaiser seinerseits verweist in seiner Ansprache auf die seit drei Generationen bestehende Verbundenheit der Familie Krupp mit dem Königs- und Kaiserhaus.

Alle 500 Stühle im Lichthof sind besetzt und ausschließlich den Männern vorbehalten. Einige Direktorengattinnen und andere ausgewählte Damen dürfen von einer umlaufenden Galerie aus stehend auf das vollkommen in Schwarz oder dunkles Tuch gehüllte Publikum hinunterblicken. Nur in der ersten Stuhlreihe wird es

durchbrochen von einigen Uniformen und den Kleidern der drei
Kruppdamen, die mit dem Scharlachrot der Fenster- und Blumen-
dekoration in Konkurenz treten: Margarethe Krupp in ihrem Alter
angemessenen Lavendelblau mit dunklem violettem Hut, Bertha in
hellem Rot mit sommerlich weißem Federhut und Barbara in zu-
rückhaltendem dezentem Grün. Nach dem Festakt besichtigt seine
Majestät die neuen Verwaltungsräume und Gustavs Arbeitszimmer
auf einem Rundgang, der Gelegenheit zu Gesprächen bietet, um
sich anschließend zum Mittagessen, auf dem Programm Frühstück
genannt, im Hungerturm – wie der Hauptturm allgemein genannt
wurde – des Verwaltungsgebäudes niederzusetzen.

Bis jetzt ist alles entsprechend der peniblen und perfekten Planung verlaufen, für die Krupp berühmt ist. Aber hier, während des
Mittagessens, ereilt die Festgäste die Nachricht von einer Katastrophe. In Bochum-Gerthe ereignete sich in der Zeche Lothringen
am gleichen Tage gegen Mittag das schwerste Grubenunglück, das
bis dahin das Ruhrgebiet getroffen hatte. Insgesamt 112 Bergleute
kommen ums Leben. Der Kaiser will am nächsten Tag, wenn sich
die Lage etwas geklärt hat, dorthin fahren. Vorläufig jedoch läuft das
Besuchsprogramm weiter. Der Nachmittag ist den Arbeiterkolonien
der Firma gewidmet: Der Arbeitersiedlung Cronenberg mit ihren
1450 Wohnungen; dem Alfredshof mit 1000 Wohnungen und vielen
Einfamilienhäusern; der sich größtenteils noch im Bau befindlichen
Margarethenhöhe, einem eigenen Essener Stadtteil, und dem Altenhof mit 450 Wohnungen. Traurige Erinnerungen ruft bei Bertha der
Besuch des Arnoldhauses wach, denn dieses Wöchnerinnenheim ist
nach ihrem verstorbenem Baby benannt. Selbstverständlich besucht
der Kaiser auch die Kaiserin-Auguste-Viktoria-Erholungshäuser
und andere Wohlfahrtseinrichtungen.

Für das anschließende Festdiner hat man eigens eine große Fest-
halle mit Küche an die Untere Halle angebaut, die sich auf den Terrassengarten ausdehnt. Wieder sind es 500 Gäste, die an 63 Tischen
Platz nehmen. Fanfaren erklingen und Taffy und der Kaiser halten
ihre Tischreden, wobei der unglücklichen Bergleute gedacht wird.
Nach dem Essen begibt sich die Gesellschaft in den Garten, wo acht
Kruppsche Gesangvereine mit insgesamt 750 Kruppschen Arbeitern
eine Serenade darbringen mit Liedern wie ›Die Wacht am Rhein‹,

›Der Jäger Abschied‹ und ›Deutschlands Gebet‹. Um zehn Uhr Abends gehen die Lichter aus, und vom Bahnhof Hügel aus fährt ein Sonderzug die Gäste, die in Essen untergebracht sind, zur Stadt hinunter. Inzwischen ist beschlossen worden, das Fest abzukürzen. Der Freitagvormittag folgt mit einer vierstündigen Besichtigung des Werks noch der ursprünglichen Planung. An der Rundfahrt mit den verschiedenen Aufenthalten und Betriebsführungen nehmen die Damen Krupp nicht teil. Nach dem schnell eingenommenen Mittagessen reist der Kaiser nach Bochum weiter. Inzwischen ist das ganze Ausmaß des Unglücks bekannt geworden, und der Kaiser wird die Toten ehren. Das Fest ist beendet.

Bertha mit Alfried und Claus
1912

Wieder treffen sich Margarethe, ihre beiden Töchter und ihre Schwiegersöhne im Empire-Salon zur Nachbesprechung. Obwohl das Unglück in Bochum das Fest überschattet, sind sie sich einig, dass die Feier gelungen ist. Niemals vorher – und auch niemals nachher – ist die Nähe zwischen Krupp und der Reichsregierung anschaulicher dargestellt worden. Fast zwei Tage lang nahm sich der Kaiser Zeit, um Krupp und seine Produkte genauestens kennenzulernen. Er übernachtete zum wiederholten Male auf dem Hügel und dokumentierte damit auch seine private Verbundenheit mit der Familie Krupp. In den Augen der Familie ist es eine hohe Ehre und die Erfüllung des Wunsches von Margarethes verstorbenem Mann, Friedrich Alfred, der daran glaubte, dass die Interessen des Reiches mit denen von Krupp identisch seien. Auch Gustav Krupp von Bohlen und Halbach ist sich im Klaren, wie sehr die Firma vom Wohlwollen der Reichsregierung profitiert, aber er weiß das diplomatischer, politisch geschickter zu nutzen als sein Schwiegervater. Er hat mit der 100-Jahr-Feier ein grandioses, klassisch wilhelminisches und niemals wiederholbares Fest gestaltet.

Margarethe und Bertha sind die Stiftungen wichtiger, die sie in diesen Tagen ins Leben gerufen haben. Die Kruppsche Jubiläumsstiftung bekommt sechs Millionen Mark, aus deren Zinsen langjährigen Mitarbeitern ein bezahlter Urlaub finanziert werden kann. Das ist eine vollkommen neue Idee, auf die beide Damen stolz sind. 500 000 Mark stiftet Margarethe privat für die Wohlfahrt der Kruppschen Frauen und Kinder, außerdem 500 000 Mark für die Arbeiterstiftung. Die Welle großzügiger Stiftungen schließt aber nicht nur die Kruppschen Mitarbeiter ein. *Zwei Millionen Mark erhielten die Marine und das Heer für die Errichtung von Sportstätten und Soldatenheimen. Ebenfalls zwei Millionen Mark gingen an die Stadt Essen, und zwar zur Hälfte für Kunst und Kultur, zu einem Viertel für allgemeine Wohlfahrtszwecke, das letzte Viertel für Freibetten von Frauen und Kindern in den städtischen Krankenanstalten.*[69] Die Stadt revanchiert sich mit der Verleihung der Ehrenbürgerschaft an Margarethe Krupp. Die Liste der Spenden und Geschenke anlässlich des Jubiläums ist damit noch nicht beendet. Margarethe und Bertha empfinden die Möglichkeit, gezielt und sinnvoll zu spenden und zu helfen, als wichtigstes Privileg ihres Reichtums.

Ritterspiel und Kornwalzer (1912–1913)

Alle Gäste sind abgereist. Bertha steht etwas wehmütig vor ihrem Bett, auf dem die Zofe ihr Kostüm für das Ritterspiel ausgelegt hat. Es sollte der Höhepunkt und feierliche Abschluss der 100-Jahr-Feier werden, geplant für die Stunden vor der Abfahrt des Kaisers. Über 200 Menschen, die meisten davon Kruppsche Beamte samt Frau und Kind, haben wochenlang dafür geprobt. Die Generalprobe in der zu einem mittelalterlichen Turnierplatz umdekorierten Reithalle hat hervorragend geklappt, die prächtigen Kostüme passten alle und trotz der ungewohnten schweren Rüstungen ist keiner der Schauspieler, die die Ritter darstellen, vom Pferd gefallen. Das bunte Bild der Ritterschar, die vor der kaiserlichen Tribüne Aufstellung nimmt, hätte Wilhelm II. sehr gefallen, davon ist Bertha überzeugt. Seine Vorliebe für allegorische Darstellungen aus dem Mittelalter ist allgemein bekannt. Nichts gefällt ihm besser, als den Bogen zu

Bertha, Alfried und Taffy als Graf und Gräfin von Helfenstein bei der Generalprobe des Festspiels für die 100-Jahr-Feier 1912

schlagen vom Heiligen Römischen Reich Deutscher Nation, das 1806 zu existieren aufgehört hat, zu dem 1871 mit seinem Großvater als Kaiser neu gegründeten Deutschen Kaiserreich.

Es war Taffys Idee, dieses Muster nicht nur zu übernehmen, sondern darüber hinaus mit der Entstehungsgeschichte der Firma Krupp zu verknüpfen. Wie sollte das gelingen? Auf den Inhalt des Ritterspiels kam es nicht so sehr an. Es sollten viele schöne Bilder entstehen, geeignet für Fotos und das neue Medium, den Film. Der Historienmaler Ludwig Keller schrieb das Textbuch für das Schau-spiel. *Die sagenumwobene Person des Kaisers Max steht an der Wende einer Zeit großer Umwälzungen. In einem Traumgesicht läßt ihn der Dichter einen Blick in eine ferne Zukunft tun, wie sie sich im Laufe der Jahrhunderte unter der Herrschaft des Eisens und des Stahls, nicht nur in militärischer und politischer, sondern auch in gewerblicher und kultureller Hinsicht entwickelt hat, eine Entwicklung, in der später das Haus Krupp eine so bedeutende Rolle zu spielen hatte.*[70] Taffy hat die Hauptrolle des Grafen Helfenstein übernommen, der die moderne Zeit verkörpert unter dem Banner der Heiligen Barbara, der Schutzheiligen der Artillerie. Bertha wird geschont, schließlich kommt sie gerade aus dem Wochenbett. Sie sagt nur einen einzigen Satz und reitet dekorativ mit ihrem Söhnchen Alfried über die Reitbahn, während sich Graf Helfenstein mit Graf Werdenberg streitet. Unter dessen Banner St. Georg versammeln sich die Edelleute, die den modernen Neuerungen feind sind. Während jugendliche Ritter auf der Reitbahn tjosten, hat der Kaiser auf der Tribüne eine Vision, in der ihm die zukünftige Entwicklung des Hauses Krupp erscheint. Die Jahre 1812, 1834, 1835, 1861, 1879 und 1912 werden in kurzen Auftritten vorgestellt, die sich auf das Leben der Inhaber, ihre Produkte und deren gemeinsame Bedeutung für das Reich beziehen. Aus seiner Vision erwacht, versöhnt der Kaiser die Streitenden unter der einigenden Idee des Reiches. *Aus dem Gebotenen aber möge der Zuschauer ein wenig den Reiz herausfühlen, der darin liegt, die Epoche Maximilians, die vergoldet ist von dem untergehenden Glanze des mittelalterlichen Rittertums und zugleich umwittert von der Morgenluft einer neuen Zeit, welche die heute Lebenden noch atmen, in Beziehung zu setzen zu den Bestrebungen der Gegenwart, die heute ein Jahrhundert der größten deutschen Eisenwerkstatt feiert, und die in bisher unerhörter Weise die Naturkräfte beherrschen und neue Waffen schmieden lernte zum Schutze des Vaterlandes.*[71]

Wie die Aufführung auf die Bevölkerung wirkte, beschreibt Frau F., die Köchin, in ihren Memoiren so: *Es sollte nun zu der Hundertjahrfeier auch ein Ritterturnier aufgeführt werden. In der großen Reithalle standen zu jeder Probe die schweren Ackerpferde fein geschmückt wie zu Ritters Zeiten. Die Rittmeister saßen, mit schwerem Panzer angetan sowie Helm und Visier und Metallhandschuhen auf dem Gaul, in der Hand einen Speer. Nun sprengten die Pferde wild gegeneinander, und die Ritter bekämpften sich mit Speer und Schild. Es war ein schönes Schauspiel, das anzusehen. – Als nun am anderen Tag vor all den fremden Herrschaften sowie auch Seiner Majestät das Turnier beginnen sollte, kam unerwartet die Nachricht, dass in Bochum ein schweres Grubenunglück passiert sei, wobei viele Bergleute*

*zu Tode gekommen seien. Sofort reiste der Kaiser zu der Unglücksstelle,
und so hat die Hundertjahrfeier einen traurigen Abschluß gehabt.*[72]
Das Zechenunglück verhindert die Aufführung. Bertha weist
die Zofe an, das Kostüm, ordentlich mit Mottenkügelchen in einer
Schutzhülle aus Nessel verpackt, zu verwahren. Eine leise Hoffnung
bleibt ihr und den anderen Mitspielern, den 50 Hauptdarstellern,
den Rittern, den Knappen, den Herolden, Turnierwächtern, Bot-
schaftern, Gesandten und sonstigen Mitspielern. Der Kaiser hat an-
gedeutet, er werde zu einem gesonderten Termin nach Essen kommen um sich das Festspiel anzusehen. Darauf hoffen auch die über
200 Darsteller der Pagen und Edelknaben, der Adelsgruppe, der
Ratsgruppe, der Bürgergruppe, der Landsknechte, Zünftler, Zunft-
meister, des Trommlerkorps der Ratsherren, des Trommlerkorps der
Landsknechte, des Zuschauenden Volkes, der Zigeunergruppe, der
Platzwärter und Aufseher und nicht zuletzt der zahlreichen Gruppe
der jugendlichen Turnierteilnehmer. Insgeheim hoffen alle der über
300 Darsteller auf eine zweite Chance.

Diese zweite Chance bekommt das Ritterspiel nicht, denn der
Kaiser kann es sich politisch nicht leisten, in den nächsten beiden
Jahren wieder nach Essen zu kommen. Die kritiklose Selbstdar-
stellung der Firma Krupp bei der Hundertjahrfeier, und die bedin-
gungslose Vermengung der Interessen von Kaiser und Reich mit
den Interessen der Firma rufen die altbekannten Widerstände hervor. Wie zehn Jahre zuvor wird der Reichstag zum Forum für den
zweiten großen Krupp-Skandal in nur einem Jahrzehnt. Er trägt den
poetischen Namen Kornwalzer-Affäre, und er schadet dem Ansehen
der Firma in gleichem Maße, wie der Capri-Skandal 1902 dem Ansehen der Familie geschadet hat[73]. Schon kurz nach den Tagen des
großen Festes sind die ersten Anzeichen merkbar, aber erst mehr als
ein halbes Jahr später, im Frühling 1913, explodiert Kornwalzer. Wie
schon beim ersten Skandal sind es wieder die Sozialdemokraten, die
den Skandal entfesseln, und wieder sind Familie und Direktorium
dem Sturm in keiner Weise gewachsen.

Der Reichstagsabgeordnete Karl Liebknecht bekam Anfang November 1912 einen anonymen Tipp von jemandem, der Krupp der
Korruption beschuldigte.[74] (Später stellte sich heraus, dass es sich
um einen Racheakt des entlassenen Leiters des Berliner Krupp-

Büros, Wilhelm von Metzen, handelte). Liebknecht schaltete das Kriegsministerium ein, das wegen Verdachts auf Verrat von Militärgeheimnissen ermittelte und am 7. Februar 1913 den Angestellten beim Berliner Krupp-Büro, Maximilian Brandt sowie mehrere Angehörige der Militärverwaltung verhaften ließ. Dies ist der Anlass für Karl Liebknechts großen Auftritt am 18. April 1913 im Reichstag. *Plakativ und zugespitzt enthüllte er, Krupp habe einen »Agenten« in Berlin beschäftigt, »der die Aufgabe hatte, sich an die Kanzeleibeamten der Behörden der Armee und Marine heranzumachen und sie zu bestechen, um auf diese Weise Kenntnis von geheimen Schriftstücken zu erhalten, deren Inhalt die Firma interessiert.*[75]

Sieben Offiziere werden wegen Bestechung in Verbindung mit der Preisgabe von militärischen Geheimnissen verurteilt, sie erhalten zwischen sechs Monaten Gefängnis und drei Wochen Arrest. Sie hatten bei verschiedenen Anlässen mit Brandt über geheim zu Haltendes gesprochen. Dabei waren Bestechungen in Form von Geburtstagsgeschenken oder der Einladung zu einem warmen Abendbrot im Spiel. Brandt hatte seine Erkenntnisse in Berichten an das Krupp-Direktorium in Essen gemeldet, unter dem internen Telegrammcode »Kornwalzer«. In einem zweiten Prozess wurde gegen den Bestecher, also Krupp, ermittelt. Verurteilt wurden Brandt und Direktor Otto Eccius *»wegen Bestechung, Verrat militärischer Geheimnisse und Beihülfe zur Bestechung«.*[76] Brandt erhielt eine Gefängnisstrafe von vier Monaten, die mit der Untersuchungshaft abgegolten war, und Direktor Eccius zahlte 1200 Mark Geldstrafe, die Prozesskosten übernahm der Staat.

Wieder ist es der Name Krupp und seine Symbiose mit der amtierenden Regierung Kaiser Wilhelms II., die das Thema für die oppositionelle SPD so interessant macht und für ein breites Medienecho sorgt, das erst der Ausbruch des Ersten Weltkrieges beendet. So nimmt es nicht wunder, dass auch diesmal wieder der Kaiser Krupp den Rücken stärkt, indem er ihm im Sommer 1913 den Roten Adlerorden verleiht. *Krupp und die Marine gehören historisch zusammen*[77], schreibt Großadmiral Alfred von Tirpitz an Gustav Krupp von Bohlen und Halbach und dieser antwortet, es sei nötig *selbst wenn alles, was die Sozialdemokraten behaupten, wahr wäre (…) trotzdem für eine Firma wie die Kruppsche Partei zu ergreifen und den Sozialdemokraten nicht den billigen Triumph zu lassen, den sie jetzt scheinbar vor aller Welt davongetragen haben.*[78] Die Front gegen die ungeliebten Linken hält, der Schaden, den die Affäre in der Öffentlichkeit anrichtet, ist aber trotzdem enorm und lässt sich nur wenig mildern.

Im Sommer 1913 ist Bertha wieder schwanger. Am 12. Dezember wird Berthold geboren, am 25. Januar 1914 getauft, und das Bohlensche Kinderkleeblatt auf diese Weise zum Quartett. Im Kleinen Haus aber sitzt Margarethe in ihrem Salon im ersten Stock und blickt auf das Manuskript einer Rede, die sie sehr bewegt. Maximilian Harden, prominenter Vertreter des der Sozialdemokratie nahestehenden Journalismus, hat sie am elften Todestag von Fritz Krupp, am 22. November 1913, in der Philharmonie in Berlin vor einer großen Zuhörerschaft gehalten. Margarethe spürt sie wieder, die Qualen, die sie empfand, als ihr Mann Fritz wenige Tage nach den Anklagen der sozialdemokratischen Parteizeitung ›Vorwärts‹, er habe auf Capri homosexuelle Beziehungen gehabt, überraschend gestorben war.[79] An gebrochenem Herzen, davon ist sie überzeugt. Und nach wie vor ist sie überzeugt, dass aus dem Lager der Sozialdemokratie nie etwas anderes zu erwarten ist als Verleumdung und Bosheit. Aber nun dieses! Ausgerechnet Maximilian Harden, diese schillernde Figur des Enthüllungsjournalismus – wie wir das heute nennen würden –, verteidigt Krupp in der Kornwalzer-Affäre. Sein Hauptargument ist die Geringfügigkeit der Anklage. *Krupp hat in 7 Jahren, von 1904 bis 1910 inclusive, 57 Millionen für Arbeiter- und Beamtenhäuser ausgegeben. Das ist vernünftig von den Leuten, ich will es nicht verhimmeln, sie tun es nicht aus überschwänglichem Edelmut, sondern weil sie es für gut und anständig halten. Aber kann man bei solchem ungeheueren Betriebe (…) nur behaupten, dass nur der Wunsch besteht, das Vaterland zu übervorteilen und herauszuschinden, was zu schinden ist?*[80]

Margarethe traut kaum ihren Augen, denn was Harden dann über die Beweggründe der Sozialdemokratie in Sachen Krupp schreibt, deckt sich genau mit dem, was die Familie und das Direktorium denken. *Sie [die SPD] hat noch einen Groll gegen die Industriemacht Krupp, und zwar einen Groll aus sachlicher und persönlicher Wurzel kommend. Sachlich ist es so, daß bei Krupp nur un-*

*gefähr 1/3 der fast 80 000 Arbeiter, die er hat, Sozialdemokraten sind.
(…) Das paßt ihr natürlich nicht, und es ist ein begreiflicher Wunsch,
dieser Macht irgendwie zu schaden und ihren eigenen Anhang zu ver-*

Taffy mit den drei ältesten Kindern Alfried, Claus und Irmgard an der See,
vermutlich Sommer 1913

*mehren. Der persönliche Grund wird durch das Datum des heutigen
Tages besonders nahe gebracht. Heute vor 11 Jahren ist Friedrich Alfred
Krupp gestorben. (…) Sie erinnern sich an diese Dinge, nicht wahr?
Damals waren aus französischen Blättern Nachrichten über Krupps
Privatleben in den »Vorwärts« gekommen, es waren ihm Vorwürfe
gemacht worden über den Wandel, den er auf Capri geführt haben
sollte. Mit Unrecht, und plötzlich ist er dann gestorben. (…) Damals
hat die Sozialdemokratie sehr schlechte Tage gehabt (…) – man hat ihr
außerordentlich vorgeworfen, diese Campagne gegen Krupp veranlaßt
zu haben, und es war nicht leicht, wie ich aus eigener Wissenschaft
angeben kann, den verantwortlichen Journalisten sehr schwere Folgen
zu ersparen. Seitdem ist das Sentiment persönlicher Art natürlich
stärker geworden.*[81] Harden weist deutlich auf den Zusammenhang
hin, der den Capri-Skandal von 1902 mit der Kornwalzer-Affäre

von 1912 verbindet. Er macht Krupp den Vorwurf, sich in der Kornwalzer-Affäre nicht genügend gewehrt zu haben. *So sage ich doch,
an der ganzen Sache ist nichts so unverzeihlich für die Firma Krupp,
als daß sie das Urteil hingenommen hat ohne Revision einzulegen.
Das ist unverzeihlich. Denn damit hat sie (…) nicht nur uns, sondern
auch dem Auslande den Glauben suggeriert: die Brüder sind froh, daß
die Sache so glimpflich abgelaufen ist. (…) Das ist ein furchtbarer
Fehler.*[82] Darüber zu urteilen, ob dies wirklich ein Fehler war oder
nicht, denkt Margarethe, ist nun nicht mehr meine Sache. Aber sie
kommt nicht umhin sich zu erinnern, dass sie selbst es war, die nach
dem Tod ihres Mannes auf rechtliche Schritte gegen die Verleumder
ausdrücklich verzichtet hat. Damit – so hatte sie damals gehofft –
würde die Capri-Affäre langsam im Bewusstsein der Menschen
verblassen. Welche Fehleinschätzung! Krupps Schweigen hat die
Gerüchteküche erst richtig angeheizt und Raum gegeben für immer
neue Anschuldigungen. Das, so denkt die alte Frau traurig, wird
wohl immer so weitergehen.[83]

Da öffnet sich die Tür und Fräulein Brandt kommt herein, mit
einer Zeitung in der Hand. Es ist der Essener General-Anzeiger vom
8. und 9. August mit dem Bericht über die Verleihung des Essener
Ehrenbürgerrechts an Margarethe. Die Lektüre solle sie aufheitern,
meint Margarethes Gesellschafterin und Freundin. Sie nimmt Platz
in einem Sessel am Fenster und liest vor: *Die Stadtverordnetenver-
sammlung hatte jüngst beschlossen, Frau Exzellenz Friedrich Alfred
Krupp das Ehrenbürgerrecht zu verleihen in Würdigung ihrer großen
Verdienste um die Stadt und das mit ihr eng verbundene Werk. Gestern
mittag nun wurde Frau Margarethe Krupp der Ehrenbürgerbrief durch
eine städtische Abordnung, bestehend aus den Herren Oberbürgermeister Geheimen Regierungsrat Holle, Stadtverordneten Altenberg, Bei-
geordnetem Grevel und Stadtverordneten Leggewitt überreicht. (…)
Die Überreichung des Ehrenbürgerbriefs fand um halb ein Uhr statt.
(…) Der Oberbürgermeister hielt eine Ansprache, worin er auf die
Verdienste von Frau Krupp um das Werk und die Stadt hinwies, besonders an die Margarethe Krupp Stiftung erinnerte und zum Schluß
die Ernennung mitteilte. Frau Krupp, die von dem außergewöhnlichen
Charakter der Ehrung nicht unterrichtet war, dankte überrascht und
tief bewegt, indem sie zugleich der Stadt Essen auch fernerhin von*

Herzen Blühen und Gedeihen wünschte. Sie betonte auch dabei die Seltenheit einer solchen Auszeichnung für Frauen, und gab ihrer tief-empfundenen Freude Ausdruck, daß ihr eine solche zuteil geworden

Alfried und Claus an Bord der Germania, Kiel, 1913

sei. Es fand nun ein in angeregter Stimmung verlaufendes Frühstück statt, worauf nach angeregtem Meinungsumtausch die Abordnung sich von Frau Krupp und ihrer Familie verabschiedete.[84]

Fräulein Brandt hebt den Kopf und lächelt Margarethe an. »Von allen Ehrungen, die uns anlässlich der 100-Jahr Feier wurden, ist diese doch die allerschönste«, erklärt sie. »Und jetzt lese ich Ihnen auch noch den Teil vor, in dem aufgelistet wird, was Sie alles für die Stadt Essen getan haben. Erst beim Lesen dieses Artikels ist mir aufgegangen, wie viel Sie auch für die Essener Bürger, die nicht bei Krupp arbeiten, getan haben. Es ist wirklich beeindruckend und für Sie ein Grund, stolz und zufrieden zu sein.« Margarethe macht eine abwehrende Bewegung, hört aber trotzdem weiter zu. *Der Stadt Essen überwies sie ein größeres Kapital für eine Friedrich-Alfred-Krupp Stiftung, deren Ertrag für gemeinnützige und wohltätige Zwecke be-*

stimmt ist. Weiter stiftete Frau Margarethe Krupp die in Essen West errichtete prächtige Badeanstalt, gewissermaßen ein Geschenk zur Jahrhundertfeier an die Stadt. Die Margarethe Krupp Stiftung, welche der Wohnungsfürsorge für die minderbemittelten Klassen dient, und mit einem Kapital von einer Million Mark sowie einem Baugelände von 50 Hektar ausgestattet ist, bildet heute schon einen Glanzpunkt im Städtebild Essens. In Verbindung mit dieser Stiftung hat Frau Krupp der Stadt Essen ausgedehnte Geländestreifen überwiesen, eine Anzahl schmaler Täler, sogenannter Siepen, im Süden der Stadt, die sie mit Wegen und Baumpflanzungen versehen ließ und als öffentliche Anlagen bestimmte. Zur Jahrhundertfeier errichtete Frau Krupp eine weitere Stiftung von 500 000 Mark, die die Unterbringung von Frauen und Kindern in den Kruppschen Kranken- und Erhohlungshäusern dienen soll.[85] Fräulein Brandt lässt die Zeitung sinken, als Margarethe mit einem Anflug jugendlichen Kampfgeistes und eines fast spitzbübischen Lächelns bemerkt:»Jedenfalls bin ich die erste Frau, der die Stadt diese Ehrung verleiht, und es freut mich, darin eine Vorreiterrolle zu spielen. Ich bin sicher, so etwas wird in Deutschland in Zukunft öfter vorkommen.«

DER ERSTE WELTKRIEG

Die ersten Kriegsjahre (1914–1916)

Die Augustsonne des Jahres 1914 brennt heiß auf die Pferdekutsche, die Margarethe und Bertha vom Hügel hinunter nach Essen in das Kruppsche Krankenhaus fährt. An einem anderen Tag hätte Bertha ihre Mutter geneckt mit einer Bemerkung über ihre Vorliebe für dieses altmodische Transportmittel. In der Remise auf dem Hügel stehen moderne Automobile, die Bertha, wenn sie alleine ausfährt, lieber benutzt. Aber heute ist der Anlass ihres Ausflugs zu ernst für Scherze. In den letzten zwei Wochen hat Deutschland den Staaten Russland und Frankreich den Krieg erklärt, ist in Belgien einmarschiert und kämpft an der Seite Österreich-Ungarns auch gegen England. Besorgt sieht Margarethe Krupp auf die jungen Männer, die jubelnd durch Essens Straßen ziehen, um am Bahnhof in die Züge an die Front zu steigen. Im ganzen Deutschen Reich ist Kriegsbegeisterung ausgebrochen, die wenigen mahnenden Stimmen gehen unter. Margarethe teilt diese Begeisterung nicht. Zu gut erinnert sie sich an die Leiden der Soldaten im Krieg gegen Frankreich 1870/71 und an die verwitweten Frauen und vaterlosen Kinder, die er hinterlassen hat.

Bertha berichtet ihrer Mutter von den nächtlichen Gesprächen mit ihrem Mann, der bis zuletzt hoffte, dass Deutschland nicht in den Krieg ziehen würde. Aber Kaiser Wilhelm II. hat Fakten geschaffen, und nun sieht Bertha Taffy kaum noch, so beschäftigt ist er, die Firma Krupp auf den Krieg vorzubereiten. Das ist seine Pflicht, nachdem er für unabkömmlich erklärt wurde und nicht im Feld dienen kann: *Dabei bin ich mir bewußt, daß ich mich mit aller Kraft gegen einen nur allzu leicht lähmenden Pessimismus stemme, der mich eben persönlich und geistig krank und unfähig machen würde zur Erfüllung der Hauptaufgabe, die mir obliegt und für die ich daheim geblieben bin. Diese sehe ich darin, jetzt und künftighin ein Zusammenarbeiten aller Kreise unserer großen Werksgemeinschaft zu gewährleisten zum Nutzen des Vaterlandes.*[1] Keine der beiden Damen erkennt den Widerspruch, der darin liegt, dass Taffy für Deutschlands Krieg Waffen produziert, während es gleichzeitig ihnen ob-

Heimaturlauber 1914

liegt, sich um die Menschen zu kümmern, die unter den Folgen eben dieses Krieges leiden werden.

Der Wagen hält vor dem Eingang des Kruppschen Krankenhauses. Es erinnert kaum noch an die behelfsmäßige Baracke, die anlässlich des Frankreich-Krieges 1870 als Lazarett errichtet wurde. Seitdem wurde es ständig erweitert und ergänzt: Das moderne Operationshaus – luftig, hell und nach neuesten Erkenntnissen ausgestattet – entstand 1907. Ihm folgte ein Erweiterungsbau mit verschiedenen Spezialabteilungen und ein mit allen modernen Einrichtungen ausgestattetes Badehaus.[2] Auch die Zahnklinik, nur einige Straßen weiter gelegen, mit ihren 13 Behandlungsstühlen gehört zu den Kruppschen Krankenanstalten. Begleitet von Ärzten und Schwestern gehen Margarethe und Bertha durch die Säle des Krankenhauses, die für den jetzigen Krieg als Lazarett bestimmt sind. Es gibt Platz für 100 Verwundete, und einige Betten sind bereits belegt. Margarethe nimmt auf dem Besucherstuhl neben dem Bett eines Verwundeten Platz und lässt sich berichten, wie es ihm

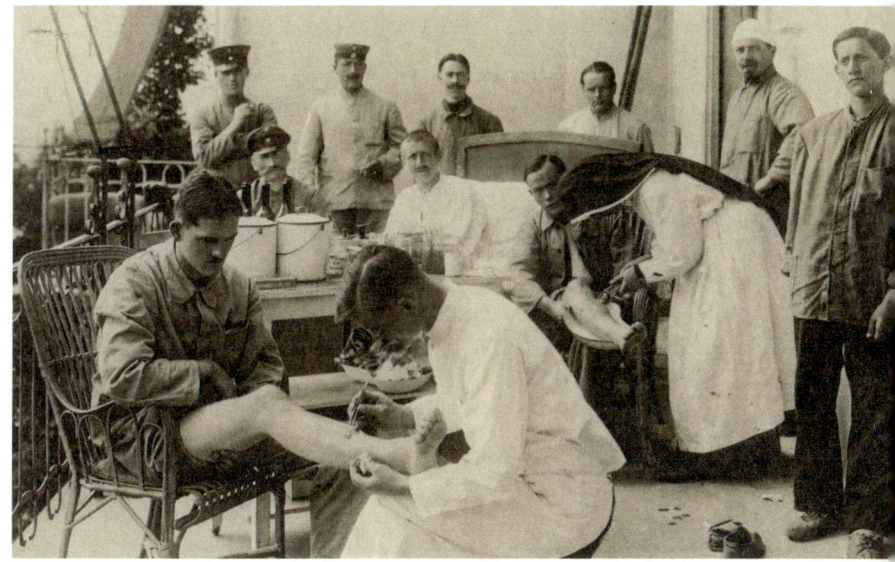

1915 Verwundete im Städtischen Kruppschen Lazarett

ergangen ist. Bertha, die hinter ihr steht, wundert sich nicht, als der junge Soldat – merklich eingeschüchtert durch den hohen Besuch – berichtet, er sei Arbeiter bei Krupp. Tausende Werksangehörige werden in diesen Tagen eingezogen. Das schafft, wie Bertha weiß, ein großes Problem für die Firma, die trotz dieses Aderlasses ihre Produktion steigern muss.

Weiter geht es mit der Kutsche zum Altenhof. Bertha versäumt es nie, dort das Arnoldhaus für Wöchnerinnen zu besuchen, das sie zum Andenken an ihr früh gestorbenes Baby gestiftet hat. Es soll *Frauen von Werksangehörigen (auch Frauen von einberufenen Werksangehörigen) bei der Entbindung die Annehmlichkeiten eines ruhigen und behaglichen Aufenthaltes in Verbindung mit geeigneter Wochenpflege gewähren.*[3] Wie ihre Mutter Margarethe bedenkt auch Bertha bei ihrer sozialen Fürsorge die praktischen Aspekte.

Deshalb wird den Wöchnerinnen ein Mindestaufenthalt von 10 Tagen vorgeschrieben. Gleichzeitig können sie auf Hilfsangebote zugreifen wie die Stundung oder Verringerung des Pensionspreises

Das Kruppsche Arnoldhaus für Wöchnerinnen

oder häusliche Hilfe. *Um den Wöchnerinnen während ihres Aufenthaltes im Arnoldhaus die Sorge um eine geordnete Weiterführung des Haushalts zu nehmen, werden auf Antrag von der Einrichtung für Hauspflege geeignete, zum Teil als Krankenpflegerinnen ausgebildete Personen gestellt, die unter Aufsicht von zwei Krankenschwestern die Erledigung sämtlicher Hausarbeiten (einschl. der Wäsche) zu übernehmen haben.*[4]

Ein kritischer Blick in die Taufkapelle, ein aufmunterndes Wort an die diensthabende Oberschwester, einige freundliche Worte an die anwesenden Mütter, und es geht weiter zu den Lazaretten, die sich auf dem Hügel-Gelände befinden. *Als 1914 der Erste Weltkrieg begann,* berichtet Franz Holzapfel, der zu dieser Zeit in der Hügelgärtnerei arbeitete[5], *richtete man auf dem Hügel auch Lazarette ein. Es wurden sofort drei eingerichtet, d. h. sie wurden nicht alle zur gleichen Zeit eröffnet, aber kurz hintereinander. An der Ruhr wurde das Bootshaus als Lazarett eingerichtet, das war das Lazarett I. Auf dem Hügel wurde das Gästehaus eingerichtet, das war das Lazarett II.*

Wegen großer Umbauten, die auf dem Hügel durchgeführt werden sollten, hatte man oberhalb des Hügels ein ganzes Barackenlager gebaut, worin die vielen auswärtigen Handwerker, vorwiegend aus Mainz, untergebracht werden sollten. Durch den Kriegsbeginn mußten die Umbauten zurückgestellt werden und so wurde hier ein Lazarett ebenfalls eingerichtet, das Lazarett III. Auch hier wieder erwarten Margarethe und Bertha die Krankenschwestern und Verwundeten, um Zuspruch zu erhalten und Wünsche zu äußern.

Im Anschluss an die Besichtigung trifft sich Bertha mit Hügelverwalter Karl Bernsau und

Bertha Krupp 1915

bittet ihn, ihr zu berichten, wie es mit der Versorgung der Verwundeten steht. Noch sei sie ohne Weiteres aus den Betrieben des Hügels und den Beständen der Kruppschen Konsumanstalt möglich, sagt Bernsau, aber er sieht voraus, dass sich dies im Verlauf des Krieges ändern könnte. Soweit wie möglich treffe er Vorsorge, pflanze neue Obstbäume, erhöhe die Gemüseproduktion und schaffe Vorräte, wo er nur könne. Gärtner Holzapfel führt auf, was die Hügel-Gärtnerei in diesen Jahren lieferte. *Im März waren lieferbar: Salat, Radieschen, Zichorie und Strauchbohnen aus dem Treibhaus. An Kräutern gab es Gartenkresse, Brunnenkresse, Petersilie und Schnittlauch. Dies waren alles frische Sachen, von den eingemieteten Sachen war noch reichlich vorhanden Rotkohl, Weißkohl, Wirsing, Steckrüben, Sellerie, Porre, Möhren, Schwarzwurzel, Rettich, Rote Beete, Merettish, Kohlrabi. (…) Was konnten wir im Sommer alles liefern? Salat, Spinat,*

Möhren, Karotten, Stielmus, Spargel, Neuseeländer-Spinat, Mangold,
Tomaten, Erbsen aller Art, Bohnen aller Art, Rote Beete, Melonen,
Salatgurken, Sellerie[6] und noch vieles, vieles mehr. Allerlei Kräuter,
einheimische und exotische, werden gezogen und natürlich jede Art
von Obst. *Wir hatten ein Pfirsichhaus und konnten schon weit vor der*
Zeit Pfirsiche liefern. Dazu kamen zwei Weinhäuser, die waren (…)
zu heizen, so hatten wir schon ziemlich früh Wein und dann brach es
nicht mehr ab bis zum Herbst. Ganz früh, wenn der Schnee mitunter
noch draußen lag, hatten wir schon Erdbeeren, im Erdbeerhaus wur-
den sie in Töpfen gezogen. (…) Bei uns wurden auch Champignons
gezogen, wir hatten zwei Champignon-Keller und zogen jedes Jahr
mehrere Zentner Pilze.[7]

Kaum hat Bertha Herrn Bernsau verabschiedet, da meldet sich
Herr Hund aus der Gärtnerei. Sie zögert einen Augenblick ihn zu
empfangen. Es ist nicht üblich, dass sich ein Gärtner direkt an sie
wendet, denn seit ihres Großvater Alfreds Zeiten ist auf dem Hügel
geregelt, dass sich die Mitarbeiter zuerst mit ihren direkten Chefs
in Verbindung setzen sollen. Andererseits ist das Ohr des jeweiligen
Oberhauptes von Krupp für jedes berechtigte Anliegen offen, und
da die Wirtschaft und der Haushalt auf dem Hügel eindeutig in
Berthas Veranwortung fallen, lässt sie Herrn Hund hereinbitten.
Chronist Holzapfel schildert das Geschehen: *Es war Herr Hund, der*
damals versuchte, den Chef [der Gärtnerei] *beiseite zu schieben und*
sich selbst auf den Posten zu setzen. Im Dunkeln hatte er gegen den
Alten gearbeitet und Material zusammengeschleppt, das er gegen den
Alten gebrauchen wollte. Eines Tages ging er dann damit zu Frau von
Bohlen und agierte gegen den Chef. Er kannte aber nicht Frau von
Bohlen, die war für so schmutzige Sachen nicht zu haben und zum gro-
ßen Teil waren die Sachen nicht stichhaltig. Herr Veerhoff [der Chef
der Gärtnerei], *der ein ganzes Leben der Herrschaft treu und ergeben*
und zur Zufriedenheit gedient hatte, wurde von Frau von Bohlen auch
nicht im Stich gelassen.[8]

Wie immer besprechen Bertha und ihr Mann nachmittags die
Geschehnisse des Tages in Taffys Büro auf dem Hügel. Sofort nach
Kriegsausbruch haben sie *für die verschiedenen zentralen und ört-*
lichen Organisationen des Kriegsliebesdienstes eine Million Mark zur
Verfügung gestellt.[9] Nun liegt der Aufruf an die Werksangehöri-

gen, sich ebenfalls an diesem sogenannten Kriegsliebesdienst, einer landesweiten Spendenaktion, zu beteiligen, vor Bertha auf dem Schreibtisch. *Insbesondere wenden wir uns mit unserer Bitte auch an die Unverheirateten, welche nicht ins Feld ziehen konnten und jetzt auf der Gußstahlfabrik ihren dauernden Verdienst haben, ohne für eine Familie sorgen zu müssen. Der kleinste Beitrag wird dankbar entgegengenommen; gilt es doch, die schweren Wunden, die der uns aufgezwungene Krieg schlagen wird, zu heilen oder zu lindern.*[10] Taffy berichtet, die gemeinsam beschlossenen Extrazahlungen an die Stammbelegschaft sei ausgezahlt worden, so dass diese ohne weiteres einen kleinen Beitrag leisten könnte. Er erzählt, dieses großzügige Geldgeschenk habe Hugo Stinnes zu der Bemerkung veranlasst, dies sei eine *Versündigung an den nationalen Interessen.*[11] Nicht alle großen Industriellen sind so großzügig wie Krupp.

Der Krieg zieht sich hin. Siege und Niederlagen wechseln sich ab. Das Kriegsministerium verlangt immer mehr Nachschub an Waffen und Kriegsmaterial. Aus dem Angriffskrieg wird ein Stellungskrieg, der Menschen und Material verschleißt. Krupps Facharbeiter werden eingezogen, Frauen an die Maschinen gestellt, Arbeiter aus anderen Gegenden angeworben oder durch Verfügungen des Reichskanzlers zwangsverpflichtet. Im Steckrübenwinter 1916/1917 hungert ganz Deutschland. Trotz all dieser Fährnisse wächst die Firma weiter, hält der Zustrom neuer Arbeiter an, werden 40 000 Wohnplätze für ausländische Arbeiter geschaffen, wird täglich für 27 000 Personen das Mittag- und Abendessen gekocht. Trotz aller kernigen Kaiserworte über den schnell zu erwartenden Sieg machen sich aber weder die Familie noch das Direktorium von Krupp Illusionen. *Schon Ende 1916 hatte man gewußt, daß die Hoffnungen auf einen »frisch-fröhlichen Krieg«, welcher der Welt Deutschlands wirtschaftliche Überlegenheit demonstriert hätte, getrogen hatte.*[12]

Margarethe und Bertha versuchen, auf dem Hügel die Illusion eines normalen Alltags so gut wie möglich aufrechtzuerhalten. Ordnung und Disziplin werden weiterhin eingefordert, Feste gefeiert, das Haus geputzt und instand gehalten. Gäste müssen bewirtet und Spenden verteilt werden. Bei öffentlichen Auftritten muss gemäßigter Optimismus gezeigt und gleichzeitig den Trauernden und

Besorgten in Familie und Firma Mitgefühl und Trost entgegengebracht werden. Weihnachten 1914 wird noch ohne jede Einschränkung gefeiert, das Hungerweihnachten zwei Jahre später liegt noch in weiter Ferne. Gustav von Bohlen, seine Frau und seine Schwiegermutter haben ihre Sorgen und Bedenken, über die sie aber erst sprechen, nachdem die Feier mit dem Personal und die Verteilung der vielen Geschenke vorüber sind.

Die einfachen Kruppianer feiern unbeschwert. *Um 7 Uhr begann in der Gärtnerei die Arbeit für mich*, berichtet der junge Gärtner Franz, der erst ein Jahr später eingezogen wird. *Als erstes machte ich die Bestellungen fertig, die um 8 Uhr herausgehen mußten. Hatte ich meine Bestellungen fertig, dann zog ich damit los. (...) Diesen Gang machte ich jeden Tag, das ganze Jahr hindurch. Wenn das Weihnachtsfest kam, schleppte ich nicht bloß hinunter, dann schleppte ich auch herauf.*[13] *Beim Verwalter bekam ich ein Weihnachtspaket, desgleichen beim Hausmeister und Stallmeister. Ging ich dann über den Schloßplatz zum Großen Haus, rief mir Vogel zu:* »Holzapfel, Sie sollen im Bierkeller auf Frl. Gudda warten«. *Ich ging dann auch in den Bierkeller und setzte mich mit Fritz Burchard zusammen zum Glase Bier. Nach einer Weile kann dann auch Frl. Gudda und Fritz mußte einen anständigen Kognac einschütten, und wir Drei kippten uns ein paar hinter die Binde. Am Ende überreichte mir Frl. Gudda ein Paket und das war ziemlich groß.*[14] *(...) Frl. Gudda war die Beschließerin vom Großen Haus und man muß ehrlich sagen, ein Rasseweib, eine tolle Figur, pechschwarz und ziemlich temperamentvoll.*[15] *(...) Jetzt wurde es aber Zeit, daß ich in die Küche kam zum Küchenchef. Als ich hier meine Geschäfte erledigt hatte, bekam ich auch hier ein Weihnachtspaket. Jetzt noch zum Kleinen Haus, und als ich hier alles erledigt hatte, bekam ich auch dort mein Weihnachtspaket, sechs Pakete, eine nette Wucht. Es war dann auch alles drin, zum Rauchen, Trinken, Leckereien, Fettigkeiten, Wäsche – auch Frau und Kinder waren nicht vergessen.*[16]

Gustavs Neffe, Ravan von Göler, der Sohn seiner Schwester Emily, hat es nicht so komfortabel. Er war einige Tage auf Urlaub zu Hause in Karlsruhe, nun erlebt er das Weihnachtsfest 1915 an der französischen Front und nutzt einen ruhigen Augenblick dazu, Taffy und Bertha zu schreiben. *Vergangene Nacht bekam ich die sechs Päckchen mit den guten Zigarren, den Würsten und dem Obst. Ich habe mich sehr darüber gefreut und danke Dir und Tante Bertha sehr herzlich dafür. – Leider ist der Urlaub schon wieder vorbei und ich sitze jetzt schon wieder im Graben. Das ist bei diesem Wetter kein Vergnügen. (…) Heute hat man auch die Franzosen sehr schön ihren Graben entwässern sehen können! Es ist den ganzen Tag trüb und regnet. – Viel besser war es in Karlsruhe auch nicht, aber solch einen Schmutz und Schlamm kennt man da ja nicht. Außerdem kam das auch nicht so zur Geltung, da ich ja die ersten Tage von Haus zu Haus ging und Besuche machte, sonst war man im Theater oder eingeladen. Viel zum Genuß der wohlbekannten Gegend wäre ich auch bei gutem Wetter nicht gekommen. Aber es war eine herrliche Zeit, nur zu kurz. Was sind schon 12 Tage?!*[17]

Wenige Tage später trifft noch ein Weihnachtsgeschenk ein, diesmal von Bertha. *Liebe Tante Bertha! Dir und Onkel Taffy sage ich vielen, sehr herzlichen Dank für das herrliche Weihnachtspaket, über das ich mich so sehr freute. Von Karlsruhe aus brachte es ein Mann der 7. Komp., der vom Urlaub kam. – Bei der Kälte, wie wir sie augenblicklich haben, und bei der mangelhaften Unterkunft, ist eine Pelzweste ganz herrlich, ja fast unentbehrlich. – Gerne hätte ich Dir schon früher für die schöne Weihnachtsgabe gedankt, aber das Paket kam am Tag bevor wir in Stellung gingen. Dort draußen gibt es aber so viel zu arbeiten, daß für Privatbeschäftigungen keine Zeit bleibt. Seit gestern bin ich aber aufgrund einer kleinen Augensache von der Stellung zurück, und wohne beim Bataillons Stab. Herr Major v. d. Planitz läßt sehr herzlich grüßen. – Der Major, sein Adjutant, ein Unterarzt und ich wohnen zusammen sehr gemütlich und vergnügt in einem kleinen Stollen, einige Meter unter der Erde. Am Tage sitzen wir bei Lampenschein vor einem kleinen Tisch, bei Nacht verkriechen wir uns in an der Wand desselben Stübchens aufgebauten, zweistockigen Holzbetten mit Strohsack! Sehr schönes Wetter, ganz klar und sonnig, und doch eiskalt.*[18] Ravan hat das Glück, den Krieg halbwegs gesund zu überleben, aber die Jahre des Stellungskrieges in den feuchten und kalten Schützengräben zeichnen ihn für sein ganzes Leben.

Während die Soldaten an der Front stehen, geht das Leben in der Heimat weiter. Menschen sterben und Kinder werden geboren. So auch in Berthas Familie. 1915 stirbt Gustavs Mutter Sophie, tief betrauert von ihrer zahlreichen Familie. Sie findet ihr Grab in Ober-grombach. Am 30. Mai 1916 wird Bertha und Taffy wieder ein Sohn geboren, ein Kriegskind, dem sie den Namen Harald geben. Am 10. Juli wird er, gemeinsam mit Kurt von Wilmowsky, dem Sohn von Berthas Schwester Barbara, auf dem Hügel getauft. Für Aufregung im Vorfeld sorgt die kurzfristige Ankündigung des Kaisers, nicht nur wie bei dem Erstgeborenen Alfried die Patenschaft zu überneh-men, sondern auch höchstpersönlich bei der Taufe erscheinen zu wollen. Zur Erleichterung der Familie sagt Seine Majestät drei Tage vor der Taufe ab. *Seine Majestät der Kaiser sind zu seinem größten Bedauern verhindert, wie beabsichtigt der Taufe Ihres Sohnes, seines Patenkindes, Allerhöchst selbst beizuwohnen, und haben den General-oberst Freiherrn von Bissing mit Allerhöchst seiner Vertretung beauf-tragt. Seine Majestät behalten sich vor, die Besichtigung der Fabrik an einem späteren passenden Termin vorzunehmen*[19], schreibt Adjutant Freiherr Reischach aus dem Großen Hauptquartier am 7. Juli 1916. Nichts steht mehr dem familiären Charakter der Taufe auf dem Hügel im Wege. In gewohnter Perfektion und Routine werden die Eltern der beiden Täuflinge, die fünf Kinder von Bertha und die vier von Barbara samt Paten und engen Freunden rund um den Altar platziert. Selbstverständlich nimmt das Hügelpersonal, sowohl das des Hauses wie auch der auf dem Gelände verteilten Betriebe, an der Feier teil. Für sie, die Wirtschaftsvorstände und Frauen sowie die Meister, werden ebenso Sitzplätze vorgesehen wie für die Schwes-tern des Hügel-Lazaretts. Gustav von Bohlen hält die Taufrede:

Alle umstehen das Kind
Voll segnenden hoffenden Glaubens.
Kämpfen mußt du nur selbst
Willst Du erringen den Sieg.
Kinder sind Reichtum des Volks
Seine frohe schützende Zukunft.
Heiß alle Eltern erflehen: Segne
Du Gott unser Kind.

Könnte dieser Spruch, den meine Frau und ich in der Taufkapelle unseres Wöchnerinnenheimes, in dem Arnoldhaus auf dem Altenhof, anbringen lassen wollen, eine schönere Bestätigung, eine höhere Weihe erhalten als dadurch, daß Seine Majestät der Kaiser und König in huldvollster Gnade als Pate für unseren Kriegsjungen sich ansagte,

Kinderspiele auf dem Hügel, 1916; v. l. n. r: Irmgard, Berthold, Harald, die Großen: Claus und Alfried

und dann die Absicht äußerte, aus dem Toben des Weltkampfes, aus der Fülle stündlicher Verantwortung, nie aussetzender Entscheidungen sich persönlich hierher zu bemühen in den häuslichen Frieden einer Feier, die unseren eben aufblühenden Menschenknospen Form und Inhalt ihres Lebens vorzeichnen soll.[20]

Taffy erläutert die Absage des Kaisers, begrüßt den kaiserlichen Vertreter und fährt fort: *Ebenso heißen wir Taufeltern die übrigen Paten unserer Kinder herzlich willkommen und danken Ihnen für die freundschaftliche Übernahme dieses Amtes, für Ihre Teilnahme an unserer heutigen, in schwerster, aber doch auch wieder voll erhebender Zeit stattfindenden Feier. Wir können nur hoffen, daß des Reichskanzlers Glückwunschtelegramm sich für beide Täuflinge bewahrheiten möchte und sie beide mit jedem Tage in ein immer stärkeres und siegreiches Deutschland hineinwachsen möchten. Seine*

Excellenz den Herrn Generaloberst dürfen wir bitten, Seiner Majestät dem Kaiser und König unseren ehrerbietigsten Dank für alle seine Gnade zu übermitteln und Allerhöchst ihm zu melden, daß wir gern und freudig geloben, nach Kräften diesen Dank zu bestätigen, indem wir unsere Kinder als Teil Jungdeutschlands, der Grundlage künftiger deutscher Entwicklung, erziehen und belehren im Sinne des Wahlspruchs, für den heute Tausende in Treue Blut und Leben lassen: Mit Gott für König und Vaterland. Mit Gott für Kaiser und Reich[21]. Bei der Abfassung dieser Rede zeigt sich Gustav von Bohlen wieder als geschickter Diplomat. Er bedient die Erwartungen aller: Er lobt den Kaiser (dem man ja von der Taufe berichten wird), bezieht den Krieg samt seinen Zielen ein, um den anwesenden Reichsbeamten Rechnung zu tragen, und auch die Familie und die Paten kommen nicht zu kurz.

Wie gut er auf die jeweiligen Adressaten eingehen konnte, beweist unter anderem auch der Briefwechsel mit dem Deutschen Museum. Im Glückwunschbrief des Deutschen Museums heißt es: *Zur Geburt Ihres jüngsten Sohnes möchte Ihnen das Deutsche Museum die besten Glückwünsche aussprechen. Möge der jüngste Sproß Ihres Hauses ebenso wie seine Vorfahren frühzeitig lernen, daß des Reiches Ruhm und Wohlfahrt auf der großzügigen Organisation von fleißiger Hände Arbeit beruht und möge ein einfaches Spielzeug, das wir uns zu senden erlauben, dem heranwachsenden Kinde die erste Freude an der Kunst des Schmiedens bereiten. (…) gez. Dr. Oskar von Miller, Dr. W. v. Dycke, Dr. C v. Linde.*[22] Gustav von Bohlen antwortet postwendend: *Dem Deutschen Museum danken meine Frau und ich sehr herzlich für die freundlichen Glückwünsche zur Geburt unseres Kriegsjungen, sowie für das schöne, bis in alle Einzelheiten hinein meisterhaft durchgeführte Modell einer Schmiede, welches das Deutsche Museum unserem Jüngsten als Taufgeschenk zu widmen die Güte hatte. Wir sind überzeugt, daß dieses Werk handgewerblicher Meisterschaft dazu dienen wird, unserem Sohn Harald wie seinen Geschwistern den Wert und die Bedeutung deutscher Hände Arbeit, deutschen Fleißes und aufs Kleinste sich erstreckender Zuverlässigkeit dauernd vor Augen zu halten. Möge derart dieses schöne Geschenk, das weit über die Bedeutung eines Spielzeuges hinaus zum Symbol deutscher Arbeitsfreude und Gründlichkeit wird, in unseren Kindern, allen, die Hochachtung vor dem deutschen Arbeiter, die Wertschätzung seiner Leistungen und die Erkenntnis der Bedeutung arbeitsfreudigen Zusammenwirkens aller Kräfte zum Segen unseres herrlichen Vaterlandes jeder Zeit zu mehren helfen.*[23]

Viele Jahre und einen Krieg später erinnert sich Bertha an dieses letzte große Familienfest zu Kaisers Zeiten. Wie in dem Märchen ›Dornröschen‹ waren alle guten Feen geladen, die den beiden Täuflingen Glück, Tapferkeit, Reichtum und Ruhm vorhersagten. Aber auch die ungeladene böse Fee war erschienen, und ihre Wünsche erfüllten sich ebenfalls. Beide Täuflinge, im Krieg geboren, dienten in nächsten Krieg an der Front. Kurt von Wilmowsky fiel im Zweiten Weltkrieg und Harald von Bohlen und Halbach geriet in russische Gefangenschaft, aus der er erst zehn Jahre nach Kriegsende befreit wurde. Schicksale, die sie mit vielen gleichaltrigen »Kriegsjungen« aus dem Ersten Weltkrieg teilten.

Blühnbach (1915–1916)

Am 27. August 1913 ging Erzherzog Franz Ferdinand, seit dem Selbstmord des Kronprinzen Rudolf 1889 österreichisch-ungarischer Thronfolger, im Blühnbachtal nahe Salzburg auf Gamsjagd. 1908 hatte er das Jagdschloss Blühnbach samt der dazugehörigen Jagd erworben. Die weiße Gams, die er an diesem Tag oben in den Bergen schoss, versetzte nicht nur die österreichischen Jäger in hellen Aufruhr, sondern die ganze Welt. Nach uraltem – auch heute noch gültigem – Jägerglauben stirbt der Schütze nämlich unweigerlich innerhalb eines Jahres nach einem solchen Jagdfrevel. Auch Erzherzog Franz Ferdinand entging diesem Schicksal nicht. Am 28. Juni 1914, zehn Monate nach seinem unglücklichen Schuss, wurden er und seine Frau in Sarajewo von einem politischen Wirrkopf ermordet. Sein Tod sollte der Anlass für den Ersten Weltkrieg werden. Doch zunächst stellte dieser Tod den »Allerhöchst Kaiserlichen Familienfonds«, der das Vermögen der kaiserlichen Familie verwaltete, vor

schwierige Aufgaben. Kaiser Franz Joseph I. war verärgert über den
hohen Schuldenberg, den sein Neffe hinterließ. Das galt besonders
für Blühnbach. In den wenigen Jahren, in denen es in seinem Besitz
war, gab der Thronfolger große Summen für seine drei wichtigsten
Liebhabereien aus: Bauen, Jagen und das Sammeln von Kunst-
werken. Das aus dem 16. Jahrhundert stammende Jagdhaus, in dem
ehemals die Salzburger Erzbischöfe in der Jagdsaison geweilt hatten, wurde aufgestockt und mit Türmen versehen. Der Thronfolger
kaufte außerdem alles Land auf, das er rund um das Blühnbachtal
erwerben konnte. Insgesamt betrug sein Jagdgebiet bei seinem Tod
14 400 Hektar, von denen allerdings rund zwei Drittel auf Ödland,
also wirtschaftlich nicht nutzbares Gebiet entfielen, wie der Glet-
scher am Hochkönig.[24]

Sofort nach der Ermordung des Thronfolgers befahl Kaiser
Franz Joseph dem Familienfonds, Blühnbach schleunigst zu verkaufen. Arthur Krupp, Berthas Onkel zweiten Grades, erfuhr davon
dank seiner guten Kontakte zum Hof und bekundete sein Interesse.
Arthurs finanzielle Lage war zu prekär, um diesen großen Besitz
selbst zu pachten oder zu erwerben. Er wusste aber, dass Taffy auf
der Suche nach einem neuen Jagdrevier war. *Der Familienfonds-Di-
rektor, Oberforstrat Krause,* schreibt er am 30. Mai 1915 an Taffy, *hat
mir die Karten und Details von Blühnbach vorgelegt, wonach ich zu
der Ansicht kommen mußte, daß es wohl keine herrlichere Vereinigung
von schöner Natur wie guter Jagd gibt, als wie Blühnbach. (…) Was
nun das Schloß, Pirschwege, Autostraßen anbelangt, so ist alles erst-
klassig hergerichtet und nichts zu verbessern. Bequeme Jagdhäuser
gibt es verschiedene und reicht eine Kolonie speziell von Jagdhäusern,
die mit einer Autostraße verbunden ist, auf einen herrlichen Punkt in
einer Höhe von 1800 Metern. (…) Der Kaiser hat den Auftrag gegeben,
falls wir uns das Ganze gründlich ansehen wollen und hierzu zwei Tage
benötigen, Zimmer zur Nächtigung im Schlosse herrichten zu lassen.
(…) Der alte Herr hatte eine Zeitlang vor, die Jagd dem deutschen
Kaiser als Geschenk anzubieten: Du wirst also daraus den Schluß
ziehen können, daß gegen die Qualität der Jagd nichts einzuwenden
ist. (…) Die Übernahme der Jagd drängt absolut nicht, weil man erst
das Trauerjahr vorübergehen lassen will; aber die wiederholte Aufforderung, die ich auch heute wieder schriftlich von Exzellenz Hawerda*

Umschlagentwurf für das Blühnbacher Gästebuch
mit dem Bohlenschen Wappen, 1916

bekommen habe, die Besichtigung nicht allzu lange herauszuschieben, läßt mich nach den Erfahrungen, die ich gemacht habe, andeuten, daß man bei Hof gerne gebunden sein möchte gegenüber anderen Bewerbern.[25]

Taffy und Bertha auf der Jagd, 1916

Bertha und Taffy können erst im März 1916 nach Blühnbach kommen, dann aber lang genug, um sich begeistern zu lassen. *Bertha und ich haben nun wirklich ungestört acht Tage in dem schönen Blühnbach verleben können und unseren Aufenthalt dortselbst sehr genossen. Ich hoffe nur, daß er für Bertha den gewünschten Erfolg völliger Wiederherstellung von ihrem Influenza-Anfall gehabt haben wird. Onkel Arthur und Tante Margret kamen auf anderthalb Tage zu uns herüber*[26], schreibt Taffy an seinen Schwager Tilo. Am 14. November 1916, nur eine Woche vor dem Tod des alten Kaisers und etwas mehr als zwei Jahre nach dem Tod Franz Ferdinands, erwirbt Arthur Krupp – stellvertretend für Bertha – den Besitz. Die Firma macht große Gewinne, also kann der Kaufpreis problemlos bezahlt werden.

Doch die Besitzer wollen nicht mehr viel in das Ausland reisen, nicht jetzt, da die anfängliche Zuversicht langsam der Erkenntnis weicht, dass der Krieg noch lange dauern wird und der Ausgang ungewiss ist. Inzwischen kümmert sich Arthur Krupp, der Österreicher, um Jagd und Wirtschaft und hält Bertha und Gustav schriftlich auf dem Laufenden. Erst Jahre später, nach dem Ende des Weltkrieges und der großen Wirtschaftskrise wird Blühnbach, was es dann für drei Generationen bleibt: das wahre Paradies.

Steckrüben, Streiks und kaiserlicher Abgesang (1917–1918)

Ratschläge für den Umgang mit Steckrüben

Schon im Winter 1916 werden in Deutschland die Lebensmittel knapp, im darauffolgenden Winter 1917 hungert die gesamte Bevölkerung. Alles ist Mangelware, Fleisch und Milch gibt es nur auf Lebensmittelkarten, Weizen wird knapp, selbst Kartoffeln fehlen. Der berüchtigte Hungerwinter 1917 wird Steckrübenwinter genannt, weil nur dieses ungeliebte Gemüse in ausreichendem Maße vorhanden ist. Die Firma Krupp versucht, die Belegschaft mit der fehlenden Nahrung zu versorgen. Das gelingt ihr dank der guten Beziehungen nach Berlin besser als manch anderem Betrieb. Trotzdem bestimmt die Suche nach ausreichender Nahrung das Handeln und Denken aller. Das spiegelt sich bei Krupp in der werkseigenen Zeitschrift ›Nach der Schicht‹, die der Kruppsche Bildungsverein herausgibt. Im Januar 1916 ist unter der Überschrift *Kriegsbrot* zu lesen: *Durch Bundesratsbeschluß enthält unser jetziges tägliches Brot*

einen Zusatz von Kartoffeln. Prof. Dr. Kamp in Bonn hat wiederholt
auf den Zusatz von 5 % Zucker und Emmerich und Löw haben auf den
Zusatz von Kalk zum Brot hingewiesen. Robert u. a. empfehlen Blut-

Schlittenfahrt in Blühnbach, 1917; Barbara von Wilmowsky mit Kindern,
Nichten und Neffen

brot, und in der Tat ist ein Zusatz von geronnenem und gebleichtem
Bluteiweiß sehr empfehlenswert.[27] Rezepte der Hofbäckerei Seidl aus
München werden abgedruckt, die das Einbacken von Rohobst in
das Brot empfehlen. Ein Jahr später ist dieses Brot ein Luxusgut ge-
worden, denn es gibt keinen Weizen mehr. Stattdessen wird Brot aus
Steckrüben gebacken. ›Nach der Schicht‹ druckt unter der Rubrik
Kochvorschriften für Steckrübengerichte die Rezepte für *Steckrüben-*
suppe, Steckrüben mit Fleischwürfeln und Kartoffeln, Steckrüben mit
Grünkohl, Steckrüben mit Sauerkraut, Steckrüben mit Äpfeln und
Kartoffeln, Steckrüben in Senfsauce, Steckrübensalat, Reibekuchen mit
Steckrüben, Steckrübenfrikadellen, Steckrüben mit Geschmack nach
Teltower Art, Steckrübenauflauf und Steckrübenmarmelade.[28] Au-
ßerdem wird den Lesern beigebracht, wie Steckrüben eingemacht
und gedörrt werden. Es ist kein Zufall, dass nur ein einziges Rezept

einen Fleischanteil enthält, und dieser ist winzig: Auf 4 kg Steckrüben entfallen ganze 150 g Schweinefleisch. Eine ganze Generation verabscheut fortan die Steckrübe.

Bertha mit Berthold und Harald beim Ameisenstudium, 1918

Die Deutschen hungern, sogar auf dem Hügel herrscht vergleichsweiser Mangel. Als die Kaiserin im Juni 1917 die Lazarette von Krupp besucht, hat der Regierungspräsident in Düsseldorf die allergrößten Schwierigkeiten, die notwendigen Lebensmittel für den Hof zur Verfügung zu stellen. Im April veröffentlicht ›Nach der Schicht‹ einen Brief des Generals von Hindenburg, in dem es heißt: *Die gesamte Bevölkerung wird von der Verringerung der Brotration schwer getroffen. Ich zweifle aber nicht, daß die gleichzeitig erfolgte Erhöhung der Fleischration und die nunmehr einsetzende regelmäßige Versorgung mit Kartoffeln als Ersatz für die verringerte Brotmenge gelten kann. Auch halte ich es für sicher, daß alle an der Aufbringung und Verteilung dieser Lebensmittel beteiligten Bevölkerungskreise und Behörden sich des Ernstes der Lage bewußt sind und es auf diese Weise gelingen wird, die gegebenen Zusagen zu erfüllen.*[29] Die Behörden –

das Kriegsnahrungsamt, die Reichskartoffel- und die Reichsgemü-
sestelle – erfüllen diese Hoffnung nicht immer. Stattdessen blüht der
Schwarzmarkt. *In den seit Menschengedenken unerhört kalten Frost-*
tagen der ersten Monate des Jahres 1917 hat sich bei uns in Deutschland
etwas ereignet, das man früher einfach als undenkbar erklärt hätte: die
Schulen sind wegen Kohlenknappheit auf Wochen geschlossen worden.
(…) Die Heißwasserversorgung in den herrschaftlichen Wohnungen
der Großstädte mußte unterbleiben und wohlhabende Leute durften
nur ein Zimmer heizen. Theater und Kinos stellten ihren Betrieb ein.[30]
Die Nachrichten von der Front verändern sich. Reine Sieges-
meldungen werden seltener, Fronten werden begradigt. Jeder weiß,
dass dies eine Beschönigung für den Begriff Rückzug ist. Die Ver-
sorgungslage an der Front ist schlecht, noch schlechter die im Hin-
terland. Streiks und Aufstände sind die Folge. Auch bei Krupp wird
gestreikt, wenn auch weniger als in anderen vergleichbaren Firmen.
In ›Nach der Schicht‹ wird am 5. Mai 1917 ein *Mahnruf an Deutsch-*
lands Arbeiter und Arbeiterinnen abgedruckt: *Brüder und Schwe-*
stern! Da stehen sie in ihren Gräben – eine lange Reihe, wohl tausend
Meilen lang – und das Eisen schmettert auf sie nieder. Da rufen sie
»Geschütze, Geschütze«. Und die Geschütze kamen. Aber nun, wenn
Ihr feiert, würden sie bald vergebens rufen, die Geschütze würden nicht
kommen. (…) Die da stehen, wahrhaftig sie werden genug bedrängt,
von Weißen und Braunen und Schwarzen, alle Tage, jede Nacht! Soll
nun auch die Not dazu kommen, die Ihr ihnen schafft?[31] Solche und
ähnliche Appelle nutzen wenig. In Russland ist die große Revolution
ausgebrochen und in Deutschland nehmen die Unruhen täglich zu.
Die Regierung ist nicht in der Lage, den Krieg siegreich zu beenden.
Versuche, einen gemäßigten Waffenstillstand mit anschließenden
Friedensverhandlungen auf dem Verhandlungsweg zu erreichen,
scheitern.
    Auf dem Hügel ist die Situation nicht so dramatisch, denn
Strom und Lebensmittel erzeugt man in den Hügelbetrieben selber.
Seit Kriegsbeginn tut Bertha gemeinsam mit der Hügelverwal-
tung alles Menschenmögliche, um ausreichend Fleisch, Kartoffeln,
Gemüse und Obst für die vielen Esser bereitzustellen. Auf dem
Hügel sind es Hunderte, in der Gussstahlfabrik Zehntausende. Es
bedarf zäher Verhandlungen mit den Behörden aller Ebenen, die

die Lebensmittel verteilen, und eines fähigen Managements in der Kruppschen Konsumanstalt, um die Not ein wenig zu lindern. Viele Kruppianer verfügen über eigene Gärten, auch dieses Potential soll genutzt werden. ›Nach der Schicht‹ gibt praktische Tips und Anleitungen für die *Aufbewahrung von Gemüse und Obst in frischem Zustande während des Winters*[32]. Doch alles das ist nicht genug, den allgemeinen Unmut zu dämpfen.

Die Deutschen hungern nicht nur, sie leiden auch unter den Gesetzen, die das Kriegsministerium erlässt. Krupp soll einerseits pausenlos seine Produktion erhöhen, andererseits werden seine Arbeiter – vor allem die unentbehrlichen Facharbeiter – an die Front geschickt. Zwangsverpflichtete Arbeiter aus anderen Gegenden sind wenig motiviert, und so ist das Direktorium gezwungen, Frauen an die Maschinen zu stellen. Das stellt die Firma vor ganz neue Probleme. Die Arbeiterinnen sind jung und viele haben Kinder, die tagsüber untergebracht werden müssen. In guter Kruppscher Tradition entstehen die Kruppsche Arbeiterinnenfürsorge und die Kruppsche Familienfürsorge. Zwar nur ein Tropfen auf dem heißen Stein, aber immerhin der Versuch, die größte Not zu lindern, ist die Kinderfürsorge der Kruppschen Familienberatung. *Als vor drei Jahren die Einführung der Frauenarbeit in der Fabrik notwendig wurde, stellte sich bald das Bedürfnis heraus, solchen Arbeiterinnen, die keine Möglichkeit hatten, andernorts für ihre Kinder zu sorgen, eine Gelegenheit für deren Unterbringung zu schaffen. In manchen Fällen genügte es freilich nicht, die Kinder den Tag über aufzunehmen, besonders wenn die Mütter in Wechselschicht arbeiteten, war es notwendig, daß die Kinder eine ständige Unterkunft fanden. (…) So kriegsmäßig einfach auch alle unsere Einrichtungen sind, so versuchen wir doch den Kindern das fehlende Familienleben zu ersetzen und ihnen eine fröhliche Kindheit zu schaffen.*[33]

Das Kruppsche Direktorium und Gustav Krupp von Bohlen und Halbach sehen mit Schrecken das Scheitern der Bemühungen um einen Verhandlungsfrieden. Sie erkennen, dass die Alternative nur noch Sieg oder Untergang lautet. *Zu Beginn des zu Ende gehenden Jahres tobte der Krieg noch an allen Fronten,* erklärt Direktoriumsmitglied Finanzrat Ernst Haux Ende des Jahres 1917. *Heute ist es wenigstens im Osten lichter und der Friede hebt sich dort, wenn auch undeutlich, aus den trüben Schwaden des Krieges. Aber noch hält England die anderen Völker, die es gegen uns in den Krieg gehetzt hat, mit eiserner Klammer umspannt und in seinen Dienst gepreßt. (…)*

Frauen in der Geschützwerkstatt, 1917

Nur durch Sieg können wir zum Frieden kommen. Aber es muß ein guter Frieden werden, der unseres Deutschen Volkes Zukunft sicherstellt, auf daß wir nicht in die Knechtschaft der Engländer, oder besser gesagt, der Anglo-Amerikaner fallen.[34] Haux – und mit ihm das ganze Direktorium – ahnt schon, dass es diesen guten Frieden nicht geben wird, sondern einen katastrophal schlechten. Sie sorgen sich um die Zukunft Deutschlands und damit auch der Firma Krupp. Das Volk aber hat zurzeit ganz andere Sorgen als sich um das Morgen zu kümmern. Es hungert, streikt und ist empfänglich für revolutionäre Ideen. Unermüdlich reisen deshalb die Kaiserin und der Kaiser bis Kriegsende durch die Lande, um die Bevölkerung für den Kampf um den Sieg zu motivieren.

Vom 18. bis 21. Juni 1917 besucht Kaiserin Auguste Viktoria, deutsche Kaiserin und Königin von Preußen, den Hügel. Sie übernachtet im ersten Stock des Großen Hauses, im sogenannten Kaiserzimmer, ihr Gefolge – Hofdame zu Rantzau, Ehrendame Gräfin v. d. Schulenburg, Leibarzt Dr. Zunker und Oberhofmeister Ex-

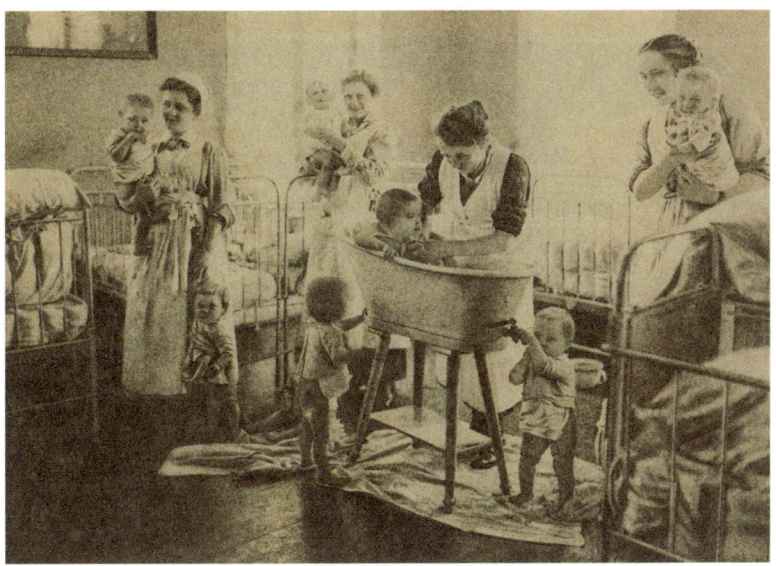

Die Säuglingsstube im Kruppschen Kinderheim Ottilienstraße, 1917

zellenz von Trotha – im zweiten Stockwerk. Sie ist 59 Jahre alt und gesundheitlich angegriffen. Der Oberhofmeister erläutert eine Woche vor dem Besuch, warum die Kaiserin nur vormittags Lazarette besuchen möchte: *Weil die Lazarettbesuche für Ihre Majestät immer sehr angreifend sind. Die Kaiserin pflegt mit jedem einzelnen Verwundeten eingehend zu sprechen. (…) Da Ihre Majestät sich kürzlich bei einer mehrtägigen Lazarettreise sehr überanstrengt hatte, bitte ich Folgendes zur berücksichtigen, resp. einzurichten, daß die Kaiserin in jedem Lazarett nur 80, höchstens 100 Verwundete sprechen kann. Die Schwerverwundeten werden an ihren Betten besucht, die Leichteren können in Gruppen zusammengestellt werden. Einen Empfang von Komitées in den Lazaretten bitte ich tunlichst zu vermeiden, damit die ganze Zeit den Verwundeten gewidmet werden kann. Nur der Chefarzt und die Oberschwester begleiten Ihre Majestät an die Kran-*

kenbetten; auch keine Überreichung von Blumen und photografische Aufnahmen.[35] Trotzdem absolviert sie, immer begleitet von Bertha Krupp, ein anstrengendes Programm. Sie besucht die Lazarette auf dem Hügel und das Lazarett der Städtischen Krankenanstalten in Essen. Auf dem Begleitprogramm stehen der Besuch im Arnoldhaus, die Besichtigung der Margarethenhöhe, der Arbeiterwohnsiedlung Alfredshof mit ihren 1627 Wohnungen und ein kurzer Rundgang durch die Gussstahlfabrik. Sie verteilt zahlreiche zivile Verdienstkreuze für Kriegshilfe. Bertha und Taffy erhalten eines, auch Margarethe Krupp, die sich allerdings nicht in Essen, sondern in Marienthal zu Gast bei der Familie ihrer Tochter Barbara von Wilmowsky aufhält. Weitere Verdienstorden bekommen die Mitglieder des Direktoriums, die Leiter der Lazarette, des Wöchnerinnenheims, des Arnoldhauses, des Kruppschen Erholungsheims, der Kruppschen Haushaltungsschule, der Hügelverwalter Bernsau, Hausmeister Herms, Obergärtner Veerhoff und Meister und ausgewählte Arbeiter der Gussstahlfabrik.

Der Besuch der Kaiserin ist ein großer Erfolg. Taffy berichtet: *Euer Exzellenz gütigen Vermittlung haben meine Frau und ich den mehrtägigen Aufenthalt Ihrer Majestät der Kaiserin zu verdanken, der nicht nur uns persönliche Ehrung und Freude gebracht hat, sondern vor Allem der ganzen Krupp'schen Werksgemeinschaft und darüber hinaus dem gesamten Industrie-Revier die hohe Anerkennung der vom Heimatheere geleisteten Arbeit seitens Ihrer Majestät kund getan hat. Wie dankbar und tief dies verstanden wurde, davon zeugte der wirklich begeisterte Empfang Ihrer Majestät in allen Kreisen der Arbeiterschaft wie des Publikums an allen Orten. Und wenn trotz der Schwere der Zeit und trotz der gerade gegenwärtig recht fühlbaren Entbehrungen in jedem Haushalte Aller Augen hell leuchteten, wo Ihre Majestät erschien, so lag darin der stumme Dank für das gütige Interesse, das die Kaiserin auch hier unermüdlich Verwundeten und Kranken, werkthätigen Arbeitern beiderlei Geschlechtes und Kindern jeden Alters bekundete. Ich glaube nicht fehlzugehen in der Annahme, daß der Besuch des Industrie-Revieres durch Ihre Majestät gerade in jetziger Zeit auch politisch von glücklicher Bedeutung sich gezeigt hat und zeigen wird.*[36]

Ein Jahr später besucht Kaiser Wilhelm II. die Firma Krupp. Am 9. und 10. September 1918 besichtigt er die verschiedenen Abteilungen der Gussstahlfabrik sowie den Schießplatz. Am Abend gibt es auf dem Hügel ein kleines Dinner. Eingeladen sind nur das Gefolge des Kaisers und die wichtigsten Direktoren. Bertha sitzt als seine Tischdame rechts neben ihm und versucht, ihn etwas aufzuheitern, indem sie von den Kindern spricht und sich nach dem Befinden der erkrankten Kaiserin erkundigt. Sie findet ihn gealtert, seine Redeweise weniger forsch, sein ganzes Auftreten weit gemäßigter als noch vor wenigen Jahren. Bertha trägt ihren schönsten Schmuck, ihr bestes Kleid und auch der Hügel hat die alte Pracht entfaltet. Auf dem Tisch funkelt das Silber und strahlen die kostbaren Kristallgläser und die livrierten Diener servieren

Vom Kaiſerbeſuch in Eſſen: Der Kaiſer im Geſpräch mit einem Arbeiter.

Am 9. und 10. September 1918 besucht Kaiser Wilhelm II. zum letzten Mal die Firma Krupp.

so perfekt wie immer. Trotzdem ist die Stimmung gedämpft. Es ist, als ob Gastgeber und Gäste spürten, dass der Boden unter ihren Füßen wankt. Da helfen aufmunternde Worte des Kaisers in seiner Rede vor der Kruppschen Belegschaft am nächsten Tag so wenig wie die diplomatischen Worte, die Gustav Krupp von Bohlen an den Kaiser telegraphiert und in denen er einen Optimismus bekundet, den er schon lange nicht mehr hat. *Wir können nicht dankbar genug sein für die hohe Anerkennung und für den großen Ansporn, den uns wie allen Werksangehörigen die Anwesenheit Seiner Majestät in jetziger Kriegszeit gebracht hat. Die warmen, zu Herzen gehenden Worte, die Seine Majestät an die Belegschaft richtete, haben den weitesten Widerhall gefunden und werden gewiß dazu beitragen, auch weiterhin bei allen Kruppschen Werksangehörigen, aber auch über ihre*

*Kreise hinaus in der ganzen Industrie, die feste Entschlossenheit zum
Ausharren und zur Arbeitsleistung nach Maß der Kräfte eines Jeden zu
erhalten. Für Alle, die der Feier beiwohnen konnten, ist der Eindruck*

Luftaufnahme Villa Hügel mit Hügelbetrieben um 1930

*ein unvergeßlicher. Meine Frau bittet Eurer Königlichen Hoheit ihren
Handkuß ehrerbietigst zu übermitteln. Ich schließe mich ihr an als
Eurer Königlichen Hoheit untertänigster Krupp Bohlen Halbach.*[37] Es
war der letzte Besuch, den Kaiser Wilhelm in Essen machte.

Alle Durchhalteparolen nützen nichts mehr. Einen weiteren
Hungerwinter wollen die Deutschen nicht mehr erleben. Nur wenige Wochen später bricht die Revolution in Österreich und Deutschland aus und beendet das Kaisertum in beiden Staaten. Kaiser Wilhelm II. geht nach Holland ins Exil. Am 9. November 1918 wird in
Berlin die Republik ausgerufen. Nur zwei Tage später unterzeichnet
die neue Regierung im Wald von Compiègne den Waffenstillstand,
der seinem Inhalt nach die Niederlage akzeptiert. Berthas Schwager
Tilo von Wilmowsky kommentiert diese Tage in seinen Memoiren:
Dann kam das bittere Ende. (...) Wir alle hatten wohl damals das

Empfinden, als ob eine Welt untergegangen sei. Wenn ich die damalige Gesamtlage mit der von 1945 vergleiche, so kam uns auch nicht im entferntesten der Gedanke, daß es immerhin noch eine gnädige Fügung bedeutete, daß damals der Waffenstillstand geschlossen und keine Kapitulation vollzogen werden mußte, daß der Kaiser durch das so verurteilte Ausweichen nach Holland die Bildung einer neuen Regierung ermöglichte, daß die Armee im großen und ganzen in Zucht und Ordnung blieb und endlich – daß jeder Heimkehrer sein Heim unzerstört vorfand![38]

DIE WEIMARER REPUBLIK

Nach dem Krieg (1919–1923)

Mattes Dezemberlicht fällt in das Spielzimmer des Kleinen Hauses auf dem Hügel. Das Große Haus daneben wirkt düster, denn nur wenig Licht scheint aus seinen Fenstern. Die Familie ist dort schon im letzten Kriegsjahr ausgezogen, denn hier im ehemaligen Logierhaus lässt sich sparsamer heizen und wirtschaften. Es ist sechs Uhr Nachmittags. Wie jeden Tag um diese Zeit erwarten Bertha und Taffy die Kinder zur täglichen Spiel- und Gesprächsstunde. Begleitet von ihren Lehrern und Gouvernanten erscheinen sie. Zuerst der 12-jährige Alfried, dann der 8-jährige Claus und die beiden Kleinen: Irmgard, 7 Jahre alt, und der 6-jährige Berthold. Nur Harald mit seinen drei Jahren ist in dieser Runde noch nicht zugelassen. Was sie unternommen haben, will der Vater wissen. Claus sprudelt seine Erlebnisse heraus. Er und Alfried haben die Mutter begleitet, als heute Nachmittag die letzten Verwundeten aus dem Lazarett auf dem Hügel entlassen wurden. Sie haben mit ihm gescherzt, das hat ihm Spaß gemacht. Bertha fordert Alfried auf, auch etwas zu erzählen. Doch Alfried schweigt eingeschüchtert angesichts der väterlichen Anwesenheit. »Der Junge sagt nie etwas Dummes«, entschuldigt ihn seine Mutter und lenkt Taffys Aufmerksamkeit geschickt auf die Berichte der beiden Kleinen. Pünktlich um sieben Uhr verlassen die Kinder die Eltern, nur Alfried wird gebeten zu bleiben. Morgen werde er die erste Kruppsche Lokomotive taufen, teilt ihm sein Vater mit. Bertha nimmt sich die Zeit, ihm in kindgerechten Worten zu erklären, dass nun, nach dem verlorenen Krieg, die Firma wieder auf Friedensproduktion umgestellt werden müsse, und man deshalb statt Waffen Lokomotiven und andere für den Frieden nützliche Dinge herstellen werde. Das leuchtet dem kleinen Erben ein, der von seinen Eltern keine Kriegsbegeisterung kennt. *In erster Linie erinnere ich mich an den Ausbruch des ersten Weltkrieges,* berichtet er viele Jahre später, *ich war sieben Jahre alt, wie mein Vater dann her-*

einkam mit dieser Nachricht, die natürlich ein stark niedergedrücktes Gefühl bei den Erwachsenen erzeugte. Mein Vater war sehr, sagen wir mal, gegen den Kriegsausbruch eingestellt, was sich dann 1939 genau wiederholte. Und für uns Kinder war der Eindruck, daß die Politiker einen sehr großen Unsinn machten. Was es für ein Unsinn war, haben wir so recht nicht verstanden ...[1]

Am nächsten Morgen steht Alfried warm eingehüllt neben seiner Mutter und hört der Rede seines Vaters genauso aufmerksam zu wie die um sie versammelten Arbeiter und Beamten. *So gelte denn mein Glückwunsch und Dank allen denen, die zur Aufnahme und Ausführung dieses neuen Erzeugungszweiges der Firma Krupp beigetragen haben: möge der altbewährte Ruf der Firma auch durch dieses neue Blatt ihrer Geschichte erneute Mehrung erfahren. – Lang freilich wird es dauern bis auf den jetzt zu legenden Grundstein ein neuer Bau deutscher Wirtschaft sich erhebt; wir Älteren glauben ihn ahnenden Auges zu schauen; ihn zu erleben wird wohl frühestens der heutigen Jugend vergönnt sein. – Auf dem jungen Deutschland beruhen unsere Hoffnungen: so ergreife denn Du, Alfried, als deren Vertreter den Hebel zum Regler und leite das erste Kruppsche Stahlroß seiner aufbauenden Bestimmung entgegen. – Euch beiden gelte als Geleitwort: Seid pünktlich, zuverlässig und unermüdlich und seid auch mäßig im Rauchen und Qualmen, seid Kruppianer im besten Sinne des Wortes, seid und bleibt stolz, Deutsch zu sein!*[2] Alfried, ernst und besonnen, wie es seine Art ist, schiebt den Regler der Lokomotive in die angegebene Position und unter dem Jubel der Anwesenden entquillt ihrem Schornstein Dampf und Pfiff.

Nach den langen Kriegsjahren normalisiert sich der Alltag allmählich. Berthas Leben dreht sich um ihren Mann und ihre fünf Kinder, ein sechstes ist unterwegs. Am 31. Juli 1920 wird in Sayneck Waldtraut geboren, die zweite Tochter. Hier, in dem von Berthas Vater für 99 Jahre angepachteten Jagdrevier mit dem kleinen Fachwerkschlösschen, das nahe Koblenz, oberhalb des Rheins, umgeben von Bäumen und Wiesen, im tiefen Wald liegt, erholt sie sich von den sieben Geburten, die sie in ihrer 13-jährigen Ehe durchgestanden hat. Am 15. April 1920 schreibt sie – im sechsten Monat schwanger – aus Sayneck an ihren Mann in Essen: *Mein Taffy, hab vielen Dank für Deine Zeilen! Ich sehne mich auch nach Deiner Rückkehr!*

Alfried hat gestern zu Bett gelegen, da er vorgestern Abend etwas Tem-
peratur (38,4) hatte. Nach einer Schwitzkur hat sich der Husten in
einen tüchtigen Schnupfen verwandelt, und heute ist er wieder ganz
wohl, so daß er aufstehen, aber
noch nicht ausgehen konnte. – Ich
krame tüchtig, aber nun kommt
langsam Ordnung in Alles. Ich
hoffe, noch vor unserer Abreise
mit allem, was ich mir vorgenom-
men habe, fertig zu werden. Grü-
ße Endes sehr, und sage ihnen,
wie leid es mir tut, so ganz ohne
Abschied von ihnen gegangen zu
sein. – Damals glaubte ich ja be-
stimmt, sie bald wiederzusehen. –
Grüße auch Mütterchen sehr. –
Dir einen festen Kuß von Deinem
Frauchen.[3]

Taffy, Bertha und die fünf älteren
Geschwister bewundern das Baby
Waldtraut. Sayneck, August 1920

Vier Wochen später befin-
det sich Bertha in Begleitung
ihrer Mutter Margarethe und
deren Gesellschafterin, Fräulein
Brandt, zu einer Kur in Bad Salz-
uflen. Die Gesellschaft besteht
außerdem aus Alfrieds Hauslehrer, Herrn Maag, der Gouvernante
Fräulein von Trotha und der Kinderschwester »Blümchen«. Taffy
war einige Tage in Blühnbach zur Jagd, nun hat er Termine in Berlin.
Mein Taffylein, Du sollst doch auch einen geschriebenen Gruß in Ber-
lin von mir erhalten! Ich hoffe so, daß Dein Aufenthalt in Blühnbach
so genußreich für Dich war, wie ich mir das für Dich wünschte und
daß die Rückreise auch glatt verläuft. Nun sehe ich Dich ja bald wieder,
worauf ich mich so freue. Du mußt aber nicht denken, daß ich mich
hier einsam fühlte. Mit den Kindern verfliegen die Tage und man hat
immer etwas vor, so daß eigentlich abends nur ein Stündchen für mich
übrig bleibt. – Das Wetter war die ersten Tage noch schön, dann wieder
kalt und regnerisch. Leider hat Harald sich auch einen Schnupfen
geholt, so daß er ein Bad überschlagen mußte. Ich steckte ihn gleich

*ins Bett, obwohl er keine Temperatur hatte, damit er die Erkältung
schneller überwinden sollte. (...) Der Betrieb im Hotel wird jetzt
reger. Schlimm sind die allabendlichen Konzerte, die bis 10 ¾ dauern
sollten, aber oft bis 12 ½ gehen. Mich stört es nicht, aber das Klavier,
auf dem getrommelt wird, steht gerade unter Herrn Maags Bett, so
daß der keine reine musikalische Freude hat! – Auch wird tüchtig
dabei gegrölt; was das für ein Publikum ist, wissen wir nicht, denn
das bei Tage hier verkehrende sieht sehr solide aus. – Nachmittags. In
Erwartung von Carola, muß ich Dir erzählen, wie »aufregend« diese
Erwartung ist. Ich habe zwar nicht gesagt, wen ich erwarte, aber durch
die Autobestellung haben die Hotelleute wohl herausgefunden, wer
es ist. Jedenfalls schwirren die Kellner hier herum, wir haben pracht-
volle Kuchen aufgebaut, geblümte Porzellantassen etc. etc. – Abends.
Vorm Schlafengehen noch einen gute Nachtkuß, mein Taffy. – Der
Thee ist gut überstanden, Mütterchen hatte ich dazu eingeladen. Mit
dem Auto, das Carola abholte, fuhren Frl. Brandt und Blümchen nach
Lemgo, von wo sie ganz begeistert zurückkehrten. (...) Die Jungens
machten Mittwoch einen Ausflug nach dem Hermannsdenkmal. (...)
Gute Nacht, mein Mann. Einen festen Kuß von Deinem Frauchen.*[4]

Es ist nur noch eine kurze Zeit bis zur Geburt Waldtrauts, da
erkrankt Irmgard lebensgefährlich. Hohes Fieber, Nierenversagen,
Schmerzen am ganzen Körper und andere diffuse Befunde quälen
das Kind. Die Ärzte befürchten eine Ansteckung und überzeugen
Bertha, die bevorstehende Geburt nicht auf dem Hügel, sondern
in Sayneck abzuwarten. Voller Sorge folgt Bertha diesem Rat und
zieht sich, nur von ihrer Mutter und der Säuglingsschwester begleitet, nach Sayneck zurück. Dort hat Gustav eine Telefonleitung
legen lassen, damit sie nicht nur auf die Post angewiesen ist. *Donnerstag Abend. Mein Tafflylein, eben telephonierte ich mit Dir und Du
kannst Dir denken wie ich mich zu Euch hinsehne. Unser armes Irmchen! Meine Gedanken sind fortwährend bei ihr und es ist schrecklich,
nicht jeden Augenblick wissen zu können, wie es um sie steht. Gerade
heute Mittag war ich innerlich etwas ruhiger und gerade da steht es so
schlimm um sie. Es ist schon furchtbar hart, daß ich in diesen Tagen
nicht da bin. Das Fernsein ist zu traurig. Und ich kann mir nicht
denken, wie eine Autofahrt mir schaden könnte. Nach der heutigen
Nachricht über Irmchen wird sich der weitere Verlauf ja wohl in den*

allernächstenTagen entscheiden. Dies ändert die Lage ja etwas für mich, denn sollte es gut gehen, dann halte ich gerne länger hier aus. Ich nahm bisher an, daß die nächsten 8–10 Tage die kritischen sein würden und da wollte ich doch lieber bei Dir sein. Daß dies in den allernächsten Tagen noch nicht möglich sein wird, das sehe ich ein. Freitag früh, das Telefongespräch erwarte ich immer mit Ungeduld und doch mit großer Angst, was es bringen wird. Soeben sprach ich mit Dir, Gott sei Dank ist ja noch zu hoffen. Ich kann so mit Dir fühlen, was Du durchmachst, mein Taffychen, dieses ewige Bangen um das Kind, und dann so allein. Könnte ich nur bei Dir sein. Dein Berthchen. Gib unserem Irmchen einen lieben, lieben Kuß von Mama.[5] Nach angstvollen Wochen erholt Irmgard sich, wird aber noch lange kränkeln und das Sorgenkind ihrer Eltern bleiben.

Bertha ist ruhig und gelassen, als sie am 31. Juli Waldtraut auf die Welt bringt. Die Sommersonne scheint durch die Butzenscheiben des Schlafzimmers im ersten Stock. Die Räume in Sayneck sind klein, winzig in Vergleich zu denen auf dem Hügel, die Einrichtung auf die Bedürfnisse einer Jagdgesellschaft, nicht einer Wöchnerin abgestimmt. Sommerliche Wärme durchdringt das Fachwerkhaus, dessen ausgetretene Holztreppen und Flure ächzen unter dem Kommen und Gehen des Arztes, der Hebamme und der Säuglingsschwester. Hier findet Bertha die Ruhe, sich von ihrer achten Geburt zu erholen, bevor sie wieder auf den Hügel zurückkehrt, wo sie die älteren Kinder und alle ihre Pflichten erwarten.

Taffy verbringt die Jagdsaison in Blühnbach. Er wohnt dort im Posthaus, einem kleinen Haus gleich neben dem Schloss. Da sowohl Geld wie Materialien knapp sind, wird das Schloss nicht bewohnt, nur wenige Räume, die Bäder und die Kachelöfen werden instand gesetzt, damit die ganze Familie – sobald die große Wirtschaftskrise vorbei sein wird –, dort bequemer Platz finden kann als im Posthaus. Der Haushalt in Blühnbach kann stillgelegt werden, die Jagd nicht. Sie muss gehegt und gepflegt werden, und Taffy übernimmt diese Aufgabe mit Begeisterung. Im November, Baby Waldtraut ist drei Monate alt, schreibt Bertha vom Hügel aus an ihren Mann: *Sonntag Abend. Mein Taffylein, also Du bist doch leider nicht programmäßig nach Blühnbach gekommen! Wie leid mir dies tut! Aber jetzt, 9 Uhr abends, wo ich dies schreibe, denke ich doch, daß Du in unserem gemütlichen Postgebäude sitzt und dich recht behaglich und zu Hause fühlst. – Nun will ich Dir von uns berichten. Unsere Rückfahrt von Oberhausen verlief programmäßig. Ruth und Fräulein*

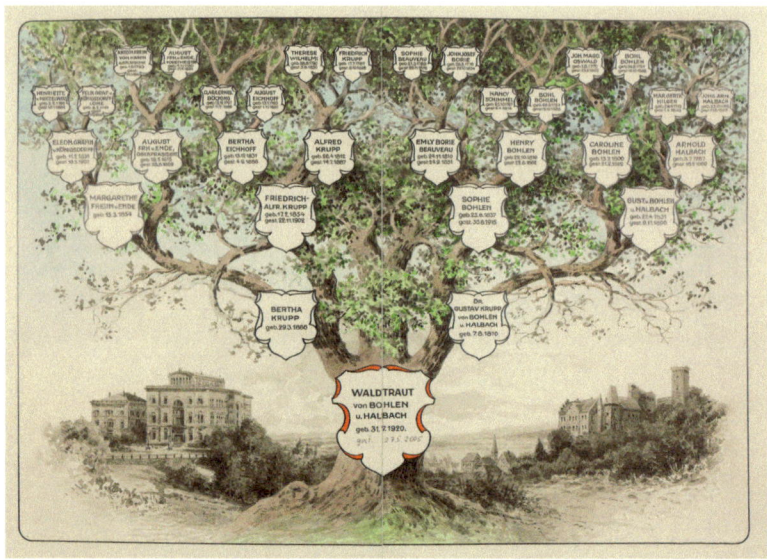

Stammbaum von Waldtraut. Links die Villa Hügel, rechts Obergrombach, der Stammsitz der von Bohlens.

von Trotha kamen gut an, nachdem Fräulein von Trotha auf dem Essener Bahnhof noch ein »Erlebnis« hatte. Ein Mann entriß ihr ihre Handtasche, sie läuft schreiend und rufend hinterher, das Publikum ebenfalls, bis der Kerl von der grünen Polizei festgenommen wurde. Sie mußte mit zur Polizei, kam aber glücklich in Besitz ihrer Tasche, die all ihren Schmuck enthielt, heim. Es ist ihr aber scheußlich, daß sie nun jedenfalls zum Termin muß. – Ich hatte gestern Abend viel zu schreiben, kam daher spät zu Bett, d. h. um 11 Uhr! – (...) Morgen früh will ich mit Mütterchen zum Friedhof. Es ist der Todestag von Väterchen. – Heute war übrigens Frau von Menshausen mit [ihrem Sohn] Fritz bei Mütterchen. Ich sah beide. Fritz wollte sich gerne bei Dir verabschieden und bedauerte sehr, Dich nicht anzutreffen! Er machte einen netten Eindruck. – Wir hatten heute herrliches, aber sehr kaltes Wetter, so daß der Teich zugefroren war. Die armen Schwäne schienen sehr zu frieren und Fräulein von Trotha belehrte uns, daß Schwäne bei Frost in einen Stall müßten, damit die Füße und Zehen nicht erfrören. Es soll nun eine Vorrichtung getroffen werden, dass man sie bei Kälte in einen Stall in die Grotte einsperren kann. Diese Nacht sitzen sie im Hundezwinger! – (…) Einen herzlichen Gute Nacht Kuß von Deinem Frauchen.[6]

Jeden Tag, den Bertha von ihrem Mann getrennt ist, schreibt sie ihm, berichtet von den Kindern und von den kleinen Ereignissen des familiären Alltags. Er telegrafiert oder telefoniert mit ihr, soweit es ihm möglich ist. In den 44 Jahren dieser Ehe reißt der Strom der Briefe nicht ab, obwohl es in absoluten Zahlen eine überschaubare Menge ist. Die allermeiste Zeit in diesen 44 Jahren sind Bertha und Taffy zusammen, sei es auf dem Hügel, auf Reisen oder in Blühnbach. Nur wenn Schwangerschaften Bertha ans

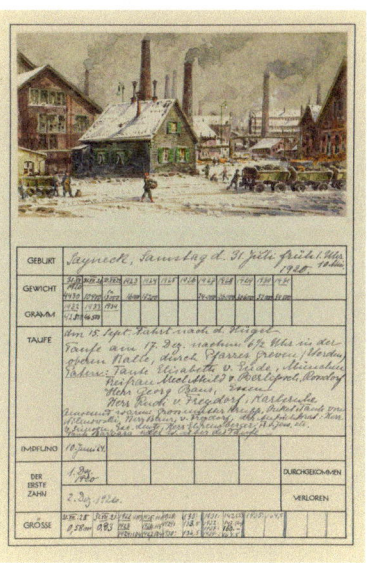

Für jedes Kind wurde ein Buch angelegt mit seinen persönlichen Daten. Hier die Angaben zu Waldtrauts Geburt am 31.7.1920

Haus fesseln, trennen sie sich. Oder wenn Gustavs Pflichten ihn nach Berlin oder andere Orte rufen, zu denen sie – ihrer Kinder wegen – nicht mitkommen kann. Mit eiserner Disziplin trennen beide das Private vom Beruflichen. Über die Firma sprechen sie unter vier Augen oder in Gegenwart von Direktoriumsmitgliedern, falls der Anlass ein offizieller ist. Von Bertha ist kein geschäftlicher Kommentar erhalten. Was sie zu sagen oder zu entscheiden hat, lässt sie durch einen Mann mitteilen. Das kann ihr Mann, ihr Anwalt oder ein Mitglied des Direktoriums sein.

Im Juni 1922 ist sie – inzwischen 36 Jahre alt – wieder schwanger, im siebten Monat, es wird das letzte Mal sein. *Mein Tafflein, obwohl ich annehme, daß dieser Gruß Dich nicht mehr rechtzeitig erreicht, so versuche ich es wenigstens, Dir einen zu senden. – Es geht uns allen ausgezeichnet und ich vermute Dich nun auch schon fast in Blühnbach, wo du hoffentlich recht schöne Tage haben wirst. Mir vergehen, trotz Deiner Abwesenheit, die Tage schnell, denn es gibt so viel zu erledigen, wozu ich gerade diese Tage benutzen will, daß die Zeit im Fluge vergeht. Heute ließ der Botschafter Graf Metternich fragen, ob er uns morgen besuchen könnte. Ich ließ sagen, daß Du verreist seist und er seinen Besuch doch lieber verschieben möchte. Sollte er aber in Essen zu tun haben, so bäte ich ihn hier abzusteigen. Anwort habe ich noch keine. Auch schrieb Detlef einen netten Bedankemichbrief. (…) Nun sende ich Dir einen sehr, sehr innigen Kuß, mein lieber Mann, und eile diese Zeilen noch mit der Nachmittagspost abzusenden. Viel konnte ich Dir nicht berichten, aber die Hauptsache ist ja, daß es Gutes ist. – Dein Frauchen.*[7] Am 31. August 1922 wird das letzte Kind, Eckbert, in Blühnbach geboren. Wieder ist Bertha allein zu Hause. *Gute Nacht, mein lieber Mann! Alles geht sehr gut, mir wie dem Kleinen. Seit Nachmittags strömender Regen. Dr. Grummert kam mit einem Bock heim, Irmgard erzählte mir, er habe sehr kleine Kruken und scheine jung zu sein. Nach ihrer Erzählung scheint dieses enfant terrible dies auch gleich dem stolzen Schützen ins Gesicht gesagt zu haben!! Aber nun gute Nacht und einen festen Kuß von Deinem Frauchen.*[8]

Bertha hat sieben Kinder, um die sie sich kümmern muss, außerdem ihre Mutter Margarethe, die unter dem Altwerden leidet und eine Vielzahl von Verwandten aus der Endeschen und der Bohlenschen Linie, die sich immer wieder um Hilfe an sie wenden. Die Zeiten sind schwierig. Die gewaltigen Reparationsforderungen der Sieger schwächen die Weimarer Republik, die bei der Bevölkerung nicht beliebt ist. Die Inflation wächst ins Unermessliche und alliierte Truppen besetzen Teile des Ruhrgebietes. Es kommt zu Aufständen und Arbeiterunruhen. Die Firma Krupp, die zu Kriegsende finanziell noch gut dastand, macht große Verluste aufgrund der Inflation und hoher Schulden in harter Währung. Überall muss gespart werden. Margarethe Krupp bemüht sich, ihren Witwensitz, Haus Meineck in Baden-Baden, zu verkaufen. Das kommt sie bitter an, denn Meineck war ihr und ihren Töchtern, was Blühnbach für die nächste Generation sein wird: ein Refugium fern von Essen, das die Möglichkeit für ein entspanntes und gelockertes Familienleben geboten hatte. Sie, die immer gewohnt war, in großzügigster Weise zu spenden, hat nun nicht mehr das Geld, dieses Haus zu erhalten. Schlimmer noch, vorläufig findet sich kein Käufer, und das Haus kommt in den nächsten Jahren herunter. Bertha hat es nicht leicht, ihrer Mutter zu erklären, dass zwar Geld für die Renovierung in Blühnbach ausgegeben wird, aber keines für Meineck. Margarethe muss traurig erkennen, das Familienleben der kinderreichen Bohlen-Familie wird seinen Mittelpunkt in Blühnbach und nicht in Meineck haben. Dort wird sie als Mutter und Großmutter ihren Platz haben, aber eben nur am Rande. Tröstlich ist ihr die Erkenntnis, dass Berthas Schwester Barbara mit ihren fünf Kindern in Blühnbach ebenso zu Hause sein wird wie früher in Meineck. Das gute Einvernehmen der beiden Ehepaare ist ein Geschenk des Himmels, das weiß Margarethe Krupp genau und ist dankbar dafür.

Auch in den Hügel-Betrieben, den Lieferanten für den Konsum des Großen Hauses, weht nun ein anderer Wind. Vorbei sind die Zeiten der Opulenz für Herrschaft und Dienerschaft. Gärtner Franz Holzapfel berichtet: *Der erste Weltkrieg war verloren und die Zeiten waren schlecht, die Fabrik baute immer mehr Leute ab. Auf dem Hügel sollten gewaltige Umänderungen vorgenommen werden, aber die kamen jetzt auch nicht mehr zur Ausführung. (...) Der Wirtschaftsstall sollte abgerissen werden, die ganzen Baubetriebe sollten verschwinden und im Steinbruch wieder aufgebaut werden. Es sollten sämtliche Gebäude verschwinden in der Nähe des Schloßes, das Beamtenhaus I, der herrschaftliche Stall, Kuhstall, Wagenremisen, Feuerwache, Beamtenhaus II und Gästehaus. Jetzt, da der Krieg verloren war, blieb alles wie es war, d.h. einige Veränderungen gab es doch. Die Gärtnerei bekam ein jährliches Betriebskapital von 50 000 Mark, vorher war das 4–5fache verbraucht worden. Es war zwar noch nicht soweit, aber Herr Veerhoff sollte dazu Stellung nehmen. Herr Veerhoff konnte sich aber nicht dazu entschließen, er hatte ein ganzes Leben lang arbeiten können, nie hatte er auf Geld gucken müssen. Mit so wenig Geld konnte er nicht arbeiten und andererseits hatte er auch das Alter erreicht, daß er sich zur Ruhe setzen konnte. (...) Jetzt wurde die Hügel-Gärtnerei der Fabrik-Gärtnerei übergeben unter der Leitung von Herrn Landmann. Für die Unterhaltung des Parks standen die 50 000 Mark zur Verfügung und die Gärtnerei stellte sich um, auf Verkauf. Herr Veerhoff wurde Herrn*

Landmann als Berater beigegeben, aber die Beiden haben nie Kontakt bekommen. Die Ansichten waren grundverschieden. Herr Veerhoff als ehemaliger Herrschaftsgärtner, der in Geld hatte wühlen können, und Herr Landmann, dem man die Gärtnerei übergab mit den Worten: »Nun sieh mal zu, daß Du am Leben bleibst«.[9] Auch im Großen Haus kehrt neue Bescheidenheit ein. Das wenige, das an wertvollem Silber vorhanden ist, wird verkauft, um die Gehälter des Personals zu bezahlen. Allzu viel ist es nicht, denn das meiste Tafelsilber stammt von der Firma Krupp in Bernsdorf, die berühmt ist für ihre versilberten Bestecke und Tafeldekorationen, die zwar schön, aber in Krisenzeiten nicht zu Geld zu machen sind.

Trotz aller Krisen geht das Leben weiter. Die Kinder wachsen heran. Im Jahr 1922 werden zwei Familienfeste gefeiert. Am 9. April wird Alfried in der Kapelle auf dem Altenhof konfirmiert und im Oktober der kleine Eckbert in der gleichen Kapelle getauft. Wie immer bei familiären Anlässen der Familie Krupp von Bohlen und Halbach berichtet die ›Essener Allgemeine Zeitung‹. Dabei unterläuft dem Redakteur, Herrn Potkieker, ein blamabler Fehler: er unterschlägt die beiden Töchter und spricht nur von den fünf Söhnen. Die Antwort lässt nicht lange auf sich warten. Nur wenige Tage später bekommt er das offizielle Familienbild, auf dem die fünf Söhne gemeinsam mit den beiden Töchtern zu sehen sind, zugesandt mit dem nachstehenden Gedicht:

O, wie köstlich, o, wie schicklich,
Sozusagen herzerquicklich
Ist es, wenn am Sonntagmorgen
Man vergnügt und ohne Sorgen
Deine Muse nimmt zur Hand.
Hört man doch so allerhand!
Alles, fand ich, war stets richtig,
Ob es sehr, – ob's weniger wichtig,
Was im Städtchen war geschehen,
Doch, dass Du uns übersehen,
Dieses hat mich sehr betrübt,
Da ich Dich so sehr geliebt.
Erstens, weil es ist nicht richtig,

Zweitens – Mädchen sind sehr wichtig.
Höre drum und merk es Dir:
5 der Jungen haben wir,
Und dazu, wie sich's gehört
Hat Mädels zwei der Storch beschert.
Daß an den Hügel Du gedacht,
Das hat uns richtig Freud gemacht.
Laß aber, bitte, das Sohlen und Kohlen!
Es grüßen Dich Irmgard und Waldtraut von Bohlen.[10]

Die aufbewahrte Abschrift ist mit L. G. gezeichnet, sicherlich die Initialen der unbekannten Dichterin, die sich im Namen der 10-jährigen Irmgard und der 2-jährigen Waldtraut zu Wort meldet. Herr Potkieker wird es nicht übelgenommen haben.

Harmlose Gedichte, idyllische Familienfotos und Reisen zu Ausflugs- und Kurorten können allerdings nicht verbergen, auf wie schwankendem Grund sich Deutschland und damit auch die Familie und die Firma Krupp in diesen Jahren befinden. *Während der Zeit des Zusammenbruches und der Revolution, sowie auch während der Besatzung durch die Franzosen und des passiven Widerstandes konnte ich mit meiner Familie auf dem Hügel verbleiben,* berichtet Taffy in den Memoiren, die er zu seinem 70. Geburtstag verfasst. *Umwogt von den Ereignissen, die ein ständig wechselndes Gesicht zeigten. Die Besetzung durch die Franzosen brachte neben dem vollständigen Darniederliegen der Werke insbesondere auch mir persönlich eine Reihe von Opfern.*[11] Die Fabrik und der Hügel von Franzosen besetzt, die Familie zurückgezogen im Kleinen Haus, die deutschen Staatslenker der Weimarer Republik in permanenter Krise und eine wütende und unter der Hyperinflation leidende Bevölkerung, das ist der Nährboden, der Gustav Krupp von Bohlen, sein Direktorium und 13 Kruppianer zu nationalen Märtyrern machte.

Die Ruhrbesetzung – Franzosen auf dem Hügel (1923)

Trotz größter Bemühungen kann Deutschland nach dem 1919 ge-schlossenen Frieden von Versailles die von den Siegermächten auf-erlegten Reparationen nicht vollständig zahlen. Die Industrie hat mit Material- und Geldmangel zu kämpfen und kann nicht so schnell und so viel produzieren, wie zur Zahlung der Reparatio-nen nötig wäre. Die deutsche Regierung ruft deshalb zum passiven Widerstand auf, was vor allem die Franzosen, die am meisten auf diese Gelder angewiesen sind, so erbost, dass sie im Januar 1923 in das Ruhrgebiet einmarschieren. Die Menschen im Ruhrgebiet leiden unter der Hyperinflation, viele hungern wieder – oder immer noch – und der einzige Rettungsanker für die Familien ist die Arbeit, die ihnen die Fabriken geben. Jeden Angriff auf diese Werke emp-finden sie als direkten Angriff auf ihre eigenen Überlebenschancen. Die Stimmung in Essen ist besonders aufgeheizt, weil die Krupp-Werke der größte Arbeitgeber sind und gleichzeitig die größten Re-parationslieferungen zu leisten haben.

Von den zwei Generalkommandos, die Frankreich in das Ruhr-gebiet schickt, quartiert sich eines im Großen Haus auf dem Hügel ein. Es ist ein ungemütliches Miteinander, das die Familie, die An-gestellten und die Franzosen vereint. Die Familie – Margarethe, die Bohlens, alle Kinder, Gouvernanten und Lehrer logieren im Kleinen Haus, das Große Haus ist den Offizieren vorbehalten. Die Mann-schaften sind im Wirtschaftsgebäude und anderen Nebengebäuden einquartiert. Unser Chronist aus der Hügel-Gärtnerei erinnert sich: *Ich kann mir noch sehr gut vorstellen, wie es war, als sie auf dem Hügel einmarschierten. Es war des Morgens gegen 10 Uhr, da marschierten die Franzosen, von unten kommend, zum Wirtschaftsgebäude. Als ich sie kommen hörte, ging ich zum Tor, um mir die Brüder mal an-zusehen. Als Herr Burger sah, daß ich zur Straße gehen wollte, kam er gelaufen:»Franz, komm da weg, wenn die Dich sehen, man weiß nicht, was sie machen. Es ist besser, wenn Du Dich nicht sehen läßt.« Ich ging aber trotzdem zum Tor und hielt die Parade ab. Sie zogen alle auf den Wirtschaftshof. 10 Minuten später gingen am Wirtschafts-gebäude sämtliche Fenster auf, sie hatten sich im ganzen Gebäude breitgemacht. Im Gärtnerhaus war es nicht anders, hier waren auch beide Gebäude besetzt, vorwiegend Unteroffiziere, z. T. mit Frauen. Als die Franzosen das Ruhrgebiet besetzten, trat die ganze Eisenbahn in den separaten Widerstand, genauso ruhten die Zechen und keine Kohle wurde gefördert. Man wollte so vermeiden, daß die Kohle nach Frankreich befördert wurde. (…) Auf dem Hügel hatten die Franzosen sich jetzt häuslich eingerichtet. Im Wirtschaftsstall hatte man auch eine Menge Pferde untergestellt. Haufenweise flogen die Zeitungen herum, das wurde alles in die Düngegrube gekippt, aber der Wind wehte es durch die ganze Gärtnerei. (…) Ein Teil der verheirateten Franzosen wohnten mit ihren Familien in der Kolonie und sie hatten ein gutes, nachbarschaftliches Verhältnis. Einmal sagte Herr Veerhoff zu mir:*»Franz, ich habe hier was fertig gemacht, bring' das mal zum Gärtnerhaus zu den Unteroffizieren.«*Ich haute damit ab zum Gärtnerhaus und überreichte dem Unteroffizier, der die Küche hatte, die Sachen. Der kam auch sofort mit einer Flasche an:*»Du mit Wasser?«*»Nein, nix Wasser«. Da schüttete mir der Franzose ein Trinkglas voll ein. Was das war, weiß ich nicht, ich weiß nur, daß die Franzosen es immer mit Wasser verdünnten, es war grünlich und schmeckte sehr gut.*»Du Frau?«*sagte der Franzose zu mir und ich bejahte. Da ging er in den Nebenraum und kam mit zwei Flaschen Wein wieder.*»Für Madam«,*sagte er und gab sie mir.*[12]

Die Menschen auf dem Hügel machen mit den ungebetenen Gästen gute und schlechte Erfahrungen, aber allen gemeinsam ist das Gefühl des Ausgeliefertseins und der persönlichen Unsicherheit. Besonders Margarethe Krupp leidet unter der Situation. Sie ist 69 Jahre alt und sieht die Welt, die sie kennt, in die Brüche gehen. Sie fasst einen folgenschweren Entschluss und vernichtet ihre persönlichen Briefe. *Frau Krupp selbst hatte schon vor Jahren, während der unruhigen Zeiten, ihre ganze persönliche Korrespondenz vernichtet, um sie nicht in unrechte Hände fallen zu lassen,* schreibt Schwiegersohn Taffy Jahre später an Anna Caspary. *Das ist ein großer Verlust; aber wie Vielen ist es in damaliger Zeit nicht genau so ergangen! Privatbriefe sind doch schließlich nur fremdes, einem persönlich anvertrautes Gut, das man möglichst vor den Augen Unberufener zu schützen die Pflicht hat.*[13]

Die Aufgabe der Franzosen ist es, diejenigen Güter aus der Gussstahlfabrik zu requirieren, die für sie in Frankreich nützlich sind. So sollen die fehlenden Reparationslieferungen kompensiert werden. Die deutsche Regierung und die Firma Krupp sehen das anders. Für sie ist das Requirieren ein Synonym für unrechtmäßige Aneignung. Der passive Widerstand, den die deutsche Regierung ausgerufen hat, verschärft die Situation, denn seine Folgen sind *ein scharfer Rückgang des Güterausstoßes in den besetzten, nun isolierten Gebieten, und in Gesamtdeutschland der Ruin der Geldwährung, eine schon seit Jahren schleichende, jetzt zum Verrücktwerden getriebene Inflation. Eine Lage der Dinge, so gar nicht nach dem Geschmack Gustav von Bohlens. Auch Pariser Zeitungen loben seine Haltung. Le Matin am 6. März:* »*Gestern fand in den Kruppschen Fabriken in Essen die jährliche Feier zum Geburtstag Alfred Krupps statt. Vor dem gesamten Personal hielt Herr Krupp von Bohlen, Generaldirektor der Firma, eine große Rede, die heute in mehreren deutschen Zeitungen abgedruckt wird. Man muß die Mäßigung dieser Rede betonen, in deren Verlauf Herr Krupp von Bohlen den passiven Widerstand mit keinem Wort erwähnte. Vielmehr sprach er von dem Wunsch der deutschen Industrie, nicht eine Situation verlängert zu sehen, die* »*verderblich für alle Länder Europas sei*«[14] *und von seinem Wunsch, die* »*Vernunft möge in unsere Welt zurückkehren*«. Wenige Wochen nach seiner weisen Rede wird derselbe Herr Krupp von Bohlen und Halbach unter dem Gejohle der französischen Öffentlichkeit in ein Gefängnis gesperrt, vor Gericht gestellt und zu einer langjährigen Haftstrafe verurteilt. Wie konnte es dazu kommen?

Anläßlich einer Beschlagnahme von Automobilen in der Gußstahlfabrik kam es am Karsamstag 1923 zu Schießereien der Franzosen, wodurch eine Anzahl von Werksangehörigen, die sich in harmloser Neugier vor der Werkstatt versammelt hatten, getötet oder verwundet wurde, berichtet Taffy in seinen offiziellen Memoiren. *Um die Schuld an dem Vorkommnis von sich abzuwälzen, internierten die Franzosen gleich darauf mehrere Krupp-Direktoren, um dann auch mich am 1. Mai 1923 bei Gelegenheit einer Zeugenvernehmung in Verden, zu der ich pünktlichst von einem kurzen geschäftlichen Aufenthalt in Berlin zurückgereist war, zu verhaften.*[15] Tatsächlich dringen am 31. März morgens um sieben Uhr zwei französische Militärkommandos in die Gussstahlfabrik ein und requirieren Last- und Personenwagen.

Eine aus einem Offizier und elf Soldaten bestehende Abteilung bleibt zwecks Bewachung der verbleibenden fünf Fahrzeuge in der Wagenhalle. Die Werksirenen dröhnen. Das ist das Zeichen, die Arbeit aus Protest niederzulegen. Aufgebrachte Arbeiter und Angestellte versammeln sich vor der Halle. Zwei Betriebsräte versuchen zu vermitteln, scheitern aber an den mangelnden Deutschkenntnissen des französischen Offiziers. Nach vier Stunden ist der Hof vor der Wagenhalle völlig verstopft. *Es ist ein wirres Durcheinander von Hinzuströmenden, Zurückkehrenden, Rufen, Lachen und Singen.*[16] Gesungen wird das Deutschlandlied, aber auch ›Siegreich wollen wir Frankreich schlagen‹. *Wir alle empfinden, daß ein Gefühl von uns Besitz ergriffen hat, daß etwas geschehen wird, vielleicht etwas Furchtbares.*[17] Die Menge wird agressiver, die französischen Soldaten ängstlicher. Der Offizier befiehlt, einen Schreckschuss abzugeben. *Dieser ging in die Decke des Eingangstores. Nach diesem Schuß stürmten die vor dem Gebäude stehenden Arbeiter zurück. Der Offizier winkte mit der Hand, worauf die noch dort stehenden Arbeiter eine Gasse freimachten, um die Franzosen durchzulassen. Gleich nachdem die Soldaten aus dem Tor heraustraten, schossen sie in die auf dem gegenüber liegenden Gebäude sitzende und auf die auf der Straße stehende Arbeitermenge hinein, obwohl sie von keiner Seite angegriffen wurden,*[18] berichtet Fabrikarbeiter Johann Huth. *Ich lief auch sofort weg. Nachdem ich etwa 20 Schritte gelaufen war, erhielt ich einen Schuß im rechten Arm. Darauf warf ich mich zu Boden.* Als alles vorüber ist, zählt man 13 Tote und 28 Verletzte. Die toten Kruppianer sind ein Bürobeamter, ein Bürolehrling, vier Schlosser- bzw. Dreherlehrlinge der Lehrwerkstatt, sechs Arbeiter und ein Bergmann aus der Zeche Gustav.

Der folgenschwere Zwischenfall löst eine Propagandaschlacht zwischen Deutschland und Frankreich aus. In Deutschland herrscht – quer durch alle politischen Lager – Empörung. Die Beerdigung der Toten wird zum Staatsakt. Die französische Regierung konstruiert daraufhin phantasievoll eine Gegenlegende und geht zum Angriff über. Gustav Krupp von Bohlen und Halbach und seinen Direktoren wird der Prozess gemacht. Sie werden zu Gefängnisstrafen zwischen 10 und 20 Jahren verurteilt, Gustav Krupp zu 15 Jahren. In Deutschland wertet man das Urteil als Racheakt und – wieder einmal – als gegen Krupp gerichtet, das Symbol für deutsche

Wirtschaftsmacht. *Das eine Gute hat zweifellos das entsetzliche Ur-teil, daß Herr von Bohlen den Kruppschen Werksangehörigen durch sein ganzes Verhalten in dieser Angelegenheit noch viel näher als bis-her gekommen ist, und daß wir alle jetzt erst recht an ihm und an der Firma Krupp hängen*[19], be-schreibt Prokurist Schlegel das solidarische Zusammenrücken der Kruppianer.

Wie immer hält sich Ber-tha Krupp im Hintergrund, wie immer lässt sie andere im Na-men der Firma agieren. Aber sie besteigt, sobald es ihr möglich ist, das Automobil und fährt nach Düsseldorf in das Gefäng-nis auf der »Ulmer Höhe«. Dort, im Besuchszimmer, un-ter den Augen eines Wachman-nes, umarmt Taffy sie und sagt:

Taffys Zellentür und Zellengang im Französischen Gefängnis Ulmer Höhe in Düsseldorf, Zeichnung von Bertha, 1923

Nicht wahr, jetzt darf ich mich doch mit Recht einen Kruppianer nennen.[20] 17 Jahre nach seiner Eheschließung mit Bertha tritt er endgültig aus ihrem Schatten in die Öffentlichkeit. Das prägt ihn und erhöht sein Selbstbewusst-sein. Er hat Privilegien im Gefängnis, die ihm die Haft erleichtern, aber quälend lange Monate lang weiß er nicht, wie lange seine Haft dauern wird. Fast täglich kommen die Abgeordneten der Fabrik und ebenso oft besuchen ihn Bertha und die älteren Söhne Alfried, Claus und Berthold. An den wenigen Tagen, an denen Bertha nicht nach Düsseldorf fahren kann, schreibt sie ihm Briefe. Im Juni zeichnet sie aus dem Gedächtnis das Innere des Gefängnisses mit dem Eingang zu Taffys Zelle. Sie ist zwei mal vier Meter groß und schlecht belüf-tet.[21] Auch den Hofgang zeichnet Bertha aus dem Gedächtnis nach. Unter den Gefangenen, die im Gänsemarsch um den Fahnenmast gehen, befinden sich Taffy und die mit ihm verhafteten Direktoren von Krupp. Anlässlich von Taffys 53. Geburtstag am 6. August werden die Zeichnungen gedruckt, mit einem Lobgedicht versehen und verschickt. Das Gedicht lautet:

Gefängnishof des Französischen Gefängnisses Düsseldorf, August 1923, Zeichnung von Bertha

> *Nicht auf dem sonnigen Hügel im Kreise der liebenden Deinen*
> *Feierst Du heute Dein Fest! – Vorbild nie wankender Pflicht*
> *Gabst Du den Männern des Werks und des Landes, opfernd die*
> *   Freiheit!*
> *Mög' Deine männliche Tat segnen ein gütig Geschick!*[22]

Wieder wird ganz selbstverständlich das Schicksal Krupps mit dem Deutschlands gleichgesetzt. Diese Überzeugung wird von der Öffentlichkeit geteilt und überdauert das Kaiserreich, die Weimarer Republik, das Dritte Reich und selbst die ersten Jahre der jungen Bundesrepublik. Taffy muß seine 15 Jahre Haft nicht absitzen. Die Weimarer Republik hebt den Aufruf zum passiven Widerstand auf, die Gemüter beruhigen sich, und am 12. November 1923 wird Taffy nach sieben Monaten Haft entlassen.

Liebesbriefe ins Gefängnis (1923)

In den sieben Monaten von Taffys Gefangenschaft besucht ihn Bertha so oft wie möglich. Wenn ihr die beschwerliche Fahrt von Essen nach Düsseldorf im Automobil aus Gesundheitsgründen nicht möglich ist, berichtet sie ihm schriftlich alles, was in der Familie vor sich geht oder ihr Herz bewegt. Nur ein einziges Mal verreist sie mit den Kindern für einige Tage nach Holland an die See. Am 2. Juni 1923 – sie erholt sich gerade von einer schweren Grippe – schreibt sie: *Samstag Abend, 2. Juni. Mein Taffy, eben kommt Berthold zurück und bringt mir Deine Grüße. – Ich bin so traurig, daß ich immer noch nicht wieder auf den Beinen bin! Ein anderer Arzt ließe mich sicher schon los! Aber ich hoffe doch bestimmt bis Ende der Woche zu Dir zu kommen. Mit Holland werde ich es mir überlegen. Wie ich es persönlich einrichten werde, weiß ich noch nicht, denn das bringe ich nicht fertig, freiwillig auf Besuche in Düsseldorf zu verzichten. Jedenfalls muß ich erst öfters gründlich bei Dir gewesen sein, ehe ich mich entschließen könnte, auch nur einmal zu überspringen.*[23] *Sonntag Abend, 3. Juni. Mein Taffy, es ist wirklich quälend für mich hier zu liegen, meines Erachtens ganz gesund, und Dich nun nicht wohl zu wissen und nicht zu Dir hinzukommen. Dr. K. ist wirklich unbarmherzig! Heute hörte er nichts mehr und ich soll doch noch zwei Tage liegen bleiben. Eigentlich möchte ich streiken, denn ich halte es vor Sehnsucht bald nicht mehr aus. 14 Tage war ich geduldig wie ein Lamm, nun ist's aber wirklich genug! Dich bei allem nun auch noch körperlich nicht in Ordnung zu wissen ist mir schrecklich! (…) Sage mir aber auch immer ganz genau, wie es Dir geht, wenn Du dies nicht tätest, wäre ich erst recht unglücklich. Also bitte, bitte, ganz wahrheitsgetreu!!*

Ihre eigene Gesundheit lässt zu wünschen übrig, sie hat von Zeit zu Zeit Schwächeanfälle und leichte Herzbeschwerden. Nach ihrem Besuch bei Taffy am 22. Juni schreibt sie: *Mein Herzensmann, eben bin ich nach guter Fahrt heimgekehrt. Dr. G. war schon hier und hat mich in Ordnung gebracht. Es sei nur eine kleine Unregelmäßigkeit gewesen. – Das gewünschte Buch fand ich nicht, doch sende ich zwei andere. Alfried bringt Dir die gewünschten Sachen am Sonntag mit.*

(…) Nun steht mir morgen also die Reise bevor, die mir trotz allem schwer wird. Wenn ich nur erst wieder bei Dir wäre! Von Herzen umarme ich Dich, mein Ein und Alles. Dein Frauchen.[24]

Mühsam nur hat Taffy sie überzeugt, für einige Tage an die See zu fahren, zur Erholung für sich und die Kinder. Am 23. Juni schreibt sie ihm aus Noordwijk a. Zee: *Samstag Abend. Mein lieber Taffy. Vorm Schlafengehen muß ich Dir noch einen ausführlichen Bericht senden und mich etwas mit Dir unterhalten. Es ist einfach herrlich hier, und der Tag verlief sehr gut, trotz des unprogrammierten Anfangs, von dem Alfried Dir sicher erzählt hat. Ich sitze hier am offenen Fenster, vor mir das Meer und der Sonnenuntergang, dabei herrlich klarer Himmel. Die Zimmer sind so freundlich und luftig, vor jedem ein Balkon, so daß ich den Eindruck habe, als ob es gerade für*

Bertha mit Kindern, 1926; v. l. n. r.: Berthold, Claus, Waldtraut, Harald, Alfried, Irmgard, Eckbert

die Kinder das Richtige ist. Ich selbst genieße das Schöne ja auch, aber umso mehr fehlst Du mir und es ist so hart zu denken, daß Du in Düsseldorf bist, während wir hier die Freiheit und vor allem den herrlichen, wohltuenden Frieden genießen. Man atmet auf, sobald man heraus ist, alles sieht außerhalb anders aus, so friedlich und harmonisch. Aber ich komme mir ordentlich schlecht vor, daß ich von uns beiden das allein genießen soll! Die Kinder sind voller Begeisterung. Mit Mühe habe ich sie soeben ins Bett gebracht, sie liefen immer wieder ans Fenster. (…) Hier fand ich unser Zimmer mit Blumen gefüllt, denn einige Leute scheinen doch von meinem Herkommen zu wissen. Das Auto fährt sehr gut. In Holland hat Lap. gesteuert, der sehr sicher fährt. – Wir hatten zunächst sehr schlechtes Wetter, dann bis Utrecht trübe, da hellte es sich auf und hier war der schönste klarste Himmel und Sonnenschein. Jetzt, um 10 Uhr, ist gerade die Sonne vor meinen Augen am Horizont verschwunden. Für die Kinder freut es mich wirklich, aber trotz dieser Mitfreude fürchte ich, daß die Tage bis zu unserem Wiedersehen mir sehr lang sein werden. (…) Wenn ich Dich nur bei mir hätte! Es ist so schwer zu tragen, daß ich gar nicht für Dich sorgen kann! Hoffentlich geht es Dir gut und sind Alfrieds Besuche nett. Vielleicht kann Irm auch einmal kommen. – Alles, alles Liebe, Dein Frauchen.

Am nächsten Tag folgt der nächste Bericht: *(…) Es kommt uns hier überhaupt vor wie im Paradies. Die Ruhe und Heiterkeit, die einen umgibt, die größten Portionen Milch, Butter und Brot, die besonders die Kinder in Staunen setzen, das Unbesorgtsein aller Leute, die man beobachtet – es mutet einem an wie im Märchen aus alten Zeiten und die Erinnerung an diese, die sich doch sehr verwischt hatte, kommt einem wieder ganz lebendig ins Gedächtnis und bringt einem erst so recht den Kontrast mit unserer jetzigen Existenz zum Bewußtsein. Denn an einiges hatte man sich doch schon gewöhnt, als wäre es immer so gewesen. Aus den Beobachtungen der Kinder kann man auch entnehmen, daß sie doch keine Ahnung von den früher bei uns normalen Zuständen haben. Es mutet sie hier als etwas ganz Besonderes an, was früher auch bei uns selbstverständlich war. – Der Strand ist hier ganz wundervoll. Nach beiden Seiten hin unendlich weit, keine Vergnügungslokale, Parks oder dergl., wie z. B. in Scheveningen. Wir haben uns heute ein Zelt gemietet, das wir an einer einsamen Stelle aufgestellt haben, morgen wollen wir Schaufeln etc. kaufen, Strandschuhe und sonst einige Kleinigkeiten und uns häuslich einrichten. Heute Abend bezieht sich zwar der Himmel, aber ich habe das Gefühl als bleibe es schön. Für die Kinder ist es ideal, denn die gute Verpflegung ist auch zu berücksichtigen. Die Dünen sind verhältnismäßig hoch, so daß bei schlechtem Wind dort geschützte Spaziergänge zu machen sind. Das Hotel liegt auch etwas hoch, so daß man einen weiten, freien Blick über das Meer hat und doch nicht zu nah dran ist. – Ob Du meinen gestrigen Brief erhalten hast? Könntest Du doch hier sein! Dich an den Kindern freuen! Ich bin eigentlich nur körperlich hier, meine Gedanken fliegen immer zu Dir und möchten Dir etwas von dem allen bringen, was ich hier erlebe und empfinde, um es mit Dir zu teilen. So schwer mir der Entschluss geworden ist Dich zu verlassen, so glaube ich doch, daß die wenigen Tage mir gut tun werden. Schon die Sonne und Luft ist eine Wohltat, dabei wirkt die ganze Abwechslung körperlich und geistig erfrischend. Nur die innere Ruhe fehlt. – Gute Nacht, Du mein lieber Mann. Die Kinder senden Dir viele Grüße, und ich noch viel mehr. Dein Frauchen.*[25] Gutes und ausreichendes Essen, Entspannung und Erholung, das haben Bertha und ihre Familie in den fünf Jahren, die seit Kriegsausbruch vergangen sind, genauso wenig gehabt wie die überwiegende Mehrheit der Deutschen. Das Gefühl der Ohnmacht gegenüber einem unsicheren und ungerechten Schicksal teilen sie mit vielen. Sie alle wünschen sich wieder ein normales Leben in gesicherten wirtschaftlichen Umständen, ohne öffentliche Demütigungen und Bedrohungen, vor allem aber ein Leben in Frieden.

Dienstag Abend, den 26. 6. 1923. (...) Morgen, Mittwoch, wollen wir nochmals zusammen in aller Ruhe das Strandleben genießen. (...) Ich genieße das Zusammensein mit den Kindern sehr, so ganz ohne störende Zwischenpersonen. Könnte man das nur öfters haben![26] Lebenslang wird es so sein, dass Bertha und ihre Kinder ein familiäres Miteinander ohne Gouvernanten, Hauslehrer und persönliche Bedienstete nur außerhalb Essens erleben. Nur Sayneck, Blühnbach und die ausgedehnten jährlichen Urlaubsreisen bieten die ersehnte Ungezwungenheit.

Mittwoch. (...) Eben wurde ich durch einen Besuch von Heimann [unbekannt] *unterbrochen, der auch mit Familie für länger hier wohnt. Er brachte eine Aufforderung bzw. Einladung von Seiner Majestät, ihn mal zu besuchen. Das Nähere können wir ja besprechen. In diesem Augenblick kommt auch das Telegramm von H. mit der Nachricht, daß meine Briefe und Telegramme richtig eingetroffen sind. – Wie froh und beruhigt bin ich. Nun werde ich ja bald wieder selbst bei Dir sein! – Erst dann werde ich auch innerlich ganz glücklich sein. Ich sehne mich so nach Dir. Dein Frauchen.*[27] Der private Besuch beim Kaiser findet in diesem Jahr nicht statt. Erst Jahre später, am 7. April 1931, fahren Bertha und Gustav mit den fünf älteren Kindern zu dem alten Kaiser nach Doorn.

Die schönen Sommertage an der See gehen zu Ende, der Alltag auf dem Hügel beginnt für Bertha wieder mit allen seinen häuslichen Pflichten. Dazu kommen ihre Bemühungen, die vielfältigen

Aktivitäten zu unterstützen, die zu Taffys und seiner Direktoren Freilassung unternommen werden. *Sonntag Abend. Lieber Taffy. Sprach eben Förster. Danach scheint die Besprechung kein großes Entgegenkommen gefunden zu haben, die Herren haben vielmehr den Eindruck direkter ablehnender Haltung (was ich ja nicht anders erwartete). Sie gehen aber Donnerstag wieder zu D., um die Liste der Gefangenen vorzulegen, die unbedingt notwendig sind zur Wiederaufnahme der Arbeit. Förster ist krank, kann morgen nicht kommen, hofft aber mich Mittwoch begleiten zu können. Viehlhaber konnte ich noch nicht sprechen, er war heute Abend in Bochum. Gruß und Kuß, hoffe so um 4 Uhr dort zu sein.*[28] *Donnerstag 12 Uhr. Mein Taffy, eben war Tata hier und wollte mich anregen, ob es nicht gut sei, wenn Du um eine direkte Unterredung mit Deur. bätest, um Deine Bereitwilligkeit für die Arbeitsaufnahme klar zu legen und um dadurch eine baldige Beurlaubung zu erreichen. Ich dankte ihm sehr für sein Interesse, das er stets gezeigt und jetzt wieder zeigte und sagte ihm, ich würde es mit Dir besprechen. – Er war wohl darauf gekommen, weil er hörte, was ich von Deurique sagte, als ich in Düsseldorf war. Nach Försters Besprechung mit Dir wird sich wohl ergeben, was nun zu geschehen hat. Mir scheinen die Aussichten darüber noch sehr verwirrt. Und durch Haniels Besuch wirst Du Dir wohl auch ein klareres Bild des bereits Geschehenen machen können als was ich Dir berichtete und was ja ziemlich einseitig gefärbt war. – Das Resultat der Besprechung gestern mit den drei Herren war folgendes: Förster telefonierte mich an und sagte, daß die Herren zu dem Ergebnis gekommen seien, daß etwas zu geschehen hätte und zwar wäre zunächst wohl das Wichtigste, daß ich zu Deur. ginge und ihm sagte, Förster sei wieder gesund!!!!!!!!!!!! Was sagst Du dazu? Mir fehlten die Worte!!!!!! Heute telefonierte mir Vielhaber auch in dem Sinn. Diesem sagte ich, daß das gar nicht in Frage käme, denn die kleine diesbezügliche Bemerkung an Deur. wäre nur so nebenbei gewesen. – Na, ich war gespannt, ob Förster Dir dies auch sagen wird?! Ich habe darauf gedrängt, daß Förster heute zu Dir kommt, denn ich finde es ist an der Zeit, daß die Herren sich ein Bild davon machen, was zu geschehen hat. Mir scheint, sie lassen es laufen bis von selbst etwas kommt, was, weiß ich nicht! Man muß sich nun doch wohl selbst helfen, da Berlin einen im Stich gelassen hat (gelinde ausgedrückt). Aber Schluß hier-*

von. Mir geht es sehr gut. Beabsichtige also morgen so um 11.30 bei Dir zu sein. – Einen innigen Kuß! – Hoffentlich versäume ich nichts Wichtiges für Euch durch mein Faulsein. – Dein Frauchen.[29] Bertha ist ungeduldig und nicht zufrieden mit den Bemühungen, die die Regierung in Sachen Krupp macht.

Die Monate vergehen, der Chef und die wichtigsten Direktoren von Krupp sind eingesperrt und dadurch unfähig, die dringenden Aufgaben in der Gussstahlfabrik zu erledigen, die in dieser Krisenzeit anfallen und für das Überleben der Firma lebenswichtig sind.

Über Taffys seelische Verfassung berichtet ein junger Verwandter in seinen Erinnerungen. Am 5. Oktober 1923 erhält er einen Brief von Taffy, in dem es heißt: *Auch ich bin überzeugt, daß keine Pflichterfüllung*

Bertha und Taffy, 1924

umsonst geschieht, mag ihr Erfolg auch erst in späteren Jahren oder Generationen sich zeigen. Diese Gewißheit muß einem über vieles hinweghelfen. Dann berichtet er, daß seine Frau ein unruhiges Leben führe, zu Hause und auf der Fabrik viel zu tun habe und, so oft sie könne, zu ihm herüberkäme, was für sie aber immer wieder ermüdende Fahrten bedeute.«[30] Wenn Bertha Abends, nachdem die kleinen Kinder im Bett sind und sie sich von den fast erwachsenen Älteren zur Nacht verabschiedet hat, an dem kleinen Schreibtisch in ihrem Ankleidezimmer sitzt, um ihrem Mann von den Tagesereignissen zu berichten, fallen ihr die Augen zu. Dann fällt der Gruß an Taffy kurz aus, sie geht zu Bett und schläft tief und traumlos, bis wieder ein Tag anbricht mit seinen Pflichten in der Fabrik und auf dem Hügel. Ein verlorener Krieg, ein Krupp zu jahrelanger Haft verurteilt, die Firma am Boden und die Zukunft unsicher und düster – hätte jemand Bertha Krupp gesagt, dass sich dieses Szenario nur 22 Jahre später genauso wiederholen würde, sie hätte das nicht geglaubt. Und doch wird dies geschehen. Nur dass sie dieses Mal nicht ihren Mann im Gefängnis besuchen wird, sondern ihren ältesten Sohn.

Alltag in Essen – Festtag in Blühnbach (1924–1925)

Im November 1923 endet für Gustav Krupp von Bohlen und Halbach der Gefängnisaufenthalt. Sein Leben normalisiert sich, auch die Gussstahlfabrik überwindet in den folgenden Jahren ihr Tief. Die finanzielle Lage der Firma und Familie verbessert sich, so dass die Arbeiten in Blühnbach nun in Angriff genommen werden können. Noch ist es Taffy, der die meiste Zeit – vor allem in der Jagdsaison – dort verbringt, aber auch Bertha und die Kinder sind während der Sommer- und Winterferien in Blühnbach. Vorläufig wohnen sie noch im Posthaus, aber peu à peu wird auch das Jagdschloss instand gesetzt sowie die Almhütten, die zu dem Besitz gehören. 15 km lang ist der Weg, der sich von Tenneck aus durch das Blühnbachtal bis zum Schloss hinauf schlängelt. Er führt durch alte Wälder und an Almwiesen vorbei, auf denen Kühe und Haflingerpferde, die hier gezüchtet werden, grasen. Forellen schwimmen im glasklaren Wasser des Blühnbachs, der sich in der Talsohle über Felsen und durch Baumwurzeln hinweg seinen Weg sucht. In den steilen Felswänden der hohen Berge, die das Tal einrahmen, leben Gemsen und Murmeltiere, Adler und Auerhähne.

Am Ende des Tales öffnet sich eine große Lichtung. Dort steht das Jagdschloss mit seiner großen begrünten Terrasse auf der talwärts gelegenen Seite und dem Felsenbrünnlein auf der Bergseite gegenüber dem Haupteingang mit der Freitreppe. Bergan schließt sich das Hurra-Hütterl an, ein Kinderhaus, das schon Erzherzog Franz Ferdinand für seine Kinder bauen ließ. Sein kleiner Garten grenzt an das Posthaus, in dem die Familie während der Umbauzeit wohnt. Wenige Schritte entfernt steht eine kleine Kapelle, die Franz

Ferdinand vergrößert und mit einem schönen böhmischen Altar aus dem 15. Jahrhundert ausgestattet hat.
        Das Schloss selbst hat etwa 40 Räume, die sich im Erdgeschoss,

Das Posthaus in Blühnbach, Winter 1927

im ersten, zweiten und dritten Stock an einem breiten Flur aneinanderreihen. An den Wänden stehen alte Schränke, Truhen, Regale, Tische und Stühle. Darüber hängen die Jagdtrophäen von Generationen. Erdgeschoss, erster und zweiter Stock werden durch eine breite Wendeltreppe verbunden, an deren Ausgang sich jeweils eine große Halle anschließt. In jedem Zimmer steht ein schöner Kachelofen, der Wärme spendet. Auch die Möbel in den Schlafzimmern und Salons sind kostbare Antiquitäten. Sie stammen aus großbäuerlichem Besitz, teilweise sind sie bemalt oder kunstvoll geschnitzt, alle sind wuchtig und schwer. Diesen Luxus verdankt Blühnbach der Kunstliebe und Sammlerwut von Erzherzog Franz Ferdinand.
        Bertha und Taffy haben Franz Ferdinands Schulden beim Kaiserlichen Familienfonds getilgt und bewahren dem Thronfolger ein ehrendes Angedenken. Äußeres Zeichen dafür ist die Renovierung

des Jagdzimmers. Dort haben sich die Mitglieder der adeligen Jagdgesellschaft, von der Franz Ferdinand das Schloss übernommen hat,
ein Denkmal gesetzt, indem sie ihre Porträts in die Wandtäfelung

Besuch auf dem zu Blühnbach gehörenden Torrener Joch mit Arthur Krupp,
1924

einsetzen ließen. Im Juni 1929 versendet Taffy an enge Jagdfreunde
ein in Leder gebundenes Buch mit Detailfotos aus dem Jagdzimmer.
Im handgeschriebenen Begleitbrief heißt es: *Meine Frau und ich
haben es uns zur Pflicht gemacht, im schönen Blühnbach auch die Erinnerung an die Vergangenheit dauernd wach zu halten. Wir haben
dementsprechend in Erinnerung an das Thronfolgerpaar die Kapelle
voll und ganz in dem Zustand erhalten, in dem sie der hochselige Erzherzog Franz Ferdinand hinterlassen hat, und zur Erinnerung an ihn
und an seine Gemahlin ein einfaches Steinrelief mit den Porträts des
Thronfolgers und der Herzogin von Hohenberg am Eingang anbringen
lassen. – Auch an die Zeit der »Adeligen Jagdgesellschaft« soll ein Raum
im Jagdschloß erinnern. Es ist daher das Rauchzimmer im Erdgeschoß
so eingerichtet worden – unter nur unwesentlichen notwendigen Er-
gänzungen – wie das Wohnzimmer der adeligen Gesellschaft ausgestat-*

tet gewesen war. Dementsprechend *sind auch die Möbel wie die Jagd-*
trophäen aus der damaligen Zeit und vor allem die in den Rahmen
befindlichen Photographien der Mitglieder und einige damalige Gäste

Eckbert 1928   Schlossterrasse in Blühnbach, Bertha
                                und Waldtraut, 1927

im Raum erhalten.[31] Trotz der klingenden Namen der fotografierten
Waidmänner verliert das Jagdzimmer nichts von dem gemütlichen
Flair des ehemaligen Rauchzimmers und wird zum Lieblingszimmer
der Familie. Hier wird morgens gefrühstückt und abends gespielt,
und an kühlen Regentagen sorgt der grüne Kachelofen für mollige
Wärme. Taffy und Bertha erhöhen den Wohnkomfort des Hauses
auch durch den Einbau von Wasserleitungen in die einfachen Bäder,
in die sich jeweils zwei bis vier Schlafzimmer teilen. Zusätzlich steht
morgens eine Kanne heißen Wassers vor der Tür der Schlafzimmer,
die sich der Gast hereinholt, um sie dann zwecks Morgentoilette in
die geblümte Schüssel auf schmiedeeisernem Ständer zu leeren.

Vor allem aber kümmern sich Bertha und Taffy um die Wirt-
schaftlichkeit des Besitzes. Der Wald ist profitabel, und wird noch
profitabler durch den Bau eines Sägewerkes unten am Talausgang.

Die Maxime lautet: Das Leben in Blühnbach darf nicht mehr kosten, als Forst und Sägewerk einbringen. Statt raffinierter Küche gibt es in Blühnbach deshalb Tafelspitz, Wildbraten, Topfenpalatschinken,

Stube im Posthaus, 1927

Salzburger Nockerln und Kaiserschmarren. Preiswerte österreichische Küche, Gerichte, die nicht viel kosten. Auf Protokoll und Abendrobe wird verzichtet. Die Familie, die Gäste und das Personal kleiden sich in die ortsüblichen Pongauer Dirndl und Jagdanzüge. Hauslehrer und Gouvernanten bleiben meistens in Essen, in Blühnbach sind Eltern und Kinder fast immer unter sich. Nur in ganz seltenen Fällen werden Geschäftsfreunde zur Jagd eingeladen. Die Kinder erleben hier ihre Eltern ganz anders als in Essen. Vor allem Taffy verändert sich. Aus dem pedantischen preußischen Beamten, der sein Familienleben völlig seiner Pflicht unterordnet, wird ein lockerer, warmherziger und humorvoller Vater und Kamerad. *In Blühnbach* erinnert sich Alfrieds Gouvernante Fräulein von Trotha, *habe ich verstanden, warum Frau von Bohlen ihren Mann so liebte.*[32] Taffy geht mit den drei großen Kindern – Alfried, Claus

und Irmgard – auf die Jagd. Sie wandern auf die umliegenden Berg-
hütten, und im Winter schnallen sie sich die Skier unter und laufen
durch das weite Tal. Die mittleren Söhne Berthold und Harald fah-

Terrasse des Hurra-Hütterls, im Hintergrund Schloss Blühnbach, 1927

ren Rhönrad und Fahrrad und fallen bei Resi in der großen Küche
ein, um Teigreste auszulöffeln und ofenwarme Vanillekipferln zu
stibitzen. Die beiden Kleinen, Waldtraut und Eckbert, spielen mit
den Hunden und Pferden, helfen im Rupertihof bei der Ernte und
freuen sich an den Wiesenblumen. Im Winter bieten die weiten Flure
innerhalb des Hauses Platz zum Spielen, eine große Bibliothek lädt
zum Lesen ein und in der näheren Umgebung gibt es viele Ausflugs-
möglichkeiten. Die soeben gegründeten Salzburger Festspiele, die
Bertha von Anfang an begeistern, werden regelmäßig besucht.

Doch die Aufenthalte in Blühnbach sind immer zu kurz. Dann
geht es wieder zurück nach Essen in den Alltag, den Berthas Briefe
widerspiegeln. *Mein Taffylein, gestern schrieb ich Dir den ersten Brief
nach Blühnbach und heute sende ich Dir auch einen Gruß – und will
das alle folgenden Tage tun – der Dich in München erreichen soll,*

schreibt Bertha am 12. Mai 1924 von Essen aus, *Dein heutiges Telegramm sprach von gutem Wetter, was mich so freut. Hier wechseln Regenschauer mit Sonnenschein ab, dabei ist es recht warm. Gestern Nachmittag habe ich zum ersten Mal wieder mit Claus Tennis gespielt. Er macht es schon recht nett und es war eine gute Bewegung für mich. Heute früh bin ich geritten, fühle mich aber recht steif und unbeholfen im Sattel. Wenn ich überhaupt noch den Ehrgeiz aufbringe, wieder zu reiten, so muß ich mit Ausdauer drangehen. Vorläufig ist es wirklich kein reines Vergnügen, aber mit der Übung wird's wohl wieder kommen. Irm war sehr munter, ich war vormittags bei ihr. Das Pflaster ist nun ganz abgenommen und ich habe mir den Riesenschnitt angesehen. Heute Nachmittag geht Claus zu ihr und ich will mit Alfried Tennis*

Blühnbach Schlossküche, 1927

spielen, vielleicht kommt auch Maria Bottlenberg dazu herauf. Sie war gestern Nachmittag bei mir, um sich nach Irm zu erkundigen. – Aus der Firma lag gar nichts vor. Heute traf ein Brief von Pahl ein, den du wohl bald liest. Er liegt in München im Krankenhaus Rechts der Isar und sein Zustand scheint recht ernst. Vielleicht schickst Du Fricke mal vorbei um sich nach seinem Befinden zu erkundigen oder Du telefonierst an die Frau. Ich schrieb ihr nicht gleich, da ich nicht weiß, ob sie von seinem Brief bzw. dessen besorgniserregenden Inhalt wußte. – Abends: Heute Nachmittag habe ich wieder Tennis gespielt mit Alfried, Tante Irene und Franz Bottenberg. Die Bewegung tut mir so gut. Ich bemerke es daran, daß der Stoffwechsel viel besser ist. Soeben finde ich Deine lieben Zeilen hier vor, die mit der Abendpost kamen. Deine Bestellungen werde ich morgen erledigen. Wegen meines törichten Benehmens mußt Du Dir keine Gedanken machen. Jede Trennung wird

mir schwer, nur zeige ich es nicht so dumm. Und dann ist es mir in
diesem Fall doch eine Freude, dass Du einige Tage ausspannen und im
schönen Blühnbach sein kannst. (…)[33]

V. l. n. r. Harald, Eckbert, Waldtraut in Blühnbach 1927

Mitte des Jahres 1924 sind die Franzosen noch immer auf dem
Hügel einquartiert. Noch immer herrscht die große Inflation. Und
bei den Neuwahlen im Mai 1924 siegt eine Regierung, die noch
schwächer ist als die vorherige.

Am 15. März 1924 feiert Großmutter Margarethe Krupp ihren
70. Geburtstag im engsten Familienkreis. Nur sie und ihre Töchter
sowie deren Familien finden sich im Gartensaal des Großen Hauses
zusammen. Die Enkel tanzen ein Menuett, das obligate Familienfoto
wird gemacht, Reden werden gehalten und das Direktorium gratuliert in altgewohnter Herzlichkeit und Achtung. Der alten Dame
ist nicht so recht zum Feiern zumute. Vor wenigen Monaten starb
ihr Bruder Hilmar an den *schweren Leiden, die er sich im Feld zu-*
gezogen hatte, (…) und zu dieser Trauer und zu allem Ungemach der
feindlichen Besetzung kam auch noch Taffys Gefangenschaft. Die klei-

nen Anzeichen, die seit Kurzem die Hoffnung auf einen – wenn auch langsamen – Aufstieg unseres Vaterlandes erwecken, wirken gerade nach den letzten beiden traurigen Jahren doch belebend auf meine vaterländische tiefe Gebeugtheit und im glücklichen Besitz meiner beiden geliebten Kinderpaare und zahlreicher Enkel erfüllt mich innige Dankbarkeit.[34] Die Rückbesinnung auf das private Glück, wenn öffentliches Handeln nicht möglich ist – diese Haltung Margarethes ist typisch für viele Deutsche in der Krisenzeit.

In den ersten Novembertagen 1924 wird der 23-jährige Hans Freiherr v. Wangenheim, dessen Mutter eine alte Freundin von Gustav ist, auf den Hügel eingeladen. Er hat, wie so viele andere auch, seine Stellung verloren und ist auf der Suche nach Arbeit. Eine Beschäftigung kann Taffy ihm nicht vermitteln, wohl aber eine angenehme Art, die Wartezeit auf den nächsten Job zu überbrücken. Bertha und Taffy sind nach dem Abzug der Franzosen wieder in das Große Haus gezogen, so dass sie großzügig Gäste einladen können. Gustav Krupp von Bohlen *hat mir auch gesagt, ich möge doch möglichst auf einige Zeit auf den Hügel kommen, wo er »immerhin unsere Kinder findet, wenn meine Frau und ich auch in nächster Zeit oft in Berlin sein müssen«. Am 2. Dezember passierte ich auf dem Hügel ein und wurde noch am gleichen Abend in die Oper vom Armen Heinrich mitgenommen. Dann ging ich in dem sogenannten »Hofstaat«, dem »streng disziplinierten Familienleben« auf. Ich sah indessen sehr wohl ein, daß man hier bei Mahlzeiten pünktlich zu sein habe, mehr an Zwang empfand ich trotz meiner 23 Jahre nicht. Gewiß: Frühstück um 7.30 Uhr, die Eltern, die Kinder und die Erzieherin am Tisch, es gibt Obst als erstes, für den Tee nimmt Frau von Bohlen aus zwei silbernen Büchsen Blätter verschiedener Sorten und gießt auf. Montags liegt der Menüplan für die Woche auf ihrem Platz. Sie ergreift einen Zimmermannsbleistift, korrigiert darin, meist streicht sie etwas. Um 8 Uhr fährt Herr von Bohlen zur Fabrik. Nun lese ich die Zeitung in der Bibliothek, manchmal mit einem Auftrag von Frau von Bohlen, zum Beispiel herauszusuchen, was es Gutes in Berliner Theatern gibt. Sie selbst, das wußte ich, hatte den ganzen Vormittag mit sozialen Angelegenheiten zu tun, teils im Hause, teils unterwegs. (…) Fast immer geht nach Tisch die ganze Familie in den Garten. Die Kleinen hängen sich abwechselnd bei dem Vater ein, der besonders an Harald seine Freude hatte, die beiden größeren Söhne gehen mit der Mutter und ich dazwischen mit dem, was an Kindern übrigbleibt. Der Parkspaziergang dauert eine Viertelstunde oder auch mehr. Um 3 Uhr kommt bereits der Sekretär. Bohlen verschwindet in sein Arbeitszimmer. Um 5 Uhr wird der Teewagen dorthin gefahren. Jetzt ist das Ehepaar allein oder auch mit Alfried, dem Erben. Um 7 Uhr spätestens tritt der Vater ins Kinderzimmer zu den Kleinen, er spielt mit ihnen. Ich war fast immer dabei, spielte mit und nur einmal am Nikolaustage wurde ich von der Mutter hinausgetan. Am nächsten Vormittag fand ich allerdings einen Zigarettenkasten aus Nirosta in meinem Zimmer »Gruß vom Nikolaus«. 7.30 Uhr das Abendessen, des öfteren mit Gästen.*

Waldtraut und ihre Hunde auf dem Hügel, 1926

Einmal waren es Pensionäre, ein anderes mal, da war das Tischgespräch lebhafter, die halbe Direktion. (…) Einmal kam die von allen Kindern über alles geliebte Großmutter Krupp. Die Geburtstagsschokolade für Berthold, am 12. Dezember, bei ihr war ein Jubelfest.[35] Hans von Wangenheim berichtet weiter: *Den ganzen Nachmittag verbrachte ich mit den Kindern. Ich sah beim Reiten der Kleinen zu und höre noch den damals zwei Jahre drei Monate alten Eckbert nach seinem Pony rufen: »Über die Tange, über die Tange«. Er meinte damit niedergelegte Cavaletti. Wir spielten im Freien, und ich brachte Irmgard und ihren beiden jüngeren Brüdern Bayonettfechten mit Stangen bei, nicht gerade zur Freude der trefflichen Gouvernante. Viel haben wir gebaut, Alfried, Claus und ich. Wir hatten uns ein Riesenprojekt vorgenommen, ein Stahlgerüst, in dem die Eisenbahn im Ovalen hochfahren konnte. Es bedeckte den ganzen Tisch und war nach vielen Stunden betriebs-*

fertig. An den Abenden unterhielt ich mich mit dem Hauslehrer und mit einem Malersmann, meist aber mit Alfried.(...) Er war für seine Jahre sehr ernst. Er trug schon damals an der Verantwortung, die auf ihn zukam. (...)

Was er in diesen Tagen und Wochen erlebt, gibt dem jungen Mann zu denken. *Anfangs hatte ich mir ausgemalt, was für ein Leben doch eigentlich das Große Haus bergen könnte, eine Zuflucht für Kunst und Wissenschaft, eine Geselligkeit im Stil der Herzoghöfe des 18. Jahrhunderts, Schauplatz großen Mäzenatentums. Aber dann wurde ich inne, wie wenig das alles in das Jahr 1924 paßte, wieviel mehr die Aufgabe des Tages bedeutete, die doch beide, Gustav wie Bertha von Bohlen gefesselt hielt. Und ich sehe mich noch in tiefen Gedanken in der großen Halle stehen, als mir aufdämmerte, wie*

Kinderbild mit Motorrad vor dem Reitstall auf dem Hügel, 1925

sehr Reichtum verpflichtet, daß er viel weniger Glück als Aufgabe bedeutet und daß auch der reichste Mann die Freiheit nur aus seinem Gewissen kennt.[36]

Genau ein Jahr später, im November 1925, erleiden Bertha und Taffy einen schlimmen Autounfall, bei dem ihr Fahrer ums Leben kommt und dessen gesundheitliche Folgen sie ein Leben lang spüren sollen. In seiner polizeilichen Aussage schildert Gustav die Geschehnisse. *Am 15. November fuhr ich 2 Uhr nachmittags vom Hügel ab, um nach Clausheide bei Nordhorn zu fahren. Ich steuerte meinen offenen 25 PS Mercedes-Wagen. (...) Links neben mir saß unser langjähriger Kraftwagenführer Leo Anders, im Rücksitze des Wagens, rechts, meine Frau. (...) Auf der Strecke fuhr ich schätzungsweise in einer Geschwindigkeit von 60 Stundenkilometern, als plötzlich der Wagen, ohne daß ich eine Ursache hätte feststellen können, stark ins Schleudern geriet*

*und nach rechts abdrängte. Als ich den Fuß vom Gashebel abnahm,
um die Gaszufuhr zu stoppen, rief mir der Kraftwagenführer Anders
zu »Nur nicht bremsen!«, was ich auch nicht tat. Es gelang mir mit*

Taffy und Berthas Autounfall November 1925

*aller Kraft, den Wagen noch nach links zu steuern, dann aber wurde
er nach rechts abgedrängt. Ich sah, wie er auf einen Baum zu lief, den
er abknickte, dann hatte ich das Gefühl, daß der Wagen nach rechts
umkippte und duckte mich instinktiv. Der Wagen kippte nach rechts
seitlich ganz über, sodaß die vier Räder in die Luft standen. Ich selbst
war vollkommen eingeschlossen und im Dunklen. Im ersten Augenblick fühlte ich ein heftiges Treten des Kraftwagenführers, dessen Ab-
sätze gegen meinen Kopf stießen, dann hörte das auf. Die elektrische
Hupe gab dauernd Signal, sodaß ich hoffte, dem Kraftwagenführer sei
nichts geschehen, und er suche durch die Abgabe von Signalen Hilfe
herbei zu rufen. Als die Signale einmal kurz aufhörten, hörte ich meine
Frau nach mir rufen und suchte Antwort zu geben, was mir aber nicht
gelang, da ich mit dem Gesicht auf den Boden gedrückt war. Ich hörte
dann Leute herankommen, die meine Frau bat, den Wagen zu lüften,*

damit das Gewicht von ihr genommen würde. Das geschah dann auch,
und als der Wagen kurz darauf auch seitlich aufgestellt werden konnte,
wurde auch ich von meiner Lage befreit. – Der Kraftwagenführer Leo

Autounfall mit Todesfolge, November 1925

Anders lag, als ich ihn zuerst sah, mit dem Hinterkopf auf dem abge-
rissenen Baum, den Kopf scharf auf die Brust gesenkt. An der Stelle,
wo der Hinterkopf an den Baum geschlagen war, war eine kleine Blut-
lache. Er gab kein Lebenszeichen von sich. – Meine Frau hatten die zur
Hilfe herbeigeeilten Leute unter dem Wagen seitlich herausgezogen.[37]
Es stellt sich heraus, dass der rechte Vorderreifen geplatzt war,
und das an einer Stelle, wo Erde und Schnee die Straße ohnehin unsicher machten. Bertha und Taffy sind verletzt. Er hat eine
Knieverletzung durch Glassplitter und eine Nierenquetschung, sie
mehrere Rippenbrüche und einen gebrochenen rechten Arm. Der
Chauffeur Leo Anders ist tot. Im Krankenhaus wird eine Messe für
ihn gelesen und später kümmern sich Bertha und Taffy um die Hin-
terbliebenen. Wenige Tage nach dem Unfall bedankt sich Taffy bei
dem Krankenhauspfarrer, der erste Hilfe leistete: *Vor allem möchte*

ich nun Ihnen und den Schwestern des Krankenhauses meiner Frau wie meinen herzlichsten Dank zum Ausdruck bringen für die liebevolle und sorgsame Pflege, die wir im Krankenhause gefunden haben und die soviel dazu beigetragen hat, uns über die ersten Schrecken des furchtbaren Unfalls, der uns das Leben unseres treuen langjährigen Chauffeurs gekostet hat, hinwegzuhelfen.[38] Herzlicher gedenkt Taffy seines Fahrers in einem Brief an Alfried: *Dieser schreckliche Verlust von Anders geht uns allen sehr zu Herzen! Gerade er hatte sich wirklich in den letzten Jahren während all der Schwierigkeiten als treuer Freund bewiesen!*[39] Bertha wird nach dem Unfall wieder gesund, aber der 55-jährige Taffy wird bis an sein Lebensende an den Folgen der Nierenquetschung leiden.

Berthas Tagebuch: Reise nach Ägypten (1926)[40]

Bertha und Taffy erholen sich nur langsam von den Verletzungen, die sie bei dem Autounfall erlitten haben. Die Ärzte empfehlen eine Erholungsreise in ein Land mit warmem Klima. Sie ziehen Margarethe zu Rate, die 1889 mit ihrem Mann nach Ägypten gereist war. Nun sitzen sie gemeinsam in Margarethes Arbeitszimmer im Kleinen Haus und lassen die Mutter erzählen. Sie breitet auf dem Tisch die Kohlezeichnungen und Aquarelle aus, die sie auf der Reise gemalt hat. Das Album mit der Reisebeschreibung wird genau studiert, und schließlich beschließen Bertha und Taffy, die gleiche Reiseroute zu nehmen wie Berthas Eltern. Allerdings, die Reisegesellschaft der Tochter wird viel kleiner sein als die des Vaters. Nur der 21-jährige Alfried, seine gleichaltrige Cousine Ursula von Wilmowsky und Freundin Ilse Stick werden Bertha und Taffy begleiten.

Am 10. März beginnt Bertha das Tagebuch ihrer Reise mit den Worten: *Bei Schneegestöber, Hagel und Sturm Abreise vom Hügel.* Mit dem Zug geht es über München nach Triest. *Wir gingen sofort an Bord der »Helouan« und, da es noch recht lange dauerte, bis unser Gepäck kam, so wurde es Mitternacht, bis wir zu Bett kamen.* Nach drei Tagen auf dem Schiff erreicht die Reisegesellschaft Alexandria. *Gegen 3 Uhr taucht Alexandria am Horizont auf wie ein weißer Strich zwischen dem Himmel und dem merkwürdig türkisblauen Meer. Wir liegen am Quai an und amüsieren uns über die Boote, die um uns herumwimmeln und deren schwarze und braune Insassen wild durcheinander schreien, um sich den Reisenden als Gepäckträger zu empfehlen. Herr von Saucken vom Konsulat empfängt uns, und mit Hilfe von Cook gelangen wir mit unserem Gepäck ohne Schwierigkeiten in den Zug, der schon bereit steht, aber erst um 7 Uhr abfährt. (…) Bei der Ankunft in Kairo werden wir wiederum von Cook, sowie Vertretern der Firma Friedrich Krupp, zwei Brüdern Mosseri, empfangen und fuhren zu unserem Nilschiff»Fostat«. (…) Es reicht gerade für unsere Gesellschaft. Jeder hat eine bequem eingerichtete Kabine, alles ist weiß gestrichen und freundlich. Ein geräumiges Eßzimmer liegt mitten im Schiff, vorne ist ein großes, durch Glasscheiben gegen Wind geschütztes Wohnzimmer mit Diwan, Korbmöbeln, Rauchtischen, Schreibtisch, Blumentöpfen. Hinten am Schiff ist ein ganz luftiger Sitzraum, den man auch als Eßzimmer benutzen kann. Es wimmelt von arabischen Bediensteten, die uns beim Betreten des Schiffes gleich mit einem Wedel empfingen, um die Schuhe abzuwedeln. Wie wir hören, sollen nur 24 Leute an Bord sein, für uns 6 Passagiere! Dazu kommt als 25. Mitreisender noch unser Dragoman Bukry Ahmed, ein schöner, großer und schlanker Ägypter mit schokoladenfarbener Haut und vornehmen, ruhigen Bewegungen, sowie treuherzigen, braunen Augen, die aber auch sehr schlau blicken können.*

Zwei Tage werden der Besichtigung von Kairo gewidmet, dann beginnt die Schifffahrt auf dem Nil. 16. März: *Unser Schiffchen fährt schnell, wenn auch etwas geräuschvoll, und nach zwei Stunden landen wir am westlichen Ufer bei Sakkara. Wir fahren in zweisitzigen, kleinen Einspännern zum Gräberfeld. Erst kamen wir durch bebautes, grünes Land. Klee und Getreide stand überall, auch große Gurkenanpflanzungen waren zu sehen. Der Weg führt meist auf Dämmen an Nilkanälen entlang, die zur Zeit wenig Wasser führen. Auch das bebaute Land liegt vielfach tiefer als die Straße. Denn man muß bedenken, daß zur Zeit der Überschwemmung (August–September) das ganze Land unter Wasser steht und eine Verbindung der Ortschaften nur über diese Dämme möglich ist. Der Unterschied zwischen dem niedrigsten und dem höchsten Wasserstand beträgt etwa 6–7 Meter. Wir nähern uns einem Palmenhain mit großen Exemplaren von Dattelpalmen, der auf ödem, sandigem und welligem Boden steht. Dies ist der Platz, wo das alte Memphis stand, die Hauptstadt von Unterägypten, die von uralten Zeiten bis zu Alexander d. Gr. eine blühende Stadt war. Nun ist sie ganz verschwunden. (…) Unser arabischer Kutscher, der übrigens zeitweise neben dem trabenden Pferd einherlief, sich nachher aber seitlich auf dem Wagen auf meine Füße setzte, war gut auf Touristen eingestellt. Er sprach deutsch und erkannte uns auch gleich als deutschsprachige Reisende, denn er erklärte uns als erstes, sein Pferd hieße »Bismarck«. Dann murmelte er ab und zu: »Hindenburg hoch! Großer Mann.« Zuweilen irrte er sich aber und rief seinen Gaul plötzlich »Kaiser Franz Josef« an, und zuletzt hieß er »Prinz Heinrich«. Er war sich doch wohl nicht recht im Klaren, ob wir Deutsche, Österreicher oder sonst was wären. Jedenfalls wollte er unsere Herzen gewinnen, um einen möglichst hohen Backschisch zu bekommen. Unterwegs sah man viel orientalisches Leben, Esel, beladene Kamele, hübsche Kinder und verschleierte Frauen, auch Reiter auf schönen, arabischen Pferden. Besonders niedlich waren die jungen Esel und ein junges, 14 Tage altes Kamel, das schneeweiße flaumige Wolle hatte und wie ein Stofftier aussah.*

Das Reisen auf dem Nil hat seine Tücken. *18. März: Früh um 6 Uhr Weiterfahrt. Das Wetter hat sich ganz geändert, die Sonne ging schon blaß auf, der Südwestwind nahm immer mehr zu und wurde empfindlich schwül, der gelb aussehende Nil bekam Wellen mit weißen Kämmen, auf unserem hinteren Deck flog alles weg oder um, was nicht festgemacht war, die Luft wurde immer unklarer und der Wüstensand strich über uns hinweg. Es ist ein richtiger Chamasin, ein Wüstenwind, wie er im März und April oft vorkommen soll, ähnlich einem ganz starken Föhn. Dabei fahren wir alle Augenblicke sanft auf Sandbänken fest, kamen aber bisher immer schnell wieder frei. Man merkt das Auffahren meist nur dadurch, daß die Maschine stehen bleibt. In seltenen Fällen gibt es einen merklichen Ruck. Der Strom treibt das Schiff dann ein Stück zurück, und mit neuer Kraft fährt die Maschine an, um das Weiterkommen zu versuchen. Häufig wird immer wieder und wieder ein Anlauf genommen. Augenblicklich sind wir wieder in einer solchen Lage. Während der Fahrt stehen vorne im Schiff zwei*

Mann mit Stangen, die dauernd ins Wasser stoßen, um die Tiefe fest-
zustellen. Zur Zeit hat der Nil seinen tiefsten Stand erreicht und soll
in diesem Jahr besonders wasserarm sein. So werden wir wohl viel Zeit

Margarethe Krupp, Zeichnungen von ihrer Ägyptenreise 1889

verlieren. Berthas Befürchtungen bewahrheiten sich zwar, aber trotz
der Verzögerungen gelingt es den Reisenden, alle geplanten Sehenswürdigkeiten zu besichtigen.

20. März: Gegen Mittag erreichen wir Beni Hassan. Während wir
uns dem Anlegeplatz nähern, sehen wir von allen Seiten Eingeborene
mit ihren Eseln heranstürzen, so daß schließlich etwa 20 Esel und eine
wild schreiende Menge dort versammelt sind. Alles schreit, prügelt sich
und stößt sich, weil jeder Eselsbesitzer sein Eigentum empfehlen will.
Schließlich werden wir dann auf Esel gesetzt, die unser Bakry aussucht,
und wir reiten etwa eine halbe Stunde nordwärts am Fuß des Wüsten-
gebirges entlang, auf staubigem Weg, zwischen bebauten Feldern, bis
zu den Ruinen eines alten verlassenen Dorfes mit verfallendem Wacht-
turm, das am Eingang eines Seitentales liegt. Wir steigen ab und gehen
10 Minuten auf dem kahlen Gebirge aufwärts. Wir sehen schon von

unten aus die Grabeingänge wie Türen oben in den Felsen gehauen.
Die Gräber werden ausführlich besichtigt, dann geht es wieder talwärts. *Wir fanden beim Abstieg die Esel wieder am Fuße des Gebirges*

vor und ritten nun zur Landungsstelle zurück. Wir großen Menschen auf den kleinen Eselchen sahen sehr komisch aus. Alfrieds Beine reichten fast bis zur Erde. Man denkt, die Tiere müssen zusammenbrechen, aber sie leisten enorm viel. Sie traben mit ganz kurzen, schnellen Schritten, so daß man von der Bewegung kaum etwas spürt; es kommt einem vor, als hätte man einen kleinen Motor unter sich.

Mit mancherlei zeitraubenden Unterbrechungen – ein Beiboot sinkt und muss geborgen, ein Leck gestopft werden – geht es weiter nilaufwärts. *Wir verlieren bereits den Begriff für Zeit, denn Pläne kann man keine machen, man muß wie die Mohammedaner denken: so wie es kommt, kommt es.* Bertha beschreibt und beobachtet genau: die Kunstwerke, Pyramiden, Denkmäler, aber auch die Menschen und ihre Lebensbedingungen. Nicht alles gefällt ihr. *22. März: Häßlich und abstoßend ist es zu sehen, wie pietätslos mit den Mumien umgesprungen wird. Auch in diesen Gräbern lagen einige Mumien herumgestreut, oft nur Stücke davon, und draußen im Geröll sah man allerhand Menschenknochen und Stoffetzen von Mumien liegen.* In Assiut werden Souvenirs eingekauft: *Während wir dort warteten, fanden sich allerhand Händler ein, die uns ihre Waren anboten, besonders die schönen, mit Gold- und Silberfäden durchwirkten Tüllschals, die hier gemacht werden. Es gab ein lebhaftes und amüsantes Handeln. Aber schließlich bei der Abfahrt des Schiffes erhielten wir doch, was wir wollten, und obwohl wir sehr herabgehandelt hatten und die Verkäufer außer sich schienen, so glaube ich doch, daß wir reichlich hoch gezahlt hatten und sie ein gutes Geschäft gemacht haben.*

Am 23. März werden die Sehenswürdigkeiten rund um Abydos besichtigt, danach hemmt wieder eine Sandbank die Weiterfahrt. Bertha beschreibt voller Mitgefühl die Bemühungen der Mannschaft, das Schiff wieder flott zu machen. *Die Anker wurden auf dem Boot herausgefahren und versenkt, dann zog die Mannschaft sich mit einer Winde heran, eine tüchtige Arbeit, das ganze Schiff gegen Strom und Wind mit Menschenkraft über die Sandbank zu ziehen. Es gelang auch schließlich nach eineinhalbstündiger Arbeit, und es ist bewundernswert zu sehen, mit welcher Ausdauer die Leute kurbelten und kurbelten. Dazu kommt, daß die armen Leute immer Hunger haben, denn es ist Fastenzeit und vor 6 Uhr Abends dürfen sie nichts zu sich nehmen, nicht einmal Wasser dürfen sie trinken. Wenn es 6 Uhr schlägt, stürzen sie dann alle zum Essen, lassen alle Arbeit liegen und, wenn sie sich satt gegessen haben, gehen sie wieder an die Arbeit zurück. Nachts um 2 Uhr werden sie nochmals zu einer Mahlzeit geweckt, so daß sie selbst einen ungestörten Schlaf entbehren müssen.*

Am 26. März besichtigen die Reisenden den Horus-Tempel in Edfu, auf dem Weg vom Landeplatz wieder auf Eselsrücken sitzend. *Wir bestiegen auf einer bequemen Treppe (ca 250 Stufen) den hohen Pylon, von wo wir – da es inzwischen dunkel geworden war – eine herrliche Mondscheinlandschaft genossen. Im Dunkeln ging es dann auch zurück zum Nil, wo sich ein ähnliches Schauspiel abspielte wie bei der Ankunft. Diesmal wollten mehrere Leute einen Jeden von uns vom Esel reißen, um ihn zum Boot herüberzutragen. Nur ich blieb standhaft auf meinem Esel sitzen und gelangte so trockenen Fußes zum Boot, während alle Anderen das zweifelhafte Vergnügen hatten, von*

einem wenig erfreulich aussehenden schwarzen oder braunen Einge-
borenen herübergetragen zu werden. Doch nicht nur Eselsritte sind
ein Abenteuer, auch der Ausflug auf einem Kamel von Assuan aus
in die Wüste ist berichtenswert. *27. März: Mit etwas Zagen kletterten*
wir auf die Sättel der auf der Erde liegenden Tiere und dann kam der
peinliche Augenblick des Aufstehens, wobei man recht ins Wanken
kommt. Der turmhohe Sitz, von wo aus man auf alles herabblickt, ist
nicht gerade ideal. Jedenfalls muß man sich sehr daran gewöhnen. Der
Sattel ist ein tiefer Sitz, vorne ein Pflock, um den man die Beine ver-
schränkt, sonst kein Halt. Und da schaukelt man auf diesen »Schiffen
der Wüste« dahin, machtlos, denn man hat nur einen Strick in der
Hand, mit dem man nicht weiß, was man machen soll. Denn zieht
man daran, um das Tempo des Kamels zu verlangsamen, so kommt der
Kopf immer näher und näher, aber die Beine laufen gleichwohl schnell
weiter. Sehr viel peinlicher als das Aufstehen ist das Sich-Niedertun der
Tiere. Plötzlich sitzt man auf einer schiefen Ebene, und man ist froh,
wenn der Berg hinter einem sich senkt und man wieder sicher in seiner
Sitzwanne unten angekommen ist. (…) *Als letztes an diesem voll aus-*
genutzten Tag kam dann noch eine Mondscheinfahrt im Ruderboot
auf dem Stausee um die Ruinen von Philae herum. Wir bereuten dies
etwas späte Unternehmen nicht, denn es war wirklich wunderschön,
wie bei grellem Mondlicht das Wasser, die Ufer und die Ruinen leuch-
teten. Unsere 6 Ruderer, die in ihren weißen Kitteln ganz gespenstisch
aussahen, sangen in kurzen Absätzen eintönig zum Ruderschlag. Berthas Geburtstag am 29. März feiert sie fern von Essen mit Wein und
Kuchen an Bord, so wie die Eltern auch nur von weitem an der Kon-
firmation von Claus teilnehmen können, die in die Zeit der Reise
fällt. Bertha ist trotzdem nicht beunruhigt, den Claus' Großmutter
Margarethe hält die Stellung in Essen und kümmert sich um alles.

Am nächsten Tag stehen die Gräber nahe des westlichen Theben
auf dem Programm. *Den Tee nahmen wir im schattigen Garten des*
Winter Palace Hotels ein und abends machten wir im Mondschein
einen Spaziergang durch den großen Ammontempel in Karnak. Auf
der Rückfahrt besuchen wir Schareb Todrus (ehemaliger deutscher
Konsularagent und Antiquitätenhändler) der uns seine Fremden-
bücher zeigte, in denen mein Vater allein zweimal vertreten war, aus
dem Jahre 1875 und 1889, sowie meine Mutter, Onkel Arthur und viele

bekannte und berühmte Leute. Weiter geht es nach Tell el'-Amarna.
3. April. Früh um 6 Uhr auf Eseln durch steinige und sandige Wüsten-
ebene, in glühender Sonne, zum Rande des Gebirgszuges etwa ¾ Stun-
de geritten. Dort besuchten wir einige Gräber, die uns interessierten,
weil hier von Deutschen ausgegraben wird. Es war gut zu sehen, wie
diese Gräber angelegt wurden, denn die meisten waren unvollendet
und nie benutzt. Während vorne am Eingang schon Reliefs gemeißelt
und gemalt waren, teilweise auch nur aufgezeichnet, so waren Innen
im Raum die Pfeiler, die als Säulen ausgebildet werden, nur teilweise
bearbeitet, und man konnte genau verfolgen, wie die Arbeiten fort-
geschritten d. h. nebeneinander ausgeführt wurden.

Bertha beobachtet jedoch nicht nur Ägyptens Land und Leute:
Sie sieht auch mit Freude, wie das lange Zusammensein in kleiner
Runde Taffy und Alfried einander näher bringt. Sie weiß, dass ihr
Mann – im Gegensatz zu ihr, die an Alfrieds Eignung als Erbe
keinerlei Zweifel hat – manchmal unsicher ist, ob nicht Claus
der bessere Kandidat sei. Der jüngere Bruder ist kontaktfreudiger
und Menschen gegenüber offener als Alfried, das sieht auch Bertha. Doch Alfried wird trotz seines zurückhaltenden Wesens sehr
geschätzt, und er überzeugt in der Firma durch Wissbegier und
klares Denken. Nun haben Vater und Sohn Gelegenheit, fern von
Essen in entspannter Ferienstimmung einander besser kennen und
schätzen zu lernen. Das allein, so denkt Bertha, hat die Reise schon
gelohnt.

6. April. Um 12 Uhr lagen wir vor der großen Brücke in Kairo,
mußten aber warten, da sie erst um halb vier für die Schiffe geöffnet
wurde. Wir legten an unserem ersten Landungsplatz am Ufer der Insel
Gezira an und fuhren zum Hotel Shepheard, wohin wir auch über-
siedelten. Es wurde uns ganz schwer, die »Fostat« zu verlassen, auf der
wir uns drei Wochen so heimatlich und wohl gefühlt hatten. Zwei Tage
bleiben noch für die Pyramiden in Gizeh und andere Sehenswürdigkeiten, dann geht es mit einem zweitägigen Zwischenstop in Venedig
wieder Richtung Heimat. *Am 15. April früh grüßt uns beim Erwachen*
der Rhein, der sich uns auch im Frühlingskleide zeigt. Hier kommt
der Gegensatz in der Beleuchtung der verschiedenen Landschaften,
die jede ihren Reiz hat, so recht zum Ausdruck. Hier die dunstige Luft,
die der Landschaft etwas Weiches gibt, mit unbestimmten Konturen;

ebenso sind die Farben matt und gegeneinander weich abgestimmt.
Sie wirkt gegen Ägypten wie ein verblaßtes Bild: Dort, wo der Himmel
stets in den stärksten Farben leuchtet, Hell und Dunkel die größten
Gegensätze bilden und die Gegenstände hart wie Silhouetten gegen
den farbigen Hintergrund stehen. – Die Freude, die wir alle bei der
Heimkehr empfanden, war groß, und wieder daheim angelangt und
im gewohnten Leben schien die schöne Reise schon weit hinter uns zu
liegen. Die Eindrücke und Erinnerungen, die wir im sonnigen Ägypten
in uns aufgenommen haben, werden wir nie vergessen, und sie werden
stets lebendig in uns fortleben.

Alltag in schwierigen Jahren (1929–1931)

Wie jeden Abend setzt sich Bertha an ihren Schreibtisch und schreibt
ihr tägliches Pensum Briefe. Sie erleichtert sich die Arbeit, indem sie
ihrer Sekretärin diktiert, soweit es sich nicht um ganz private Korrespondenz handelt. Heute fällt es ihr schwer sich zu konzentrieren,
denn Taffy hat ihr am Nachmittag einen Überblick über die Lage in
der Fabrik gegeben. Die Weltwirtschaftskrise hat die wenigen guten
Jahre, die Krupp zwischen 1924 und 1929 hatte, schlagartig beendet.
Wieder hebt das Ungeheuer Inflation sein Haupt. Wieder stehen
Entlassungen an, wieder kommt es überall im Reich zu Streiks und
Aussperrungen. Diesmal wird alles noch verschärft durch die Stra-
ßenkämpfe, die sich Rechte und Linke liefern und die dazu führen,
dass die neue Nationalsozialistische Partei 1930 als stärkste Partei
aus den Neuwahlen hervorgeht. Bertha und Taffy sind tief besorgt.
    Und trotzdem, denkt Bertha, geht das tägliche Leben weiter, als
sei nichts geschehen. Sie diktiert einen Brief an Frau Kölling, die
Hausverwalterin von Sayneck, und kündigt den Aufenthalt ihrer
Nichte Irene von Göler über die Ostertage an. *Ich hoffe, es wird*
Ihnen keine zu große Mühe machen, die Zeit über für Frau von Göler
und die beiden Kinder zu kochen. Jedenfalls brauchen Sie keinerlei
Umstände zu machen, denn Gölers leben ganz einfach. (…) An Zim-

mern würde ich Frau von Göler zur Verfügung stellen: das Eßzimmer
und Wohnzimmer im Erdgeschoß, sowie zwei Schlafzimmer, und zwar
oben rechts von der Haupttreppe das gelbe Zimmer und das dahinter

Sommerliches Segelvergnügen in Noordwijk, 1924; v. l. n. r.: Frl. Bluhme,
Irmgard, Harald, Berthold, Waldtraut, Taffy

liegende Zimmer mit den Himmelbetten. (…)[41] Den Rest, so hofft sie,
wird Frau Kölling selber entscheiden können.

Als Nächstes schreibt sie eine Notiz an Hügelverwalter Bernsau
mit der Bitte, eine kleine Reparatur in dem Haus des Gärtners
Holzapfel durchzuführen, von der sie heute erfahren hat. Nach drei
Jahren Wartezeit hat das junge Ehepaar nun endlich eine Wohnung,
ja sogar ein ganzes Häuschen, bekommen. Franz Holzapfel erinnert
sich: *Hier haben wir vom 1. Mai 1925 bis zum 26. März 1944 gewohnt.*
Glücklich und zufrieden und wenn ich heute zurückdenke, dann muß
ich ehrlich sagen, die glücklichsten Tage unseres Lebens haben Tilly
und ich hier verlebt. Das Häuschen hatte aber auch eine Lage, sowas
habe ich nirgendwo wieder gesehen. Mein Chef sagte immer: Holz-
apfel hat die schönste Wohnung vom ganzen Hügel, der wohnt schöner
als Herr von Bohlen. Die Wohnung befand sich innerhalb des Hügels

und oft kam Frau von Bohlen, wenn sie auf einem Spaziergang bei uns vorbeikam, zu uns herein. Dabei hatte sie Tilly gesagt: *»Dieses Häuschen liegt so schön und idyllisch, das findet man nicht wieder*

Vater Taffy und Tochter Waldtraut am Strand von Noordwijk, 1932

und ich habe großes Interesse daran, daß das Häuschen in tadellosem Zustand ist. Wenn Sie mal irgendwo Mängel haben, und sei es auch die kleinste Reparatur, melden Sie es. Ich werde ab und zu mal hereinkommen und mich von seinem Zustand überzeugen.« Dies tat Frau von Bohlen auch laufend, wenn ich des Abends von der Arbeit nach Hause kam, erzählte Tilly mir dann: *»Ich habe heute morgen wieder hohen Besuch gehabt.«* Am Anfang klappte das mit den Reparaturen nicht ganz. Der zuständige Herr Kirschner ignoriert die erste Reklamation. *Wie aber der Zufall will, kam ein paar Tage später Frau von Bohlen mal wieder in unsere Wohnung, um nach dem Rechten zu sehen. Tilly erzählte Frau von Bohlen von der feuchten Wand im Schlafzimmer. Sie sah sie sich an und meinte: »Was kann man da machen?«* Tilly erzählte ihr, daß man die Mauer von unten isolieren könnte. *»Gut«* sagte Frau von Bohlen, *»dann kann Ihr Mann das ja mit*

Herrn Kirschner besprechen«. Tilly sagte ihr aber, daß ich schon mit Herrn Kirschner gesprochen hätte, aber die Wandisolierung könnte er nicht machen, das würde zu teuer. Da sagte Frau von Bohlen: »Was, zu teuer, das gibt es doch nicht, ich werde die Sache selbst in die Hand nehmen und wenn es fertig ist, komme ich es mir ansehen.« Seit der Zeit waren die Herren im Bilde, meldete ich eine Reparatur, dann dauerte es keine Stunde, dann war schon jemand da«.[42] Noch einige andere kleinere Angelegenheiten, die den Hügel betreffen, werden schriftlich festgehalten und erledigt.

Die Geschwister Eckbert und Waldtraut beim Ausritt auf dem Hügelgelände, 1930er Jahre

Nun beantwortet sie einen Brief von Rosario Fuentes, der Tochter ihrer Jugendfreundin Trini. Trotz aller kriegsbedingten Restriktionen ist es ihr und Trini gelungen, den Kontakt auch über den Weltkrieg und die Nachkriegszeit zu halten. Jahrelang war es den Angehörigen der spanischen Botschaft in Berlin verboten, Privatpost nach Deutschland zu befördern, und die öffentliche Post zwischen beiden Ländern funktionierte überhaupt nicht. Trotzdem haben Bertha und Trini Wege gefunden, meist, indem sie ihre Briefe privat reisenden Geschäftsfreunden anvertrauten. Nun ist Trini verarmt und gesundheitlich angeschlagen. Ihr Vater, General Fuentes, ist ebenfalls schwer krank. Bertha empfindet Trauer über das Schicksal, das Trini in diesen Notzeiten mit vielen anderen teilt. Wenigstens ihrer Tochter Rosario kann ich helfen, denkt sie, und schreibt an Rosario: *Von uns kann ich gute Nachrichten geben. Alfried und Claus studieren Technik in Aachen. Irmgard ist in einer Haushaltungsschule und Berthold im Begriffe, sein Abiturienten-Examen zu machen. Irmgard hatte im vorigen Jahr mit spanischem Sprachunterricht begonnen, den sie leider unterbrechen mußte. Sie arbeitet aber selbst an dem*

Margarethe Krupp um 1920

Buche, so daß ich hoffe, daß sie das Gelernte nicht ganz vergißt. Ostern werden wir mit dem Unterricht weiter fortfahren. Wenn Du uns dann einmal besuchst, kann sie vielleicht schon mit Dir spanisch sprechen![43]

Marktplatz auf der Margarethenhöhe, 1920er Jahre

Irmgard und Rosario sind gleichaltrig, da müßten die beiden sich doch verstehen, denkt Bertha und weiß, dass sie mit ihrer Einladung eine Last von Trinis Schultern nimmt.

Tod Margarethe Krupps (1931)

Am 24. Februar 1931, kurz vor ihrem 77. Geburtstag, stirbt Margarethe Krupp, an ihrem Schreibtisch sitzend, an einem Herzinfarkt. Sie wird schon seit Jahren von starken Gelenkschmerzen geplagt. Auch das Herz macht nicht mehr mit. Am schlimmsten aber ist, dass sie den Mut verloren hat angesichts der Veränderungen, die in Deutschland stattgefunden haben. Sie wurde als königlich preußische Untertanin geboren, bejubelte 1871 die Gründung des Deut-

Alfried 1931 in Blühnbach

schen Reiches und erlebte dann das Kaiserreich, den Weltkrieg und das Fiasko der Weimarer Republik. Jetzt steigt aus den Trümmern der Republik die NSDAP unter dem von ihr so verabscheuten Adolf Hitler auf. Wie ihr Schwiegersohn Gustav leidet sie unter dem Zwiespalt, den Mann und seine Bewegung abzulehnen, aber doch gezwungenermaßen seine wichtigsten Ziele, soweit sie die Wiederherstellung Deutschlands betreffen, gut zu heißen. Im Gegensatz zu ihren Töchtern, die ihre Abneigung gegenüber der aufstrebenden neuen Macht teilen, und doch ihr Opfer werden, muss Margarethe Hitlers Ernennung zum Reichskanzler nicht mehr erleben.

Wenn ich an meine früheste Kindheit denke, erzählt Bertha in den Kruppschen Mitteilungen, *so sehe ich meine Mutter immer als sorgende und tätige Frau in Haus und Familie vor mir. Damals verlangten die Pflichten einer Hausfrau sehr viel von ihr, da täglich Gäste kamen und gingen, und vor allen Dingen auch sehr viele Ausländer Essen besuchten, die dann stets bei uns einkehrten. Meine Mutter hatte daher als Hausfrau und Gastgeberin mehr als genug zu tun, und ihre Zeit war dadurch fast ganz ausgefüllt. Trotzdem fand sie aber immer noch Muße, sich ihrer Kinder anzunehmen und sich um jede kleinste Angelegenheit, die uns betraf, persönlich zu kümmern. – Ihren Grundsätzen entsprechend lebten wir als Kinder, von allem geselligen Verkehr getrennt, ganz für uns in unseren Kinderzimmern, betreut von einer alten Pflegerin, die in jeder Kleinigkeit nur die Anordnungen meiner Mutter befolgte. Wenn meine Mutter einen freien Augenblick fand, so kam sie zu uns oder ging auch wohl mit uns*

Eckbert 1931 in Blühnbach

spazieren, und ich muß sagen, daß wir in unserer ersten Kindheit hauptsächlich das Gefühl des Respektes vor ihr empfanden, das auch schon durch unsere Umgebung uns eingeflößt wurde. Unsere Mutter erschien uns als unfehlbar in jeder Beziehung, und wir hingen alle mit größter Verehrung an ihr, nicht ganz ohne ein gewisses Minderwertigkeitsgefühl, da nicht nur wir Kinder, sondern auch unsere Umgebung stets fürchtete, ihren Ansprüchen nicht voll zu genügen. – Als wir größer wurden und mehr an dem Leben unserer Mutter teilnehmen konnten, lernten wir erst verstehen, mit welcher Liebe und Aufopferung sie alle die betreute, die ihr anvertraut waren. Sie war der selbstloseste Charakter, den ich kennengelernt habe, und alles, was sie tat, war von dem Wunsche durchdrungen, ihre Pflichten anderen gegenüber zu tun, indem sie ihnen half, sie beriet oder sonst in irgendeiner Weise ihnen nützlich war. Bis zur Zeit meiner Verheiratung habe ich niemals erlebt, daß meine Mutter irgendetwas unternommen hätte, was nur ihrem persönlichen Bedürfnis entspro-

chen oder ihr allein eine Freude bereitet hätte. Ihre ganze Tagesein-
teilung und überhaupt ihr Leben war nur auf andere eingestellt. Erst
nachdem sie die Verantwortung für ihre Töchter und das Werk aus

Irmgard mit Haflingerpferden 1931 in Blühnbach

den Händen gegeben hatte und ebenso die großen gesellschaftlichen
Verpflichtungen für sie fortgefallen waren, hat sie sich hin und wieder
entschlossen, eine Reise zu unternehmen, um langgehegte Wünsche zu
verwirklichen und etwas von der Welt zu sehen. Sie kam dann voller
Anregungen und voll neuer Lebenskraft zurück und konnte durch die
empfangenen Eindrücke auch wieder ihrer Umgebung viel mitgeben.[44]

Nicht nur ihre Töchter hat Margarethe Krupp geprägt, auch
die Enkel haben bleibende Erinnerungen. Alfried, der Älteste, der
bei ihrem Tod 23 Jahre alt war, erzählt in dem Interview, das er anlässlich ihres 10-jährigen Todestages den Kruppschen Mitteilungen
gibt: »*Als Kinder merkten wir das natürlich nicht so. Erst später ging es*
uns auf, daß die Großmutter unsere menschliche und berufliche Ent-
wicklung sehr aufmerksam verfolgte, ohne daß sie unseren Eltern in
Erziehungsfragen hineinredete. Ich glaube, sie hat sich gefreut, daß ich

mich von Kindheit an für die Technik interessierte und schließlich Ingenieur wurde. (...) Wir Enkel durften, wenn ich mich recht entsinne, jeden Sonntag ins Kleine Haus zum Mittagessen zu ihr kommen. Dar-

Waldtraut und Eckbert mit Spitz Benno 1931 in Blühnbach

auf waren wir stolz – aber freilich war auch immer ein bißchen Respekt dabei, denn wir wußten, daß wir Kinder uns bei einer so ehrwürdigen alten Dame besonders gut zu benehmen hatten – und das fiel uns nicht immer ganz leicht! Manchmal bekamen wir dann auch eine ernste oder auch halb scherzhafte Ermahnung, die wir uns dann sehr zu Herzen nahmen. Aber immer hatte unsere Großmutter auch etwas bereit, was uns Freude machte. – Ich habe meine Großmutter eigentlich nie unbeschäftigt gesehen. Wenn man zu ihr kam, fast immer traf man sie in ihrem Arbeitszimmer am Schreibtisch bei irgendwelchen Papieren. Hier ist sie auch gestorben – in dem gleichen Raum, der heute, etwas umgebaut, mein eigenes Arbeitszimmer auf dem Hügel geworden ist, und so darf ich wohl sagen, daß ich mich ihrem Geiste nahe und verpflichtet fühle.[45]

Respekt, Ehrfurcht, sich fast bis zur Furcht steigernd, auf der

einen Seite, verhaltene Zuwendung und Kontrolle auf der anderen
Seite, aus diesen Komponenten ist das Familienleben der letzten
beiden Generationen der Krupps gemacht. Nirgends in der von mir

Eckbert 1936

In Erinnerung an die Verlobungen
vor 25 Jahren: Barbara, Tilo, Gustav
und Berta, 1931

eingesehenen Korrespondenz zwischen den Müttern Margarethe
und Bertha und ihren Kindern kommt das Wort Liebe vor. Berthas
jüngste Kinder, Waldtraut und Eckbert, die wegen des großen Al-
tersunterschiedes zu den Älteren fast wie Einzelkinder aufwachsen,
leiden unter dem kühlen Familienleben.

*Zweifelsohne war meine Gouvernante Emmy Coerper in meinem
Elternhaus und in meiner nächsten Umgebung dort ein Lichtblick in
Bezug auf offene Äußerungen und Vitalität,* erinnert sich Waldtraut.
*Alle anderen Bezugspersonen waren zurückhaltend, ausweichend und
ohne Anreiz. Es gab noch Fräulein Achenbach, die Hausdame, die mit
Fräulein Coerper das gleiche Apartement im großen Hügelhaus be-
wohnte. (…) Fräulein Achenbach war eine sehr mütterliche Frau, die
oft stundenlang von mir mit Erzählungen und Fragen belästigt wurde,*

um daraus ein wenig über Dinge und Ereignisse aus der Hausgemein-schaft und Familie zu erfahren, oder – besser gesagt – zu »erraten«. Wir (Eckbert und ich) waren ja schrecklich abgeschirmt und einsam.

Anlässlich der silbernen Hochzeit der Eltern am 15.10.1931 posieren die Kinder auf der Schlossterrasse von Blühnbach mit dem Rhönrad; oben: Alfried, v.l.n.r.: Irmgard, Eckbert, Claus, Berthold, Waldtraut, Harald

Daher war es mir dann auch später absolut unmöglich, mich an eine Schulklasse anzuschließen, so sehr ich es mit gutem Willen versuchte. Handlungen und Worte waren mir unverständlich und erschienen mir so »kindisch«, da ich so ein Verhalten nie erlebt hatte. (Mit 15 kam ich erstmals in die Schule!) Heute ist das alles unverständlich …[46] Trotz alledem werden die Jahre bis zum Beginn des Zweiten Weltkrieges später allen Beteiligten in glücklicher Erinnerung sein. Denn noch erfreuen sich Bertha und Taffy und ihre Kinder Alfried, Irmgard, Claus, Berthold, Harald, Waldtraut und Eckbert ihres Lebens, ob mit mehr oder weniger Problemen, aber eines Lebens immerhin.

Margarethe Krupps Name *lebt in der Margarethenstiftung für Wohnungsfürsorge fort, die die Siedlung Margarethenhöhe errichtete, eine der schönsten Siedlungen, die ich kenne. Man hat sie eine moder-*

ne Fuggerei genannt, schreibt Schwiegersohn Tilo in seinen Erinnerungen. *Unvergeßlich ist mir der Tag des Jahres 1931, an dem wir ihre sterbliche Hülle nach ihrem völlig schmerzfreien Heimgang zum Erb-*

Die Familie in Blühnbach in Dirndl und Jagdanzug, 1930; v.l.n.r.: Alfried, Harald, Irmgard, Claus, Eckbert, Berthold, Bertha, Taffy, Waldtraut

begräbnis geleiteten. Die Straßen, die wir langsam durchfuhren, waren von einer Menschenmenge eingesäumt, die aus eigenem Antrieb einer Frau die letzte Ehre erwies, die in Stille und Bescheidenheit ihr Leben dem Werk, der Werksgemeinschaft und ihrer Familie geweiht hatte.[47]

Ein halbes Jahr nach Margarethe Krupps Tod feiern Bertha und Taffy am 15. Oktober 1931 ihre silberne Hochzeit. Eigentlich ist es eine silberne Doppelhochzeit, denn Berthas Schwester Barbara und Tilo von Wilmowsky feiern gleich mit, obwohl sie erst einige Monate später geheiratet haben. Es wird ganz intim in Blühnbach gefeiert, im Kreis der allerengsten Familie. Trotz des noch nicht abgelaufenen Trauerjahres wird es ein vergnügtes Fest, wie das nachgestellte Verlobungsfoto beweist, das die beiden Jubelpaare in der großen Vase auf der Hügelterrasse zeigt.

DAS DRITTE REICH

Krupp und das Dritte Reich – Auszüge aus
einem unveröffentlichten Typoskript von Golo Mann[1]

Viel ist geschrieben worden über das Verhältnis von Gustav und
Bertha von Bohlen zu Adolf Hitler und seinem Dritten Reich. Aus
zwei Gründen zitiere ich zu diesem Thema aus einem unveröffentlichten Typoskript von Golo Mann, das er mir 1988 persönlich
übergab mit der ausdrücklichen Genehmigung, Teile davon zu veröffentlichen. Zum einen ist Golo Mann ein angesehener Historiker
und der einseitigen Parteinahme unverdächtig. Zum anderen hatte
er seitens der Alfried-Krupp-von Bohlen-Stiftung den Auftrag, eine
Biografie über Alfried Krupp zu schreiben. Dieser Auftrag wurde
zur Enttäuschung der Familie seitens der Stiftung überraschend
storniert. Den Abschnitt über Gustav Krupp von Bohlen und Halbach und sein Verhältnis zum Dritten Reich hatte Golo Mann zu
diesem Zeitpunkt schon fertiggestellt. Daraus zitiere ich wie folgt:

Im vorletzten Jahr von Alfrieds Studienzeit gab es den tiefen, in
seinen Folgen verderblichen Einschnitt in der deutschen, europäi-
schen Geschichte: Die»Machtergreifung« durch Adolf Hitler und die
Seinen. Sie hatte in Deutschland alsbald schlimme Folgen. (…) Die
große Mehrzahl der Deutschen kümmerte sich nicht gar zu sehr um
die Minderheit der zum Schweigen Gezwungenen und Leidenden, der
Gefangenen in den Konzentrationslagern und Kellern der Politischen
Polizei, aus denen keine Schmerzensschreie ins Weite drangen. Die
Stimmungswelle, die während des Jahres 1933 über das Land ging, war
eine von neuem Tatendrang und Gaudium. Millionen von Menschen,
die bis dahin der»Bewegung« Hitlers feindlich gegenübergestanden
hatten, wurden von ihr mitgerissen. Man war froh, daß die Nation
wieder geeint war, so geeint, wie im Glücksjahr 1914, dort wo vorher
paralysierende, mörderische Vielfalt gewaltet hatte, daß nun Ordnung
herrschte, wo vorher eine Art von Bürgerkrieg gewesen war, daß be-
sonders die Gefahr einer kommunistischen Herrschaft beseitigt schien.

*Man weinte den aufgelösten politischen Parteien keine Träne nach,
denn unbestreitbar hatten sie kläglich versagt in den vorhergehenden
wüsten Jahren. Bald war man stolz auf die neuen Erfolge in der Außen-
politik, die »wiedergewonnene Ehre«. Jene, die bejahten, konnten laut
sein, in der Masse Gleichgesinnter sich geborgen fühlen; wer hinter
dem Glück dieser ersten Jahre die Gefahr ahnte und das bittere Ende,
wer sich empörte über die einander jagenden Rechtsbrüche und Ge-
waltakte, mußte schweigen. Das »Dritte Reich« machte einer Minderheit das Leben zur Qual, aber erhöhte die Lebensfreude einer gewaltigen Mehrheit. Dem Arbeiter und dem Direktor, dem Kind und
der Greisin. Damit kann nicht nur die Erlösung von äußerstem Elend
gemeint sein. Es war die allgemeine Atmosphäre, die sich so gründlich
veränderte und die Zahl der Geburten in die Höhe schießen ließ: das Ja
zum Leben, wo vorher Nein gewesen war. (…) Nun war wieder jeder
Tag Sonntag, für die meisten. Jene, die davon ausgeschlossen blieben,
die getreten oder zertreten wurden, (…) die hatten Pech gehabt.*

*Zu der neuen, mit ungeheurer Dynamik weiterdrängenden Ver-
wirrung, Verirrung trotz »Ordnung«, mußte Gustav von Bohlen Stellung nehmen, für sich selber, seine Familie, seine Firma. Wie tat er es?
Darüber gab es, nachträglich, zwei einander widerstreitende Grund-
ansichten. Die eine: er machte mit, weil und insoweit er mußte, zö-
gernd, mitunter sogar Widerstand leistend, und pessimistisch, unter
Zwang. Die andere: Er und sein Haus machten mit, freiwillig und
freudig, machten intensiver mit, als sie gemußt hätten. Sie trieben an,
und zwar, weil sie im Politischen und Wirtschaftlichen, an Macht und
an Geld, gewaltige Gewinne daraus zogen. Das erstgenannte Urteil
ist das der Mitglieder, der Freunde der Familie und anderer intim
Eingeweihter. Das andere ist das der Ankläger und Richter, die nach
dem Krieg einen Prozeß gegen Krupp zu führen hatten, wie auch zahlreicher deutscher und nicht-deutscher Historiker. Ich halte die zweite
These für unvergleichlich falscher als die erste, die jedoch auch nicht
völlig wahr ist. Immer bleibt menschliche Wirklichkeit komplexer als
schlichte Thesen sein können.*

*Wir erinnern uns, wie positiv Gustav zur ersten deutschen Re-
publik zu stehen sich bemüht hatte, wie er zum wirklichen Frieden
mit den Siegermächten riet, Korrespondenzen mit sozialdemokratischen Politikern führte, Walter Rathenau bewunderte und in dessen*

Ermordung ein schändliches Verbrechen sah. Aber die letzten Jahre der Republik waren ja nun wirklich fürchterlich gewesen, scheinbar jenen recht gebend, die sie von Anfang an verachtet hatten. Nun war der neue Machthaber da, zu seinem Amt nicht nur verfassungsmäßig korrekt, sondern auch im Sinne der Demokratie stimmig, denn er war der Anführer der bei weitem wählerstärksten Partei. Es folgte die Kapitulation des Reichstags; für das »Ermächtigungsgesetz«, welches die Diktatur legalisierte, stimmten Persönlichkeiten wie der ehemalige Reichskanzler Brüning, wie der Vorsitzende der Zentrumspartei, Prälat Kaas, der Abgeordnete der demokratischen oder »Staatspartei«, Theodor Heuss. Wie sollte der Chef des Hauses Krupp denn da sich verhalten? Er wußte recht wohl, daß man ihm gewisse Dinge in Berlin nicht vergessen hatte: seine Abwesenheit bei jenem Vortrag Hitlers vor den Rhein-Ruhr-Industriellen, Januar 1932, seine Weigerung, der Hitler Partei Geld zu schenken, sein öffentliches Sich-Einsetzen für die Wiederwahl des Reichspräsidenten von Hindenburg, was eine klare Stellungnahme gegen Hitler bedeutet hatte. Jetzt war Hitler die Obrigkeit; sehr bald eine unvergleichlich stärkere Obrigkeit als der Kaiser je gewesen war. Hier mußte man sich anpassen. Hier galt es, etwas nachzuholen, um Früheres vergessen zu machen. (...) Im Februar mit anderen Großindustriellen nach Berlin befohlen, um eine Ansprache des neuen Reichskanzlers anzuhören und danach Geld für die Finanzierung des kommenden, des endgültig letzten Wahlkampfes zu stiften, zeichnet Gustav als Erster und – beispielgebend – eine Million. Damit war sein Fall in Ordnung. Nicht in seinem Geist. Streng rechtlich gesinnt, konnte er es nicht verhindern, daß Nachrichten von den Rechtsbrüchen der ersten Monate, der willkürlichen Verhaftungen, Morde, Folterungen gerüchteweise in sein geschütztes Arbeitszimmer drangen. Es scheint, daß er darüber krank wurde, krank durch den Zwiespalt in seiner Seele: halb im Ernst, halb widerwillig und von heimlichen Zweifeln gequält, eine Macht bejahen zu müssen, die dergleichen tat. Zur »Flucht in die Krankheit« neigte er seit eh und je; Krankheit als das einzige Asyl, das seinem Pflichtbewußtsein sich öffnete.

Der auf ihm lastende Druck wurde durch seine Frau nicht leichter gemacht; tief mißtraute Bertha Krupp dem neuen Regime. Mit dessen Oberherrn wünschte sie so wenig zu tun zu haben, daß sie bei dessen erstem Besuch auf dem Hügel sich mit Migräne entschuldigte und ihre älteste Tochter Irmgard ihm die Honneurs machen ließ. Niemals lud sie ihn ein, in ihrem Haus zu wohnen, wie der Kaiser so oft getan hatte. Zu der Erzieherin ihrer jüngsten Kinder, Fräulein Coerper, als endlich auch auf dem Hügel anstatt der alten schwarz-weiß-roten Flagge die Hakenkreuzfahne gehißt werden mußte: »Gehen Sie hinunter und sehen Sie, wie tief wir gesunken sind.« *Auch die Jugend des Hügels scheint zunächst noch aufsässig gewesen zu sein. Vielleicht nicht Alfried, vielleicht nicht Claus, wohl aber Berthold und Harald. Vermittelnd zwischen ihrem Gatten und ihren Kindern mußte Bertha die Hilfe der eben erwähnten jungen Frau erbitten: sie möge doch dahin wirken, daß diese dunklen Erzählungen, diese frechen Witze bei Tisch aufhörten. Übrigens scheint es, daß die Erzieherin selber die allerschärfste Gegenerin war, worüber es zwischen ihr und Gustav einmal zu einem peinlichen Auftritt kam. Es durfte einmal in seinem Hause nicht politisiert werden. Er hatte das nicht geduldet zur Zeit des sozialdemokratischen Reichspräsidenten Ebert; wie jetzt, bei so konzentrierter Macht, so überwältigenden Tatsachen? – Er ließ seine beiden jüngsten Söhne, Harald und Eckbert, in dem renommierten Schweizer Internat Zuoz in die Schule gehen, damit sie sich* »von den Dingen ein objektives Bild machen könnten, was jetzt besonders wichtig« *sei. Er beschäftigte Juden weiterhin in seinem Betrieb, solang es ihm irgend möglich war; einen* »halbjüdischen« *Direktor konnte er bis zuletzt beschützen. Als man ihm die Entlassung dieses Mannes nahelegte sagte er:* »Das ist ja absurd.«. *Eine charakteristische Bemerkung; er tat so vor den Anderen, vemutlich auch vor sich selber, als ob der Fall des Direktors Klotzbach einzigartig sei, während er doch einer von Hunderttausenden war oder gewesen wäre. Aber so dachte er selber, und so hielt er sich selber, solange man es ihm durchgehen ließ, dem Antisemitismus immer so fremd gewesen war wie die dunkle Seite des Mondes. Persönlichkeiten jüdischer Herkunft, die als Mitglieder des Kruppschen Aufsichtsrates fungierten, konnten in aller Diskretion weiter ihres Amtes walten, bis ihnen die Auswanderung gelang. So weit ging Gustav im Ignorieren der nun allgewaltigen Tatsache, daß er seinen zweiten Sohn, Claus, den er in Oxford und in Harvard hatte studieren lassen, nun, während der Jahre 34–35, in dem befreundeten jüdischen Bankhaus Hirschland im Bankfach ausbilden ließ; ein Akt des Mutes, den die antisemitische Zeitschrift* »Der Stürmer« *sich nicht entgehen ließ.* »*Widerstand*« *war das nicht, sollte, konnte es nicht sein; nur ein Ignorieren des von der Obrigkeit befohlenen öffentlichen Geistes.*

Jedesmal während der folgenden sechs Jahre fühlte Gustav sich erleichtert und glücklich, wenn der Friede gerettet schien; so vor allem nach dem Vertrag von München, 1938. »*Jetzt hat doch die Vernunft gesiegt!*« *Er zeigte sich erschüttert von dem Beginn des italienisch-äthiopischen Krieges; dies Ereignis könnte die Welt verändern und zum Guten nicht. Als dann, spät im August, die Endkrise einsetzte, beschwor er in Briefen einen englischen Politiker, einen amerikanischen Industriellen, doch etwas zu tun, um die Katastrophe zu vermeiden. In dem Abschiedsbrief an seinen Sohn Alfried, 20. Mai 1940, ermahnt er ihn* »*deutsch im schönsten Sinne des Wortes zu sein*«. *Was das nun sei, bleibt unenthüllt, aber daß es nicht wesensgleich sei mit* »*national-sozialistisch*«, *soviel erkennen wir.*

Adolf Hitler empfand geringe Achtung für die Manager der deutschen Industrie. Er brauchte sie, aber als bloße Handlanger. Bis zu einem gewissen Grad machte er jedoch bei Krupp eine Ausnahme. Denn er glaubte an den einen Mythos des Hohenzollernreiches, Richard Wagner, Villa Wahnfried, und an den anderen, Krupp, Villa Hügel, auch. Seine Jugend müsse werden, nicht hart wie Stahl schlechthin, sondern »*hart wie Kruppstahl*«. *Dieser sein Glaube galt nicht nur der Firma und ihrer besonderen Tradition, er galt ein wenig auch der Familie. (...) Wie er zu Gustav persönlich stand? Seinem nihilistischen Ingenium, seiner unordentlich-wüsten Lebensführung, seinem Schwanken zwischen Perioden äußerster Willensanspannung und äußerster Apathie, seinem Vabanquespiel, seiner Existenz immer zwischen Triumph und Selbstmord, hätte niemand fremder sein können, als der protestantische, nicht so sehr Aristrokrat wie Bourgeois, der streng nach der Uhr lebende, immer selbstbeherrschte, immer bedächtig handelnde Mann der Pflicht. Übrigens alterte Bohlen nun schnell. Er hatte die Höhe seines Lebens vor 1914 erreicht, während der Republik noch einigermaßen gehalten; jetzt ging es bergab. Eine Bedingung, die ihn als Gesprächspartner noch dürftiger machte, auch gefügiger, zumal gegenüber der kranken, wilden Naturgewalt, mit der er es in Berlin nun zu tun hatte.*

Nicht nur in Berlin. Zwischen 1934 und 1940 kam Hitler siebenmal

nach Essen, stets mit großem Gefolge, einmal, September 1937, im Ge-
folge des italienischen Diktators Mussolini. Nur Krupp, nun wieder
die »Waffenschmiede der Nation«, wurde solche Ehre zuteil. Und
zwar fand der erste dieser Besuche am 28. Juni 1934 statt, zwei Tage,
bevor in München das Massaker unter den angeblichen Rebellen und
Putschisten der SA zusamt vieler anderer dem Gewalthaber irgend-
wie unliebsamen Persönlichkeiten begann. (...) Es ist wahrscheinlich,
daß er gelegentlich dieses Besuches dem nun wieder ersten Mann der
deutschen Industrie die beruhigende Versicherung gab, es werde keine
»zweite Revolution« sein; jene neue Revolution, von der in der Umge-
bung des SA-Führers Röhm geschwatzt wurde, ohne daß es irgend-
welche Pläne dafür, irgendwelche realen Vorstellungen davon gegeben
hätte. Nun also diese grauenvollen Mord-Tage und Nächte. Kein Wort
Bohlens darüber ist überliefert, kein schriftliches ohnehin, auch kein
mündliches; man war vorsichtig mit Worten jetzt. Wir können nur ra-
ten, wie er dazu stand. Die Mittel waren verdammenswert, der Zweck
jedoch nicht so ganz abzulehnen. Denn unbestreitbar hatten Röhms
wilde SA-Truppen die dem Bürger so teure Ordnung bedroht. Und
wenn die Generale die Ermordung zweier ihrer Kamerden hinnahmen,
wenn der Reichspräsident von Hindenburg, verdämmernder Greis,
das Blutbad en bloc guthieß, wenn die Bischöfe schwiegen, wenn ein
berühmter Professor der Rechte die höchste Legalität der Untaten ge-
lehrt deduzierte (Carl Schmitt in seinem Aufsatz: »Der Führer schützt
das Recht«) – wie hätte Gustav hier ein Verdammungsurteil ausspre-
chen oder auch nur denken können? »Mitmachen, um zu retten, was
zu retten ist.« Es war die Schizophrenie, welche die besseren Teile des
deutschen Bürgertums während der folgenden Jahre charakterisierte:
das »Ja, aber«, das »Nein, aber trotzdem...« Die gleiche Spaltung
waltete im Staat selber; Rechtstaat immer noch, in der Rechtsroutine
des Alltags, und Gewaltstaat, Unstaat zugleich. Unleugbar aber wurde
der Zweck des Massakers am 30. Juni erreicht. In den nächsten Jahren
fand eine gewisse Beruhigung statt, nicht zu reden von den Erfolgen
nach und nach, nach innen und nach außen, gipfelnd in den Berliner
Olympischen Spielen Sommer 1936.

Grundsätzlich hatten Hitlers Besuche in Essen nur repräsenta-
tiven Sinn. Über Politik wurde nie gesprochen. (...) Es gibt Filmauf-
nahmen von solchen Besuchen; die interessanteste ist jene von dem

großen Staatsbesuch August 1940, der Gustavs 70. Geburtstag galt. Hier sieht man Alfried, den Erben, in der ersten Reihe stehen, im blauen Anzug und ohne Parteiabzeichen, mit einem Gesicht, als ob die ganze Sache ihn nichts anginge. Der Vater, mit der Armbinde, grüßt, wie man damals grüßte, spricht, wie man damals sprechen mußte. Im Dasein Gustav von Bohlens finden wir nichts mehr von der Feinheit und Klugheit des Urteils, die ihm während des Ersten Weltkrieges von seinen Kollegen unterschieden hatten. Dort, wo es Innenpolitik mit ihren Alternativen überhaupt nicht mehr gab, nur noch Gewalt und heimlichen Machtkampf unter den Gewalthabern, wie sollte man da noch politisch urteilen? Und dann erlebte man mehr und mehr, wozu ein alter Patriot, aufgewachsen in der Bismarckzeit, tief gekränkt durch den Untergang des Kaiserreiches 1918, ja zu sagen nicht umhin konnte: Die Wiederherstellung der »Wehrhoheit«, 1935, der Einmarsch deutscher Truppen in das demilitarisierte Rheinland, 1936, die territorialen Gewinne, Erweiterungen von des Reiches alter Herrlichkeit, 1938. Die Unterschiede zu erkennen zwischen dem alten Reich und dem neuen, dazu reichte Bohlens ermüdeter Geist kaum noch aus. Wenn dennoch Zweifel kamen, wurden sie beschwichtigt durch die Ehrungen, die ihm und seinem Haus zuteil wurden, allenfalls durch Flucht in die Krankheit. (...)

Einigermaßen schizophren verhielt Bohlen sich auch in der Frage der Kriegsrüstungen, die bald nach der »Machtergreifung« begannen, zuerst langsam und noch heimlich, seit 1935–36 im Offenen, um nun die Industrie mehr und mehr in Beschlag zu nehmen. So schwach war sein Gedächtnis noch nicht, als daß er die Folgen einer ganz auf Rüstungen konzentrierten Konzernpolitik vergessen hätte: die illusionären Gewinne, die ungesunde Aufblähung zunächst, der Zusammenbruch, die Arbeitslosigkeit, die fürchterliche Verschuldung dann. Noch Anfang des Jahres 1935 bemerkte er zu dem Industriellen Walter Rohland, Leiter der Edelstahlwerke in Krefeld: »Ins Rüstungsgeschäft werden wir nie mehr gehen!« Mit welchem Ernst konnte er das glauben? Die Produktion von Waffen war von alters her eine Säule des Unternehmens, nur eine unter anderen, aber eine doch. (...) Gustav zögerte. Er suchte das richtige Gleichgewicht: die Produktion von Waffen zu steigern, ohne doch den Ausstoß von Friedenswaren zu vermindern. Solches gelang ihm, zur Verärgerung der Machthaber in Berlin, eine

Zeitlang. Es gelang ihm bis in den Krieg hinein. Hermann Göring zu einem Kruppschen Vorstandsmitglied: »*Euer alter Geheimrat würde lieber Nachttöpfe statt Kanonen machen.*« *Aber er mußte Kanonen machen und Panzer, Kriegsschiffe und Unterseeboote, selbst wenn er der Forderung, seine Friedensprodukte zu reduzieren oder aufzugeben, erstaunlich lange Widerstand leistete. Eines Tages im Jahre 35 wurde ihm bedeutet: die Geduld des Führers sei erschöpft; man habe sich in Berlin* »*zum Äußersten entschlossen*«, *wenn Krupp sich den Wünschen der Reichsregierung nicht füge. Zum Äußersten: vermutlich zur Verstaatlichung der Werke.*

Verständlicherweise zog Gustav nun dem unausweichlichen Zwang, der war, den Schein der Freiwilligkeit vor: für die Öffentlichkeit, vielleicht auch vor sich selber. Nun rühmte er sich, seine Firma für die neuen Aufgaben seit eh und je bereit gehalten zu haben. (…) Ausgebucht zu sein über und über, anstatt mit der Konkurrenz mühselig um Aufträge zu kämpfen, zu erweitern, neue Arbeiter zu Zehntausenden beschäftigen zu müssen, aus dem Vollen zu schöpfen, weil der große Arbeitgeber, der Staat, für die Kosten samt Ertrag schon aufkommen würde, zu immer größeren Anstrengungen gefordert zu sein – das macht Spaß, so lange es dauert, auch wenn das Ende im besten Fall ein höchst unsicheres bleibt. Von solcher Unsicherheit wußte Gustav von Bohlen, wenn es ihm nicht gelang, seine Zweifel noch einmal zu verdrängen, wie 1917, mit welcher Willensmühe damals.

Taffys verzweifelte Bemühungen, der Realität genauso Rechnung zu tragen wie seinen inneren Überzeugungen, sind natürlich zum Scheitern verurteilt. Gustav wird immer älter und kränker, sein Geist und sein Körper halten dem Druck nicht stand. Ab 1943 übernimmt Alfried die Firmenführung und Taffy zieht sich nach Blühnbach zurück, wo er sieben Jahre später stirbt.

Noch ist Frieden (1935–1936)

1935 hatte sich Hitler in Deutschland endgültig durchgesetzt. Hindenburgs Tod im Vorjahr machte ihn zum Reichspräsidenten, die Revolte der SA unter Ernst Röhm konnte er erfolgreich niederschlagen und zwecks Disziplinierung aller Andersdenkenden hat er in Berlin den NS-Volksgerichtshof installiert. Die Nürnberger Gesetze legalisieren die Judendiskriminierung, die langsam alle Bereiche des staatlichen und privaten Lebens durchdringt. Nicht allen Deutschen ist die Bedrohung, die sich aus diesen Maßnahmen ergibt, deutlich. Denn auf der anderen Seite stehen die Wiedereingliederung des Saarlandes in das Deutsche Reich und der wirtschaftliche Aufschwung, der weite Teile der Bevölkerung erfasst. Krupp macht wieder Gewinne, die fast 20-jährige wirtschaftliche Durststrecke findet ihr Ende. Alfried, Claus und Irmgard erleben zum ersten Mal in ihrem jungen Leben, wie eine optimistische Grundstimmung das ganze Volk erfasst. Die Straßen in den großen Städten werden sicherer, es gibt keine Unruhen mehr. Und die Eltern, die sie ihr Leben lang immer eher besorgt als zuversichtlich erlebt hatten, sprechen wieder davon, stolz auf ihre deutsche Staatsangehörigkeit zu sein, auch wenn sie beide gegenüber der Person Adolf Hitler starke Vorbehalte haben.

Die ganze Familie sitzt bei dem nächsten Krupp-Tag, an dem die Jubilare ehrenvoll verabschiedet werden, in der ersten Reihe. Was Taffy in seiner eigenhändig verfassten Rede zur Lage von Krupp sagt, ist mit Bertha und dem Direktorium abgestimmt. *Bei unserem vorigen Krupptag wies ich auf die Bedeutung der Saarabstimmung hin. Am 16. März erfolgte die Einführung der allgemeinen Wehrpflicht, am 18. Juni das Deutsch-Englische Flottenabkommen. Wer wie meine Frau und ich beim letzten Nürnberger Parteitag den Tag der Wehrmacht miterleben, die Begeisterung der ungezählten Menschenmassen über die Wiederbefreiung aus schweren Fesseln mitempfinden konnte, der ist um ein Erlebnis reicher, das den Lebensinhalt selbst vertieft. Unser Führer und Reichskanzler hat in diesem Jahr seit unserem letzten Krupptage der Welt bewiesen – was ich vor einem Jahr hier als Hoffnung aussprach – daß das Deutsche Volk, das Deutsche Reich, wieder ein Faktor ist in der Welt. Ihm, unserem Führer und Reichskanzler, ein dankbares Sieg-Heil![1]*

Bertha und Taffys Blicke sind nicht nur auf das eigene Land

Waldtraut auf einem Reitausflug in Blühnbach, 1934

gerichtet. Sie stehen einem internationalen Konzern vor, ihr Blick reicht über die deutschen Grenzen hinweg. Beide kennen die Welt. Taffys Familie stammt aus den USA, und Bertha ist von klein auf in Europa gereist und an internationale Gäste gewöhnt. Beide haben eine persönliche Abneigung gegen das primitive neue Regime in Deutschland, trotzdem erkennen sie an, dass es die legitime Volksvertretung ist, und man ihr deshalb Respekt und Gehorsam schuldet.

Alfried, der designierte Erbe, studiert in München und Aachen, bleibt während seiner Ausbildung in Deutschland, in der Nähe der Firma, in die er langsam eingebunden wird. Die Freiheit, die er nicht hat, wird den jüngeren Söhnen gewährt. 1935 studiert Harald in Oxford und Claus macht ein Zusatzstudium im amerikanischen Harvard. Auch die nachfolgenden Kinder werden in das Ausland, die nahe liegende Schweiz, geschickt: Harald und Eckbert machen ihr Abitur in Zuoz und Waldtraut verbringt einige Zeit in einem Töchterinstiut in Fetan. Das alles soll – nach dem Willen der Eltern Krupp – ein Gegengewicht bilden gegen den immer stärker werdenden ideologischen Druck zu Hause.

Claus ist der Sohn, der Taffy am nächsten steht. Seine Briefe sind geschliffene Berichte, in der Art, wie sie sein Vater als in China stationierter Diplomat in seinen jungen Jahren auch geschrieben hat. *Das Durchschnittsprodukt des amerikanischen Colleges ist wirklich kein Glanzstück,* schreibt er an den Papa, (...) *Die Ergebnisse der Prüfungen werden in Nummern zusammengefaßt, von diesen wird am Ende des Studiums das algebraische Mittel genommen, ist es mehr als 70, so hat er bestanden, ist es weniger, so ist er durchgefallen. Es geht alles ganz schematisch. Sich für*

Jadghaus Sayneck 1933

irgendeine Sache, die einem mehr liegt, sehr zu interessieren, kommt nicht in Frage. Denn erstens hat man keine »Zeit« und zweitens »it does not pay«, denn auf die Nummern kommt es an und zwar auf die Durchschnittsnummer. Was man studiert, ist also ziemlich gleichgültig. (...) Ein wirkliches Interesse für irgendwelche Fragen findet man nur in den seltensten Fällen. Es wird nur das gelernt, was unbedingt nötig ist und weiter denkt man nicht. In krassem Gegensatz dazu steht der Reichtum dieser Universitäten. Er läßt sich mit unseren Maßstäben überhaupt nicht messen. Die Oxforder Colleges sind ziemlich armselige Institute dagegen. Hier sind die Colleges auf das modernste eingerichtet, in jedem Zimmer Telephon und anschließendes Bad, riesige Hallen, holzgetäfelte Wohnzimmer, gemütlich eingerichtete Lesezimmer und dann die Bibliotheken. Nicht nur hat jede Universität eine Bibliothek, die wohl ebenso groß ist wie die Berliner Staatsbibliothek, nein, außerdem hat jedes College noch wertvolle Büchersammlungen. (…) Anders ist das Leben an den »postgraduate« Schulen, der Law School, der Medical School und der Business School hier in Harvard.

In diesen Schulen wird den Studenten, die vier Jahre im College nichts getan haben, nun zunächst einmal das Arbeiten beigebracht. Daher dieser schulmäßige Betrieb. (…) Und dann ist die Kunst der hiesigen Professoren wirklich bewundernswert, mit der sie es verstehen, auch kompliziertere Gedankengänge einfach, klar und logisch darzustellen. Leider ist bei unseren wissenschaftlichen Aufsätzen ja manchmal das Gegenteil der Fall.[2] Der junge Mann bemüht sich augenscheinlich, beide Seiten der Medaille zu sehen.

Sayneck Turmseite

Taffy liest Bertha diesen Brief an einem dunklen Dezemberabend vor. Wie jeden Tag genießen sie die Stunde, in der sie sich unter vier Augen austauschen über das Wesentliche, das Firma und Familie betrifft. In wenigen Tagen ist Weihnachten. Die hellen Schneeflocken hinter den dunklen Fenstern von Taffys Arbeitszimmer stimmen darauf ein. Auf dem Hügel wird gebacken und gekocht, werden die Gästezimmer vorbereitet und in der Personalküche die Weihnachtslieder für das gemeinsame Fest an Heiligabend geprobt. Das ist Berthas Bereich, wie auch das Aussuchen und Besorgen der Geschenke nicht nur für die eigene Kinderschar, sondern auch für die Kinder des Hügelpersonals und der dazu gehörenden Wirtschaftsbetriebe und natürlich für alle anderen Menschen, die auf dem Hügel arbeiten.

In diesem Augenblick jedoch reisen ihre Gedanken über den Atlantik zu Claus und sie konzentriert sich auf seinen Brief. *Wenn man sich mit den wenigen unterhält, deren Interessen etwas wei-*

ter reichen und die z. B. etwas von den politischen Verhältnissen in Europa verstehen, auch mit Professoren, so ist es immer sehr traurig festzustellen, wie wenig freundlich die Einstellung Deutschland gegenüber ist. Sie ist nicht gerade feindlich. Dazu ist Deutschland zu weit entfernt. Und man kann dem amerikanischen »Luftfahrtminister« rückhaltlos vertrauen, der neulich verkündete, daß gegenwärtig keine fremde Luftflotte in der Lage wäre, über den Ozean zu fliegen und Bomben auf New York abzuwerfen. Von besonderer Wichtigkeit sind also auch dem interessierten Amerikaner diese Fragen nicht. Und in mancher Hinsicht ist das verständlich. Sie rechnen hier eben in Erdteilen und nicht in Ländern. (...) Einzelne Länder sind deshalb ziemlich unbedeutend. Aber gerade deshalb ist diese Einstellung uns gegenüber sehr bedauerlich. Sie beruht natürlich hauptsächlich auf Zeitungspropaganda, aber sie ist doch kolossal fest. Sie hat auch nichts mit dem Krieg zu tun, denn der ist weitgehendst vergessen. Das, was die Amerikaner hauptsächlich an ihn erinnert, sind ihre verlorenen Milliarden. Und die wenigsten haben sie ja an uns verloren. Denen, die in Deutschland waren, hat es dort auch meist recht gut gefallen. Aber wenn man mit ihnen über die gegenwärtigen Probleme spricht, so redet man gegen eine Wand. (...) So etwa sieht es hier an der Universität aus. Ich fürchte, die Beschreibung ist etwas lang geworden. Sie hat so lange gedauert, daß es Zeit geworden ist, Dir und Mama und Alfried, Irmgard, Berthold, Harald, Waldtraut und Eckbert alles Gute zu Weihnachten und ein fröhliches Neues Jahr zu wünschen, denn der Brief wird wohl kaum vorher ankommen. Ihr werdet doch wohl alle zu Hause sein?[3]

Pfingsten 1933: Haus Sayneck Terrasse

Ja, sie werden alle zu Hause sein, das teilt Taffy ihm in seinem

Weihnachtsbrief, der sich mit dem von Claus kreuzt, mit. *Dieses Jahr wirst Du ja nun zu Weihnachten zum ersten Mal in Deinem Leben von zuhause entfernt verbringen müssen: aber ich denke, Du*

wirst wohl einen Weg finden, den Weihnachtsabend bei dem einen oder anderen Bekannten in New York oder Philadelphia zu verleben. Jedenfalls werden wir Alle Deiner recht herzlich gedenken und hoffen, daß wir im nächsten Jahr an diesem Abend wieder all vereint sein können. (…) Herzliche Grüße von uns Allen, beste Wünsche zu Weihnachten wie fürs Neue Jahr, das Dir hoffentlich recht viel wertvolle Grundlagen für Deinen weiteren Lebensgang sichert! Dein Papa.[4]

Aktenstudium auch in Sayneck, 1933

Es sind eben jene wertvollen Grundlagen, die Claus Abstand gewinnen lassen sollen von der Gehirnwäsche, der die junge Generation im Dritten Reich zu Hause unterzogen wird. Denn die Faszination, die das Dritte Reich auf diese Generation ausübt, ist groß. Sie zu relativieren bedarf es mehr als eines mehrwöchigen Aufenthaltes in Harvard. Trotz Devisenbeschaffungsproblemen wird der junge Claus deshalb auf eine Reise rund um den Globus geschickt.

Sie beginnt im April 1936. *Lieber Papa, vielen Dank für Deine beiden Briefe sowie für die Bestellung der Kabine auf der »Gneisenau«. Bitte sage auch Mama meinen Dank für Ihren Brief und die Zusendung der Zeitungsausschnitte und Photographien von der Führerrede. Es muß ja wirklich eine wunderbar eindrucksvolle Veranstaltung gewesen sein. Hier hatte ich nur einige kurze Zeitungsnotizen darüber gelesen. Übrigens hat sich die Gesamteinstellung der Presse hier leider wirklich in der Richtung weiter entwickelt, wie ich es befürchtet hatte, sie ist wieder herzlich unfreundlich und versucht, jede Nachricht nach bestem Können zu verdrehen.*[5] Claus hat in den USA Boston, Chicago, Philadelphia, New York und Washington besucht. Dort trifft er auf einen amerikanischen Verwandten, *Charles Bohlen, einen Nef-*

Vom Dach der Villa Hügel aus beobachtet die Familie den Vorbeiflug des Zeppelins »Hindenburg« am 18. Juni 1936

fen, glaube ich, von Frank Bohlen aus Philadelphia, der Adjutant des Undersecretary of State ist.[6] Weder Claus noch seine Eltern können ahnen, dass eben dieser Charles Bohlen zehn Jahre später als Vertreter der amerikanischen Besatzung in Blühnbach einziehen wird.

Von den USA aus reist Claus weiter nach Asien, immer von einem Geschäftsfreund oder Krupp-Vertreter an den nächsten weitergereicht, die ihn in ihre Geschäfte einführen. Trotzdem kommt das Vergnügen nicht zu kurz. *In Honolulu blieben wir nur sehr kurz, nicht ganz einen Tag. (…) Ich traf aber richtig meine beiden Bekannten. (…). In ihrem Auto fuhren sie mich über die ganze Insel, die wirklich sehr schön, sehr reich und fruchtbar ist, und außerdem sehr stark befestigt. Kurz vor Abfahrt des Dampfers ritten wir dann auf den »Surfboards«, das ist der berühmte hawaische Sport, den man vielleicht mit Skilaufen auf Wellenkämmen am besten bezeichnen kann. Es ist wirklich aufregend und spannend und nicht so einfach. Man blanciert auf so einer Art Bügelbrett auf dem Kamm einer Welle, die einen, wenn man nicht vorher herunterfällt, mehrere Hundert*

Wahlrede Hitlers auf der Lowa am 27.5.1936

Meter weit mit ganz hübscher Geschwindigkeit bis an den Strand trägt.[7]

Weiter geht die Reise nach China, dem Land, an dessen Schicksal der Vater ganz besonderen Anteil nimmt. *Tsingtau macht noch ganz den Eindruck der deutschen Stadt, wenn sich auch die Japaner immer mehr dort breit machen. Seine Lage am Meer mit den Bergen im Hintergrund ist wunderschön. Ich wohnte dort bei dem Vertreter von Carlowitz, besuchte auch den deutschen Konsul, fuhr dann über Tsinanfu nach Tientsien, wo Carlowitz eine größere Niederlassung hat. Dort besuchte ich einige deutsche Herren, besah einige Werkstätten, und fuhr dann weiter nach Peking, wo ich vier Tage blieb. Peking hat sich, wie man mir sagt, in den letzten Jahren nicht viel verändert und ist ziemlich dasselbe geblieben. Es ist wirklich eine unvergleichliche Stadt. Die Verbotene Stadt, die herrlichen Tempel und Paläste, die großen Stadtmauern, die engen chinesischen Geschäftsstraßen und der chinesische Verkehr, das Gewimmel in den Gassen und der Betrieb vor den Tausenden von Läden, vor denen all die chinesischen Herr-*

Eckbert mit Hündchen, 1936

lichkeiten im Staub der Straße liegen, das alles paßt so gut zusammen und sieht so echt aus, man hat wirklich den Eindruck, mitten in China zu sein.[8]

Nicht nur von Claus bekommen Bertha und Taffy lange, unterhaltsame und interessante Briefe. Auch die anderen Kinder berichten ausführlich über ihr Leben, wenn sie von zu Hause fort sind. Besonders gelungene Briefe werden im Privatsekretariat in Maschinenschrift übertragen und an die anderen Geschwister weitergeschickt. Wie beispielsweise der vergnügliche Bericht des 19-jährigen Harald aus England, in dem er von der wissenschaftlichen Suche nach einem Gespenst berichtet: *In Kent gibt es ein Bauernhaus, das wegen des in ihm hausenden Geistes berühmt ist. Dieser Geist pflegt nur abends Geräusche hervorzurufen und öffnet gelegentlich sogar die Tür, die in den Keller führt. Seit Jahren versuchte man, dieses Problem zu erklären, aber alles war vergebens. Darauf zog also gestern die BBC (Britisch Broadcast Company) mit schweren Lastautos voll wissenschaftlicher Instrumente, Barographen, Thermographen, Mikrofonen,*

Zwei Blühnbacher Jäger tragen ein Gamsgehörn als Geschenk für Taffy zu seinem 65. Geburtstag, 1935

Photoapparaten, Blitzlichtapparaten, Fallen und weiß Gott was sonst noch, dorthin, um Nachforschungen und eine laufende Reportage über die Sender zu verbreiten. Abends um acht Uhr, als die »Arbeit« begann, erzählten sie, wie sie alles eingerichtet hätten, daß aber noch nichts geschehen sei. Die Kellertür hatte sich bis dahin noch nicht geöffnet, hatte die vor ihr aufgebauten Blitzlichtapparaturen noch nicht entzündet, die Photoapparate noch nicht ausgelöst, und auch die Mikrophone hatten noch nichts belegen können. Aber etwas ganz Tolles war passiert (allen Rundfunkhörern gingen die Haare zu Berge!): Der Thermograph im Keller zeigte folgende Bewegungen: Um 10 Uhr 18 Minuten, 32 Sek. sank er um 1,5 degree Fahrenheit, um 11 Uhr 1 Minute 7 Sek. stieg er mit einem Schlag wieder auf seine alte Höhe, 13 Minuten 5 Sek. später sprang er wieder zwei degree hoch usw. Man zitterte vor Aufregung am Radiomikrophon (man stellte sich vor, man müsse eine

Radioreportage sprechen, während im Keller ein Geist die Temperatur verändert!). Das Mikrophon im Keller wird eingeschaltet, der Geist könnte sich der Welt mitteilen. Er tat es aber nicht und blieb ganz still.

Harald im offenen Wagen, Blühnbach 1936

Nachdem man also für fünf Minuten seine Ohren in den Lautsprecher gebohrt hatte und nichts vernehmen konnte, wurde mitgeteilt, daß man den Geist eben nicht zwingen könnte. Da es 12 Uhr sei, müßten sie Schluß machen. Gute Nacht![9]

Bertha und Taffy erhalten diesen Brief in den Winterferien, die sie in Arosa verbringen. *Dein Brief kam dieser Tage hier an und interessierte Groß und Klein außerordentlich. (…) Wir waren ja fast vier Wochen hier und haben mit dem Gelde gut auskommen können, da doch ein privater Haushalt unendlich viel billiger ist als der Aufenthalt im Hotel. Dabei bekommt man hier ganz vorzügliche Lebensmittel, insbesondere frisches Gemüse, zu recht erträglichen Preisen. (…) Vorgestern haben Irmgard und ich noch eine wunderbare Tour auf das Parpaner Schwarzhorn gemacht mit wundervoller, langer Abfahrt nach Tschiertschen; das Wetter war wunderbar und der Schnee*

ausgezeichnet. (…) Unberufen geht es Eckbert übrigens ausgezeichnet,
er steigt mit großer Leichtigkeit und fährt vorzüglich ab. Waldtraut
hat nicht sehr viel mitmachen können, zumal sie auch an der einen
Fußsehne zeitweise Schmerzen hatte. Herzliche Grüße von uns Allen!
Dein Papa.[10]

So geht das Jahr 1936 dahin mit seinen kleinen und großen
Familiensorgen und Familienfreuden. In der Firma laufen die Geschäfte gut, das Direktorium kann erstmals nach langen Jahren
wieder auf Gewinne hoffen, und Bertha und Taffy fangen an, sich
wieder des Lebens zu freuen. Taffy ist 65 Jahre alt, ein alter Herr, und
Bertha, um die Hüften fülliger geworden, feiert ihren 50. Geburtstag. Beide nehmen sich Zeit für die Jagd in Sayneck und Blühnbach,
für winterliches Skifahren und für die regelmäßigen Kuren, die ihrer
beider Gesundheit erfordert. Und beide erhoffen sich, dass dies so
bleibt.

125 Jahre Krupp – Bronze für Germania (1936–1939)

Sommerlich leicht streicht der Wind über die Kieler Förde und kräu-
selt die Wasserfläche der breiten Bucht. Bertha verlässt die elegante
Terrasse des Kieler Yacht Clubs, wo man sie jedesmal als Ehrengast
begrüßt. Kein Wunder, denn Vater Fritz Krupp war bereits Mitglied,
als der Club noch Kaiserlicher Yacht Club hieß und sie und ihre Mutter die einzigen weiblichen Mitglieder waren. Sie rafft ihren Sport-
rock und steigt an Deck der Germania III, wo sie Taffy, Alfried und
Irmgard schon erwarten. Heute wird nur zum Vergnügen gesegelt,
denn ein Ruhetag unterbricht die Ausscheidungswettkämpfe, in denen sich entscheiden wird, ob die Germania auf der Olympiade für
Deutschland starten darf. In diesen Wettkämpfen ist Alfried schlich-
tes Mitglied des Rennteams, einer von sechs jungen passionierten
Seglern, die sich der Führung von Victor Howaldt anvertrauen.

Heute aber steht er am Steuer, und Eltern und Geschwister
bilden die Mannschaft. Ein wunderbarer, entspannender Tag wird

es sein, das weiß Bertha, denn wenn es auch manchmal Spannungen gibt zwischen Vater und Sohn, beim Segeln verstehen Taffy und Alfried sich bestens. Bertha muss an ihren Vater denken, der die

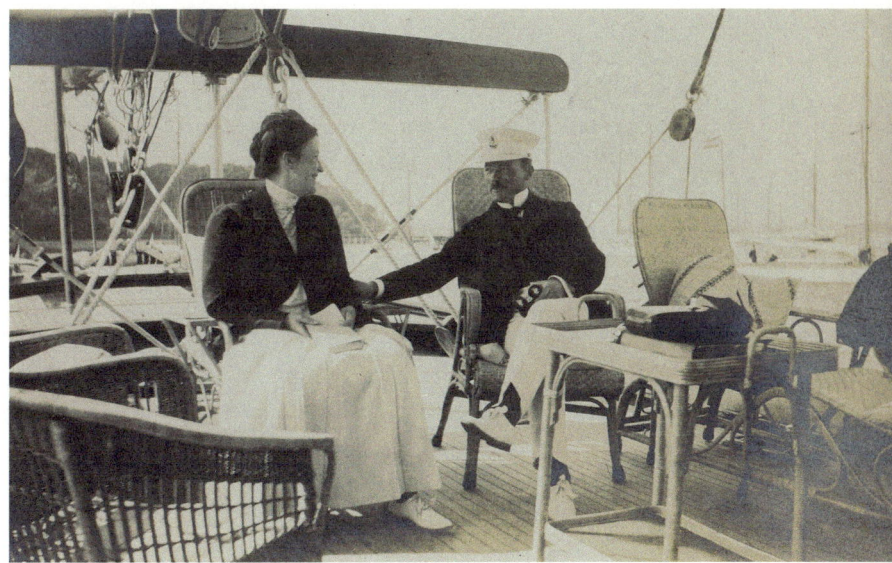

Bertha und Taffy auf dem Achterdeck der Germania, 1909

See liebte und ihr und ihrer Schwester diese Liebe weitergegeben hat. Von klein auf durften sie ihn begleiten auf seinen Reisen nach Capri und teilnehmen an seiner Begeisterung für die Erforschung des Meeres und seiner Bewohner. Glücklicherweise führt Taffy diese Tradition fort, und Alfried repräsentiert nun schon die dritte segelbegeisterte Generation der Familie. Er ist der beste Segler von uns allen, denkt Bertha stolz, und der erste, der das Segeln nicht nur zum Vergnügen oder zu geschäftlichen Zwecken ausübt, sondern um des Sportes Willen. Ihn qualifizieren nicht sein Name oder sein Geld, sondern seine seglerischen Fähigkeiten. Wie die anderen Segler auch, hat er die beiden wichtigsten Segelscheine gemacht, genauso wie Claus, und sogar Irmgard ist Besitzerin des A-Scheines.

Sanft gleitet der schnittige Rumpf der Germania durch das Wasser, und die riesigen Segel an dem hohen Mast füllen sich in der

Brise. Taffy und Alfried fachsimpeln über die Besonderheiten der neuen, der dritten Germania. Etwas wehmütig erzählt Taffy von der ersten Germania, die 1908 auf der Kruppschen Germaniawerft in

Alfried mit der Olympiamannschaft auf der Germania, 1936

Kiel gebaut wurde, die ihr auch den Namen gab. Im Widerspruch zu der vorherrschenden Meinung, gute Segelyachten könne man nur in England bauen, wurde sie in Deutschland geplant, gebaut, ausgestattet und besegelt. Während des Ersten Weltkrieges wurde sie in England festgehalten und 1917 enteignet, letztendlich landete sie in den USA und endete als Wrack vor der Küste Floridas.[11] Sie war eine Schoneryacht mit zwei Masten, von denen der vordere kürzer war als der hintere, erklärt Taffy, nur so konnte damals genügend Segelfläche geschaffen werden.

Fast zwanzig Jahre vergehen, bevor 1934 eine zweite Germania auf der Germaniawerft gebaut wird. Alfried ist inzwischen 26 Jahre alt und begeistert von der neuen Segelklasse, den 8-m-R-Yachten. Sie haben nur einen Mast mit extrem hoher Takelage, wie es in der Seglersprache heißt. Der technikbegeisterte Alfried begleitet den Bau in allen Phasen und segelt die Yacht bei verschiedenen Regatten im In- und Ausland. Noch einmal überdenken Vater und Sohn ihren Entschluss, ein Jahr später, 1935, eine weitere Germania zu bauen, die Germania III. Es war nötig, meint Alfried, denn die Änderungen, die in der 8-m-R-Klasse beschlossen wurden, hätten der alten Germania keine Chance gelassen. »Länge läuft« ist heute das Motto für den Bau schneller Rennyachten, erklärt er seiner Mutter, deshalb sei das Schiff so lang und schlank gebaut. Sie ist schön, diese neue Germania, denkt Bertha, und blickt an dem schier unendlich hohen Mast hinauf mit dem riesigen Groß- und Vorsegel. Der schnittige Bug zerteilt das Wasser wie ein Messer in zwei Teile und lässt das Schiff schneller gleiten. Die beruhigenden Geräusche eines friedlichen Segeltages umgeben sie: das Rauschen des Wassers, der Wind, der in der Takelage die Wanten klappern lässt, die entspannten Stimmen der erwachsenen Kinder und Taffys Lachen, das sie auf dem Hügel so selten hört.

Nur allzu schnell sind die Ferientage vorbei und Bertha und Taffy wieder nach Essen auf den Hügel zurückgekehrt. Dort bricht Jubel aus, als Alfried berichten kann, die Germania habe die Ausscheidungswettkämpfe gewonnen und starte für Deutschland. Sie schlug ihre einzige Rivalin, die Olympia, in sechs von sieben Wettfahrten. Die Sportbegeisterung in Deutschland erfasst auch die Familie Krupp. An den entscheidenden Tagen vom 4. bis 12. August, an denen die olympischen Regatten auf der Kieler Förde abgehalten werden, wird täglich telefoniert. Noch am vorletzten der sieben Regattatage scheint die Germania III die besten Aussichten auf die Goldmedallie zu haben. Doch ein nur fünfter Platz im letzten Rennen verdirbt ihr die Chance. Den Sieg trägt die Italia davon, eine ebenfalls neue italienische Yacht. Germania III und die norwegische Yacht Silja lagen punktgleich an zweiter Stelle. Am 12. August müssen sie zum Stichduell antreten. Mit nur 1,55 Meter Vorsprung erreicht die Silja das Ziel, die Germania III muß sich mit der Bronzemedaille zufrieden geben. Claus spricht der Familie aus dem Herzen, als er aus den USA an seine Eltern schreibt: *Endlich höre ich auch die endgültigen und einzelnen Ergebnisse von der Olympiade. Die bronzene Medaille für die »Germania« ist doch eine sehr schöne Leistung. Herzlichen Glückwunsch!*[12]

In die Hochstimmung, die Deutschland erfasst hat, fällt in diesem Jubeljahr 1936 die 125-Jahrfeier der Firma Krupp. Zwar sind überall Hakenkreuzfahnen und – wie bei der Olympiade – alle anderen Insignien des neuen Regimes zu sehen, aber die Begeisterung für den Sport und die Freude an dem allgemeinen Aufschwung ist echt. Hausarchivar Wilhelm Berdrow schreibt die Chronik der Firma, die in den Kruppschen Mitteilungen im November 1936 erscheint. Bemerkenswert das Geleitwort Gustav Krupps von Bohlen und Halbach, das er – wie immer – im Namen seiner Frau verfasst. *Drei Grundsätze, so will mir scheinen, machen das Gesetz des Hauses Krupp sinnfällig und gelten heute wie ehedem: hohe Qualität der Kruppschen Erzeugung, guter Geist unter den Werksangehörigen und Dienst am Vaterlande.*[13] Wüsste der heutige Leser nicht um die Perversion, die diese Werte im Dritten Reich erfahren, so könnte er in ihnen moderne Managementregeln wiederfinden. Qualität der Produkte, gutes Betriebsklima und soziale Verantwortung sind auch heute der Schlüssel zu unternehmerischem Erfolg. *Ein Werk, das solchen Grundsätzen huldigt, wächst von selbst in den Dienst am großen Ganzen, an Volk und Staat hinein. Was Krupp als deutsche Waffenschmiede in Friedens- und Kriegszeiten für die Landesverteidigung geleistet hat, ist ein Stück Deutscher Geschichte.(...) Wenn wir aber vom Dienst am Vaterlande reden, so meinen wir damit noch ein anderes: nämlich die Tatsache, daß wir überhaupt ein Hunderttausendheer von Werkskameraden in einer Betriebsgemeinschaft zusammenfassen und als mächtigen Block in das Gefüge der Volksgemeinschaft einbauen dürfen*[14]. Hier zeigt sich der Stolz des Firmenchefs, das Kruppsche Schiff durch die schwierige See der letzten 25 Jahre erfolgreich gesteuert zu haben. *125 Jahre Krupp – das waren ebensoviele Jahre werteschaffender Arbeit, Kampf um Absatz und Weltgeltung. Kampf um die Seele der Menschen. (...) Wie immer steht das Kruppsche Haus, einig in Führung und Gefolgschaft, mit seinen Gruben und Werkstätten, mit seinen Menschen und – seinen Männern bereit für den Dienst am Gemeinwohl. Heil Hitler. Unterzeichnet: KruppBohlenHalbach*[15]. Trotz der Zeichen an der Wand, die Taffy und Bertha nicht übersehen können, hoffen beide noch auf ein Weiterbestehen des Friedens, und befinden sich damit in bester Gesellschaft mit führenden Politikern in Europa und Übersee. Noch hat die Reichspogromnacht nicht stattgefunden, noch ist Buchenwald nicht errichtet, noch sind es wenige klarsichtige jüdische Familien, die Deutschland verlassen. Noch glauben Wirtschaftsführer wie Taffy, der Führer lasse sich leiten und könne doch nicht wirklich meinen, was er sage. Ein Irrtum, dem mit einigen sehr wenigen Ausnahmen die gesamte Wirtschaftsführung erliegt. Noch besteht die altgewohnte Harmonie zwischen der Stadt Essen und ihrem wichtigsten Arbeitgeber. Anlässlich des 125. Jubiläums von Krupp wird Bertha und Taffy die Ehrenbürgerschaft verliehen. Die Lokalpolitiker äußern die bei solchen Gelegenheiten üblichen lobenden Worte. *Oberbürgermeister Dr. Reismann-Grohne betonte in seiner Ansprache die traditionelle Verbundenheit mit der Firma Krupp in Freud und Leid. Dr. Krupp von Bohlen und Halbach betonte, zugleich für seine Gattin, mit herzlichen Worten des Dankes für die seltene Ehrung und hob das Verdienst auch der Gefolgschaft hervor, dank deren Treue und Verständnis auch Notzeiten überwunden werden konnten. Kreisleiter Freytag sprach die freudige Zustimmung auch der Partei aus und schloß mit einem Sieg-Heil auf das Haus Krupp.*[16] In der Berichterstattung des ›Essener Anzeigers‹ wird ebenfalls lobend über den Festakt und den anschließenden Empfang auf dem Hügel berichtet, aber auch auf die Problematik hingewiesen, die der massenhafte Zuzug von neuen Arbeitskräften für die Stadt bedeutet. *Wir haben in Essen sehr wenige geborene Essener, vor allem in den entscheidenden, leitenden Positionen. (…) Wir haben hier bei der ungeheuren Größe der Betriebe wenig Eigenbetriebe, sondern Aktiengesellschaften, (…) die ihre Kräfte aus ganz Deutschland und darüber hinaus holen, wo sie gerade die besten finden. Diesen hergeholten Kräften mangelt es natürlich am Essener Heimatgefühl. Es sind z. B. von den Direktoren der Firma Krupp nach ihrem Ausscheiden nur zwei hervorragende Mitglieder in Essen geblieben.*[17]

Hier deutet sich bereits der Bruch an, der 1945 nach der fast völligen Zerstörung der Stadt Essen und der Firma Krupp stattfinden wird. Das Zusammenstehen in Freud und Leid, das die Notzeiten nach dem Ersten Weltkrieg überstand, zerbricht nach dem Zweiten Weltkrieg. Die 1936 erteilte Ehrenbürgerschaft wird Bertha und Taffy 1945 entzogen, und bis 1950 wird ihnen das Aufenthaltsrecht in Essen verweigert. Gleichzeitig unternimmt Essen die bis zum

heutigen Tage andauernden Bemühungen, seine Abhängigkeit von
der Stahlindustrie zu verringern.

Doch 1936 ist das unvorstellbar. Firma, Stadt und Partei ziehen an einem Strang. Und so
wie die Kaiser Wilhelm I. und
Wilhelm II. und die Präsidenten
der Weimarer Republik nach
Essen reisten, um die Firma und
den Inhaber Krupp kennen-
zulernen und zu ehren, so geschieht es auch mit dem neuen
Machthaber, Adolf Hitler. Eine
etwas skurrile Begebenheit ist
im Februar 1938 die Anfrage
des Reichs-Bildberichterstatters
Graf Krageneck[18] an die Berliner Krupp-Vertretung, ob diese
einige Gemälde, die der Führer
gemalt hat, erwerben wolle.
Zu einem guten Preis selbstverständlich. Taffy, mit diesem
Anliegen konfrontiert, reagiert
eher lau auf das Ansinnen mit
der Bitte an Direktor Janssen,

Mussolini und Hitler auf der Gußstahlfabrik

Hitler und Mussolini besuchen die
Gussstahlfabrik am 27.9.1937. Im
Hintergrund Bertha.

sich die Bilder anzusehen und in der Angelegenheit zu entscheiden.
Vermutlich hat man den erbetenen Kotau vor den künstlerischen
Ambitionen des verhinderten Kunstmalers Adolf Hitler gemacht,
denn in einem späteren Verzeichnis der Hügelbibliothek wird eine
Mappe mit 7 Aquarellen des Führers aufgeführt.

Zum Anschluss Österreichs und der Eingliederung des Sudetengebiets nach der Münchener Konferenz im September 1938 gratuliert Taffy: *Together with our Führer, my wife and I, our children and
our entire Works Family feel deeply the great relief and satisfaction
which tonight has brought him and the entire German people. Today
the national socialist party Germanys stands in the world equal to all.
To him, our Führer, thanks and Siegheil. Kruppbohlen.*[19] Dieser Entwurf von Taffys eigener Hand zur Abtretung des Sudetengebiets

an Deutschland findet sich in der Mappe mit der privaten Korrespondenz, gemeinsam mit der Notiz: *Note for myself: Bormann has
acknowledged the receipt verbally.* Ob die Verwendung der englischen
Sprache, die Taffy vollkommen geläufig ist, ein weiteres Indiz ist
für den Zwiespalt, der sich für ihn daraus ergibt, dass er zwar das
Ergebnis von Hitlers Politik begrüßt, nicht aber die Form der Aus-
übung, mag dahingestellt bleiben.

Ganz und gar im Dritten Reich angekommen ist Taffy, als er
gemeinsam mit Alfried zu Hitlers 50. Geburtstag am 20. April
1939 nach Berchtesgaden fährt. Taffy, Alfried, Direktor Goerens
und zwei Werksangehörige überreichen als Geburtstagsgeschenk
einen großen runden Tisch. Das gedruckte Begleitheft erläutert:
*Er ist ein Werk des Bildhauers Erich Kuhn aus Düsseldorf, der ihn
in Zusammenarbeit mit den Kruppschen Werkstätten fertigte. Der
Reliefschmuck der Tischplatte ist aus Kruppschem nichtrostendem
Stahl, einem Werkstoff, der erst in jüngster Zeit durch besondere Be-
arbeitungsverfahren von Erich Kuhn für rein künstlerisches Schaffen
gewonnen worden ist. Der Tisch selbst ist aus dunkel getönter Eiche.
An den Füßen befindet sich als Schnitzarbeit viermal das Hoheits-
zeichen. Die abnehmbare Mittelplatte zeigt die Feldherrnhalle mit
der Umschrift:»Ich aber beschloß, Politiker zu werden.«*[20] Das ist eine
Mischung aus Werbegeschenk und völliger Unterwerfung unter den
Zeitgeist. Nichts fehlt, nicht das Hakenkreuz, nicht das Zitat aus Hitlers ›Mein Kampf‹, nicht das Abbild von des Führers Geburtshaus in
Braunau, auch nicht der Hinweis auf SA und SS. Die eher unpoliti-
sche Widmung: *Dem Führer, zur Vollendung seines 50. Lebensjahres
von der Kruppschen Gefolgschaft in Dankbarkeit für die Sicherung
deutscher Arbeitsmöglichkeiten und in Stolz auf die deutsche Arbeitsleistung* wird aufgehoben durch die Umschrift am Rand der Platte,
ein Zitat aus ›Mein Kampf‹: *Da für uns der Staat an sich nur eine
Form ist, das Wesentliche jedoch sein Inhalt, die Nation, das Volk, ist es
klar, daß ihren souveränen Interessen alles andere sich unterzuordnen
hat.*[21] Taffy hat jeden Widerstand aufgegeben.

Familienleben und Alfrieds große Überraschung (1937–1939)

Claus von Bohlen ist 27 Jahre alt, als er seine ersten beruflichen Erfahrungen im kruppeigenen Gruson-Werk in Magdeburg machen soll. Er hat sein Studium als Diplomingenieur abgeschlossen, seinen geistigen Horizont durch Reisen erweitert und seinen Militärdienst geleistet. Nun soll er zum ersten Mal in seinem Leben einen eigenen Wohnsitz bekommen. Bertha begleitet ihren Sohn nach Magdeburg, ein Haus zum Mieten wird gefunden und der Einzugstermin festgesetzt.[22] *Mein lieber Claus,* diktiert sie ihrer Privatsekretärin am 8. Juni 1936 auf dem Hügel, *Ich würde Dir raten, als Umzugstermin etwa den 10. Juli zu wählen, denn wenn Frau Matzel* [die Vormieterin] *– wie sie mir schreibt – am 25. oder 26. des Monats ausziehen will, so muß das ganze Haus ja doch erst nochmal durchgesehen werden, und ich würde dann sehr gerne noch einmal kurz nach Magdeburg kommen, um alles im Einzelnen festzustellen, um Dir eine Kücheneinrichtung und einen Kühlschrank zu besorgen und um zu sehen, ob noch Einiges fehlt, an das ich nicht gedacht habe. Es ist ja doch auch möglich, daß noch einige kleinere Anstreicherarbeiten oder sonstige Reparaturen vorzunehmen sind, und es ist ja besser, Du kommst in ein Haus, das ganz in Ordnung ist.*

Mutter Bertha sorgt nicht nur für den guten Zustand des Hauses, sie berät ihren Sohn auch bei der Frage, wie er eine gute Wirtschafterin finden kann, eine Aufgabe, über die Claus sich noch nie in seinem Leben Gedanken machen musste. *Ich bin zu der Überzeugung gekommen, daß eine tüchtige weibliche Person das Richtige für Dich sein würde. Ich glaube, Derartiges wirst Du am besten in Magdeburg selbst bekommen, und ich füge diesem Schreiben den Entwurf für einen Text bei, den Du eventuell als Annonce benutzen könntest. Am besten wendet man sich zuerst an das Arbeitsamt, und wenn das keinen Erfolg hat, setzt man die Anzeige in eine geeignete Zeitung. Das alles würde auch das Grusonwerk für Dich erledigen können. (…) Lass Dir den Garten nur recht hübsch anlegen. Ich nehme ja an, daß das auch vom Grusonwerk veranlaßt werden kann, und daß sich auch jemand der Pflege des Gartens annimmt, damit dort alles gedeiht.*[23]

Bei der täglichen Aufgabe, einen Ausgleich zu finden zwischen ihren gesellschaftlichen Verpflichtungen und der Zuwendung zu ihren sieben erwachsenen beziehungsweise heranwachsenden Kindern, muss Berthas Terminplan minutiös abgestimmt werden. *Sehr*

Am 15.10.1937 werden der Herzog und die Herzogin von Windsor auf dem Hügel von Bertha und Taffy empfangen; v. l. n. r. Taffy, Bertha, Alfried, die Herzogin und der Herzog

nett wäre es, wenn du nächsten Samstag/Sonntag herkommen könntest um anzugeben, welche Deiner Sachen eingepackt werden sollen? (…) Wenn Du nach Hügel kommst, möchte ich Dich auch bitten festzustellen, ob Du vielleicht zur Zeit einen dunkelblauen oder sonst ganz dunklen (schwarzen) alten Anzug abzugeben hast? Ich bin um einen solchen gebeten worden, habe auch schon bei Alfried gefragt, der aber zur Zeit nichts abzugeben hat.(…) Am Samstag Nachmittag haben wir eine große Tee-Gesellschaft – 500 Personen –, aber Sonntag vormittag könnte ich ja alles mit Dir besprechen, und auch dann einige Diener, wenn nötig, zur Verfügung stellen. Sonntag Mittag haben wir wiederum Gäste, und danach reisen Papa und ich gleich nach Sayneck, wo wir übernachten wollen, um am Montag den Krupptag in Braunfels von Sayneck aus zu besuchen. (…) Sie schließt ihren Brief mit einem kurzen Bericht über einige Ferientage in Sayneck: *Wir hatten sehr schöne Tage in Sayneck und haben die Ruhe sehr genossen. Zum Wochenende kamen dann noch die Kinder, und Sonntag kehrte ich mit*

Am 15.10.1937 besucht Eduard Herzog von Windsor die Kruppschen Werke. 2. v. l. der Herzog von Windsor, 2. v. r. Alfried Krupp

diesen hierher zurück, während Papa nach Stuttgart und Berlin reiste, von wo ich ihn heute Abend zurückerwarte. (…) Also hoffentlich auf Wiedersehen nächsten Samstag! Mit herzlichen Grüßen von uns Allen! Deine Mama.[24]

Nicht nur mit den drei ältesten Kindern, Alfried, Claus und Irmgard, führen Bertha und Taffy einen regen Briefverkehr, sondern auch mit den mittleren Kindern, Berthold und Harald, die ebenfalls nur noch ab und an auf dem Hügel wohnen. Selbst die jüngsten, Waldtraut und Eckbert, fangen an flügge zu werden. Der allerjüngste, der 14-jährige Eckbert, darf in den Ostertagen 1938 mit Freunden nach Rom reisen. In noch fast kindlicher Schrift schreibt er: *Liebe Mama, vielen Dank für Deinen Brief. Wir haben in den Ostertagen hier sehr viel gesehen, wie Du Dir denken kannst. – Am Mittwoch waren wir in den vatikanischen Museen zwar nur sehr kurz, aber das*

Schönste haben wir doch gesehen. Nachmittag war großer Tee bei Bergens, Frau Goebbels und anderes mehr! – Am Donnerstag fingen die Feiern an. Morgens waren wir im Thermenmuseum und nachmittags

Die Familie mit Blühnbacher Hauspersonal und Jägern, August 1937

in den Kirchen Maria Maggiore und S. Giovanni Lat., in denen pro Psalm eine der 14 Kerzen gelöscht wurden, wie du es sicher auch gesehen hast. (…) Freitag früh fuhren wir aufs Janiculum und schauten dort die Sehenswürdigkeiten an, besonders schön ist ja dort der Blick, »gekrönt« von dem Zuckerdenkmal Emmanuels! Aber wenn man die Finger zwischen dieses und seine Augen hielt, bekam man einen herrlichen Eindruck von Rom mit den alten Kirchen und Palästen. (…) Nach dem Abendessen sind wir noch in die Stadt gefahren, ob etwa Mussolini noch gefeiert würde (Albanien!), aber da es hier keinen Dr. Goebbels gibt, fand nichts statt. Dafür sind wir noch in das von außen angestrahlte Colosseum gefahren, das ganz gespenstisch von innen aussah durch die durch die Fenster dringenden Strahlen.[25]

Der lockere, humorvolle, ja fast respektlose Ton, in dem Eckbert Zeitgeschichte kommentiert, kontrastiert zu den offiziellen Reden

der Eltern. So kann nur innerhalb des engsten familiären Kreises
geredet, vorläufig sogar noch geschrieben werden. Aber von Kriegsbeginn an wird Briefzensur herrschen, und solche launigen Äuße-

Weihnachten 1933; v. l. n. r.: Berthold, Claus, Waldtraud, Irmgard, Eckbert,
Alfried, Harald

rungen werden zu Landesverrat. Noch aber schreibt Eckbert ganz
unbefangen: *Heute, Sonntag, waren wir in der großen Ostermesse in
St. Peter, in der der neue Papst seine Friedensrede hielt, wovon aber ich
nicht mehr als das ab und an vorkommende Wort »pace« verstand. Wir
hatten herrliche Plätze auf der Diplomatentribüne und Werner und
ich präsentierten uns in einem herrlichen Aufzug: da man allgemein,
besonders bei »dieser« Tribüne Frack anziehen mußte, hatten wir uns
je eine Fliege, einen Frackmantel, eine »Melone« und weiße Hand-
schuhe von Herrn von Bergen geborgt, was alles ziemlich paßte bis auf
die Kopfbedeckung, die man sowieso in der Hand trug. Wir sahen wie
verkrachte Zirkusdirektoren aus, besonders wenn wir aus Spaß die
Hüte aufsetzten – aber wir kamen auf die Tribüne! – Diesen Brief habe
ich nach Essen adressiert, was, wie ich hoffe, richtig ist. – Viele Grüße,
besonders an Papa und Familie von Eckbert.*[26]

Dieses jüngste Kind, es ist das munterste, unbeschwerteste und von Eltern und Geschwistern besonders geliebte, von dem ältesten Bruder Alfried am meisten verschiedene Kind. Eckbert ist das Nest-

Eckbert auf dem Nebelhorn, 1934

häkchen, der Sonnenschein, dem im Gegensatz zu seinen großen Geschwistern vieles nachgesehen wird. Er wird nur acht Jahre später am Ende des Krieges fallen, in ebendiesem Land, das er so begeistert beschreibt.

In den beiden letzten Friedensjahren, 1937 und 1938, ziehen die ältesten drei Kinder nicht nur hinaus in die Welt, sie heiraten auch. Zuerst Alfried, und er tut es mit einem Paukenschlag. Von ihm wissen die Eltern und die älteren Brüder, dass er nach acht langen Studienjahren endlich seinen Diplomingenieur gemacht hat, und zwar mit Auszeichnung, und sie wissen auch, dass die Länge des Studiums nichts mit dem Lehrinhalt, aber viel mit dem Versuch zu tun hat, seine Studentenjahre zu genießen. Taffy sieht es ihm nach, denn nach seinem Eintritt in die Firma erfüllt er alle in ihn gesetzten Erwartungen. Berthold und Harald sehen Alfried häufig mit Vera von Langen, einer attraktiven geschiedenen Brünetten. Sie fallen aus allen Wolken, als sie – ohne jede Vorwarnung – eine Karte erhalten mit der lapidaren Anzeige: *Ihre Vermählung geben bekannt: Alfried von Bohlen und Halbach und Annelise von Bohlen und Halbach, geb. Bahr. Schloß Wiesenburg/Mark, im November 1937.*[27]

Annelise und Alfried Krupp um 1938

Schloß Wiesenburg gehört Encio Graf von Plauen, einem Freund Alfrieds, der ihm in seiner Notlage dort eine Wohnung zur Verfügung stellt. Denn eine Notlage ist eingetreten: Annelise ist im sechsten Monat schwanger. Bertha und Taffy werden vor vollendete Tatsachen gestellt. Nachforschungen ergeben, dass es die zweite Ehe der unerwartet aufgetauchten Schwiegertochter ist. Und Alfried – bis über die Ohren verliebt in die muntere und männererfahrene blonde Schönheit – fährt nach Essen und beichtet seinen Eltern den Grund für die unziemliche Eile seiner Eheschließung. Die Eltern sind schockiert und nicht erfreut, aber gewöhnt daran, Tatsachen, die nicht zu ändern sind, zu akzeptieren. Annelise bekommt eine faire Chance. Schon wenige Wochen später wird die hochschwangere Braut nach Blühnbach eingeladen, wofür sich der erleichterte Alfried bei den Eltern artig bedankt. Weihnachten feiert das junge Paar mit der ganzen Familie im gemütlichen Blühnbach, so dass alle Geschwister das neue Familienmitglied kennenlernen können. Die Jugend freundet sich schnell an, nur zwischen Bertha und Annelise besteht distanzierte Kühle. Bertha kann die Enttäuschung über ihren Lieblingssohn so schnell nicht überwinden. Alfried hat keinen leichten Stand zwischen den beiden Frauen, also hält er sich in der Hoffnung auf Vermittlung an seinen Vater.

Zur Geburt kehren Alfried und Annelise nach Wiesenburg und damit in die Nähe Berlins zurück. Am 24. Januar schreibt Alfried an seinen Vater, mit dem er sich in Berlin getroffen hat: *Lieber Papa. Da*

Die Eltern mit den erwachsenen Kindern, Hügelterrasse, 1937; v. l. n. r. Berthold, Irmgard, Claus, Taffy, Alfried, Bertha, Eckhart, Waldtraut

ich nicht weiß, ob ich Dich heute früh noch sehe, möchte ich Dir auf diesem Wege mitteilen, daß Du heute morgen – unerwartet, da einen Monat zu früh – ein männliches Enkelkind bekommen hast. Annelise und dem Kleinen geht es gut. Es weiß bis jetzt noch niemand davon, wir können vielleicht dieser Tage darüber sprechen, wie wir diese zarte Angelegenheit der Öffentlichkeit gegenüber behandeln.[28]

Von wegen »zarte Angelegenheit«, macht Bertha ihrem Zorn Luft, als sie den Brief liest. Aber das Leben hat sie Beherrschung gelehrt. Sie gibt einen großen Fliederstrauß in Auftrag, den Alfried Annelise in Berlin an das Wochenbett bringt. *Liebe sehr verehrte Gnädige Frau!* adressiert Annelise, die gut Wetter machen will, postwendend ihren Bedankemichbrief: *Der herrliche weiße Flieder, den Alfried mir von Ihnen brachte, hat mir so viel Freude gemacht, und möchte ich Ihnen von ganzem Herzen dafür danken! – Von der Kin-*

derklinik[29] haben wir die besten Nachrichten über Arndt, und ich hoffe so sehr, daß wir ihn bald wieder abholen können! Ich fühle mich auch so einsam ohne ihn! – Alfried sagte mir auch, daß ich ein paar Kinder-

Sommersport 1938: Rhönradfahren auf der Blühnbacher Schlossterrasse;
v. l. n. r.: Claus, Harald, Eckbert

sachen haben dürfte, ich darf es vielleicht morgen mit Schwester Maria aufschreiben und dann Alfried mitgeben. Es gibt ja jetzt so wenig gute Wollsachen, und da fehlt uns so einiges, ich wäre Ihnen sehr dankbar, wenn wir etwas haben könnten! – (…)[30]

Die Festung Bertha schmilzt angesichts der Bemühungen des jungen Paares, das ihr immerhin den ersten Enkelsohn geschenkt hat. Annelise schreibt ihren nächsten Brief nur drei Wochen später, und diesmal beginnt er mit: *Liebe Mama! Ich wollte mich sehr herzlich bei Dir bedanken für die Leinentücher, die ich so gut gebrauchen kann. Wir haben sie schon in Benutzung genommen. – Jetzt sind wir glücklich alle hier in Wiesenburg gelandet, und vor allem Arndt hat den Transport gut überstanden, er sieht sehr gesund und niedlich aus, und nimmt gut zu. Das ist ja die Hauptsache, und Schwester Maria versteht die Pflege so gut. Auch mit der Amme ist alles besser und ein-*

facher als wir dachten. (...) Viele herzliche Grüße, liebe Mama, von Deiner Annelise. (Deine hellblaue Seidendecke liegt auf der Wiege und sieht reizend aus).[31] Bertha und Taffy besuchen das junge Elternpaar in Wiesenburg und lernen ihren Enkel kennen. Es ist an der Zeit, aus der nur als Provisorium gedachten Wohnung in Schloss Wiesenburg nach Essen umzuziehen und sich vorsichtig aneinander anzunähern. *Meine liebe Mama!,* schreibt *Annelise* am 28. März (Arndt ist acht Wochen alt) an Bertha. *Von ganzem Herzen möchte ich Dir Glück wünschen zu Deinem morgigen Geburtstag, den Du hoffentlich mit einigen Deiner Kinder und mit Papa sehr vergnügt erleben wirst. – Und dann möchte ich Dir und Papa von Herzen danken für alles. Es war so schön, daß Ihr hier draußen wart bei uns, und daß Ihr Arndt so niedlich gefunden habt. Ich will Dir versprechen alles zu tun, damit Du nur Freude erleben wirst mit Arndt und werde ihn mit Alfried so erziehen, im Sinne unserer Familie.*[32] Dieses Versprechen wird Annelise nicht halten, denn trotz aller guten Absichten kann sie sich nicht in die neue Umgebung einfügen. Sie sieht den äußeren Glanz, versteht aber nicht die innere Einstellung, die dahinter steht. *Ich freue mich sehr, wenn ich jetzt bald zu Euch kommen darf auf den Hügel! – Bitte viele herzliche Grüße an Papa, Dir einen Handkuß von Deiner Annelise.*[33] Auf dem Hügel als Gastgeberin zu glänzen, dieser Herzenswunsch Annelises erfüllt sich drei Monate später. Im Juni halten sich die Eltern Krupp zur Kur in Gastein auf, und Alfried und Annelise wird eine Art Probezeit auf dem Hügel gewährt. Sie wohnen, wie es Sitte für die nachwachsende Generation ist, im Kleinen Haus. Acht Seiten lang ist der Brief aus Wiesenburg, mit dem sich Annelise bedankt und sich bei ihrer Schwiegermutter empfehlen will. Aber die oberflächlich anbiedernde Art, mit der die Schwiegertochter das Geschehen beschreibt, kann Bertha nicht gefallen. *Am Sonntag kamen dann Mackensens, sie freuten sich sehr über das Telegramm, das beim Frühstück ankam! Es ist ganz außerordentlich, wie frisch geistig und körperlich der alte 89jährige Feldmarschall ist! (...) Mittags haben dann alle bei uns im Kleinen Haus gegessen. (...) Montag Morgen fuhr Alfried mit ihm in der Fabrik herum,*[34] allein diese Formulierung, herumfahren, denkt Bertha beim Lesen, zeigt doch das vollkommene Desinteresse an dem Werk, *während ich mit der Exzellenz in den Siedlungen, Erholungshaus Arnoldhaus usw. war. Es hat mich alles ganz besonders interessiert und ich muß sagen, liebe Mama, daß das alles mich sehr beeindruckt hat. Es ist ja alles ganz wunderbar gebaut und ausgedacht und mit so viel Liebe zusammengestellt. Dann waren wir hier auf dem Turm[35] und vor allem im Stammhaus, das auf mich den stärksten Eindruck gemacht hat in seiner Einfachheit; und was aus diesem kleinen Haus alles hervorgegangen ist, ist wirklich gewaltig. Ich hatte ein Gefühl tiefer Ehrfurcht. (…) Ich wollte aber nur einen kleinen Einblick geben von den Tagen, in denen wir in Eurer Vertretung auf dem Hügel waren. (…) Morgen kommt Alfried für das Wochenende. Mein Vater ist auch für einige Tage hier. Es ist sehr nett nach so langer Zeit. (…) Wann dürfen wir mit Arndt nach Blühnbach fahren? So am 25. Juli? So, nun Schluß für heute. Entschuldige die Schrift, aber ich schreibe draußen im Garten auf dem Liegestuhl.[36]*

Bertha hat noch nie in ihrem Leben einen Brief im Liegestuhl geschrieben, auch das befremdet sie, aber – so denkt sie – das ist eben die heutige Jugend, das muss man akzeptieren.

Schwiegermutter und Schwiegertochter lernen, miteinander auszukommen. Arndts Taufe wird gemeinsam mit den Großeltern am 21. Mai noch in Schloss Wiesenburg gefeiert, mit Dinner im Frack. Dann zieht das junge Paar endgültig in das Kleine Haus auf den Hügel um. Doch diese Nähe hilft nicht, sondern schadet. Erste Risse tun sich auf. Annelise flirtet gerne. Annelise trinkt viel. Annelise hält nicht den gebotenen Abstand zu dem Personal, vor allem nicht zu dem männlichen. In Anlehnung an ihren Nachnamen Bahr nennen sie die Gefährten jener Zeit spöttisch die »Bardame«. Sie ist das, was wir heute ein Partygirl nennen würden. Nun hindern sie gerade die Eigenschaften, die Alfried angezogen haben, daran, sich auf dem Hügel einzuleben. Und was sich nicht mehr verdecken lässt, ist ihr Alkoholproblem. Sie wird kurzfristig in ein Berliner Krankenhaus eingeliefert, wegen einer Drüsenerkrankung, so lautet die offizielle Version. Von nun an bis zu ihrem Lebensende werden Aufenthalte in Krankenhäusern und Sanatorien ein wichtiger Teil ihres Lebens sein.

Weihnachten 1938 feiern Bertha und Taffy mit allen Kindern und ihrem Enkel in Blühnbach. Nur Annelise fehlt, die in Dr. Wiggers Sanatorium in Partenkirchen ist. *Liebe Mama,* schreibt sie nach

Blühnbach, *ich danke Dir herzlich für Deinen Brief und freue mich,
daß es Arndt so gut geht. – Da ich nur wenig schreiben soll, habe ich
nur noch einige Zeilen betreffs Arndt und Weihnachten. Ich möchte
nicht, daß er die große Weihnachtsfeier mitmacht, sondern einen Tag
vorher seine kleine Bescherung und vor allem seinen Baum hat. Er
spielt ja so interessiert und beobachtet alles sehr. So wird es am besten
sein in diesem Jahr, er bleibt in seinem Bereich! Und noch eine Bitte:
nicht so viel Besuch der Geschwister. Er soll sich vor allem mit den
Sachen beschäftigen und nicht durch Menschen abgelenkt werden.*[37]

Bertha ist beunruhigt. Arndt ist noch ein Baby, kaum ein Jahr
alt, und schon legt sich der Schatten seiner Mutter schwer auf ihn.
Wie soll ihr Enkel gedeihen, bei einer von Eifersucht zerfressenen
Mutter, die das Kind ganz und gar auf sich fixieren will? Und sieht
sie nicht den Widerspruch zwischen ihrem Versprechen, Arndt im
Sinne der Familie zu erziehen und ihrer Absicht, das Kind ganz und
gar zu isolieren? Taffy, inzwischen alt und weise geworden, versucht
zu beruhigen. Heiligabend schickt er seiner kranken Schwiegertochter ein Telegramm: *Herzlichst danken wir Dir alle für die guten
Wünsche und Grüße, die wir wärmstens erwidern. Wir bedauern
sehr, daß Du heute hier in unserem Kreise fehlst, freuen uns aber der
Anwesenheit Alfrieds und Arndts und hoffen vor allem, daß Dir recht
bald volle Besserung beschieden sein möge.*[38] Doch Berthas Sorgen
sind berechtigt. Die Zeit wird zeigen, daß die verfehlte mütterliche
Erziehung dazu beitragen wird, Arndts Leben zu zerstören.

Irmgard und Hanno, Claus und Sita (1938–1939)

Nur sechs Wochen nach Alfrieds überraschender Hochzeit, am 1. Ja-
nuar 1938, geben Bertha und Gustav die Verlobung ihrer ältesten
Tochter Irmgard mit Hanno, Freiherrn Raitz von Frentz bekannt. Die
Braut ist 26, der Bräutigam 32 Jahre alt. Irmgard ist Papas Liebling,
denn – genauso wie er – jagt, reitet und segelt sie mit Begeisterung.
Sie begleitet ihn auf seinen Pirschgängen in Sayneck und Blühnbach.

Sie liebt die Natur und hat ein großes Herz für Pferde, Hunde und andere Vierbeiner. Ihren beiden großen Brüdern, Alfried und Claus, ist sie ein guter Kumpel. Wenn nötig, springt sie bei repräsentativen

Am 1. Januar 1938 verlobt sich Irmgard mit Hanno Freiherrn Raitz von Frentz; v. l. n. r.: Bertha, Hanno, Irmgard, Taffy

Aufgaben für ihre Mutter ein, wie sie es bei Adolf Hitlers erstem Besuch auf dem Hügel getan hat. Als Kind war sie oft krank, das Sorgenkind, das ihren Eltern besonders ans Herz gewachsen ist. Sie ist gerne in Gesellschaft, ein munterer Mittelpunkt der Großfamilie Krupp, eine, die sich nicht immer an die Regeln hält, die – gänzlich undamenhaft – auf dem Motorrad mit ihrem Verlobten über die Straße fegt, anstatt wohlfrisiert im Auto neben ihm zu sitzen.

Der 32-jährige Bräutigam, Hanno Freiherr Raitz von Frentz, ist mit der Braut entfernt verwandt. Ihre Urgroßväter waren Brüder. Alfred Krupps Bruder Hermann ging nach Österreich und gründete die Berndorfer Metallwaren Fabrik. Seine Tochter Fanny Alice heiratete nach Deutschland zurück und wurde Hannos Großmutter. *Generationen hindurch finden wir die Raitz an der Spitze der Reichsstadt Köln oder in machtvollen und einflußreichen obrigkeitlichen Äm-*

tern. In den obersten Generationen trugen ihre Familienverbindungen
mit ältesten Kölner Ritter-, Edelherren- und Dynastengeschlechtern
erheblich dazu bei, ihre Stellung im Kölner Stadtregiment zu stärken
und zu befestigen,[39] berichtet die
Essener Heimatzeitung. Nach
außen hin sieht alles rosig aus,
doch in Wirklichkeit ist auch
der Beginn dieser Ehe mit Problemen belastet.

Noch vor der Verlobung
treffen sich Taffy und Hanno
zu dem in bürgerlichen Kreisen üblichen Gespräch, in dem
der Bräutigam dem künftigen
Schwiegervater seine finanzielle
Situation darlegt. In vorbildlicher Haltung, aber mit rotem
Kopf, muss Hanno erklären,
dass er außer seinem Gehalt als
Bürgermeister von St. Goarshausen am Rhein über keinerlei
Einkünfte verfügt und auch auf
kein Erbe hoffen kann. Auf Gustavs Wunsch hin stellt er seine

Am 7. April 1938 heiratet Irmgard
Hanno Freiherrn Raitz von Frentz auf
dem Hügel

Guthaben und Verbindlichkeiten auf. Seine finanzielle Situation ist
so knapp, dass die künftigen Schwiegereltern ihm zu Weihnachten
die notwendige Garderobe für die Essener Feierlichkeiten schenken.
Sie tun das in der gewohnten taktvollen Weise und verhindern so
Hannos Vorhaben, für diesen Zweck sein geliebtes Motorrad zu
verkaufen.

Unabhängig davon stellt Taffy – gewissenhaft und korrekt wie
immer – seine eigenen Nachforschungen zu der Situation der Familie an. Der Erbhof der Familie, das Weingut Hattenheim, ist hoff-
nungslos überschuldet. Hannos Vater Carl erwartet offensichtlich
von Irmgards Vater, dass er diese Schulden übernimmt und tilgt, ist
aber in keiner Weise bereit, seinen übertrieben großzügigen Lebens-
stil einzuschränken. Hannos Bruder Wynand lebt ebenfalls auf dem

Gut und ist ebenfalls nicht gewillt, sich seinen Lebensunterhalt an anderer Stelle zu suchen.

Als seinerzeit der Wunsch an uns herantrat zu helfen, schreibt Taffy Jahre später an Hanno und fasst die Gegebenheiten noch einmal zusammen, *um eben dem allgemeinen Zusammenbruch vorzubeugen, habe ich meinem Grundsatze getreu, gutes Geld nicht schlechtem nachzuwerfen und im Falle einer Hilfe diese so zu gestalten, daß künftigen Rückfällen vorgebeugt werde, die Frage prüfen lassen, inwiefern durch eine freie Vereinbarung mit den Gläubigern der Gesamtschuldbetrag auf eine Summe herabgesetzt werden kann, die dem tatsächlichen Wert des Gutes entspricht. Dabei ging ich auch von dem Gesichtspunkt aus, daß kein Mensch verlangen kann, Gläubigern, die leichtsinnigerweise ihre Gelder geliehen hatten, nun auch alles mit Zins und Zinseszins zurückzuzahlen in einer Lage, in der sie normaler- und vernünftigerweise unmöglich mit Rückzahlung dieser Beträge rechnen konnten.*[40] Taffy schlägt einen fairen und höchst vernünftigen Vergleich vor. Doch Hannos Vater lehnt ab, in nach wie vor völliger Verkennung seiner verzweifelten Lage. Bertha ist verärgert, Taffy ebenso und Hanno sitzt zwischen allen Stühlen. *Wir glaubten, Deinen Eltern durch das Angebot freier Wohnung auf dem Gut und einer Beihilfe zur Sicherung eines bescheidenen Lebensunterhaltes für sie und Deine Schwester bei einem schuldenfreien Dasein einen Gefallen zu erweisen, was aber – wie Du weißt – nicht anerkannt worden ist. Bezüglich Deines Bruders Wynand freilich stehe ich auf dem Standpunkt, daß er in der Lage sein muß, sich selbst zu erhalten, und daß man ihm keinen schlechteren Gefallen erweisen könnte, als ihn daran zu gewöhnen, von Anderen abhängig zu bleiben.*[41]

Am 7. April 1938 findet die Hochzeit auf dem Hügel statt. Das Brautpaar strahlt, die entsprechenden Eltern lächeln pflichtbewusst. Bertha sitzt in der Kirche in der ersten Reihe und betet für das Glück ihrer Tochter. Sie wird es in ihrer neuen Familie nicht leicht haben. Möge der Name Krupp ihr Glück nicht zerstören, das wünscht Bertha sich vor allem. Sie weiß, dass er bei vielen, vielleicht bei den meisten Menschen, den Wunsch nach Teilhabe an Reichtum hervorruft. Das hat Alfred Krupp erlebt, ebenso wie sein Sohn Friedrich Alfred. Margarethe Krupp ist den Begehrlichkeiten aus Familie und Umwelt mit einem strikten Regelwerk begegnet, sie und Taffy gehen auf diesem Wege weiter. *Wie ich Dir schon mündlich sagte, lag und liegt Mama und mir der Wunsch, ein Gut zu erwerben, völlig fern. Was während unserer Ehe und namentlich nach dem Weltkrieg uns alles an wirklich wertvollen Gütern und dergl. zu spottbilligen Preisen angeboten wurde, kannst du Dir nicht vorstellen. Wir haben immer alles unbesehen abgelehnt aus der Überzeugung heraus, daß unsere Hauptpflicht darin liegt, unsere eigenen Werke zu erhalten und dem Fortschritt entsprechend zu entwickeln, damit sie auch in Zukunft an der Spitze der deutschen Industrie stehen können.*[42] Das war immer die Politik der Krupps. Zuerst kommt die Firma, deren Bedürfnisse sind die wichtigsten. Dann erst wird das Privatvermögen des Eigentümers aufgefüllt, und aus diesem bekommen die anderen Kinder ihren Teil. Auch Irmgard geht nicht leer aus. Als Hochzeitsgabe und zukünftiges Erbe erhält sie den Biesendahlshof[43], der für sie gekauft wird. Von Hanno wird erwartet, dass er ihn übernimmt und die Voraussetzungen für seine Einstufung als Erbhof schafft. So sorgen Irmgards Eltern dafür, dass der Biesendahlshof nicht zur Deckung von Hannos Familienschulden verwendet werden kann. *Mein Grundsatz ist stets der gewesen,* schreibt nach zwei Jahren unaufhörlicher Bitten der genervte Gustav an seinen Schwiegersohn in aller Klarheit, *daß Irmgards Vermögen nicht einem mehr als überschuldeten Unternehmen nachgeworfen werden darf. Irmgard hat aus dem Nachlaß ihrer Eltern nicht mehr zu erwarten als Biesendahlshof, für den im Laufe der Jahre im Hinblick auf immerhin mögliche Wechselfälle auch ihrerseits noch manches wird geschehen müssen.*[44] Trotz vieler verbindlicher und auf Harmonie bedachter Worte, die Taffy noch findet, diese Haltung bleibt hart. Dahinter steht Berthas feste und unumstößliche Überzeugung.

Sie, die sich bis an ihr Lebensende von Hitler und seiner Bewegung im privaten Kreise distanziert, steht noch einem weiteren Problem gegenüber. Von allen ihren Kindern ist es ausgerechnet Irmgard, die sich der Ideologie der NSDAP zutiefst verbunden fühlt. Das Gleiche gilt für Hanno. Seine Verlobungsanzeige unterzeichnet er mit Hanno, Freiherr Raitz von Frentz, SA-Sturmführer. Trotzdem lehnt sie diesen Schwiegersohn und entfernten Verwandten nicht ab, denn die Umstände, die ihn zu Hitler geführt haben, sind typisch für viele seiner Generation. Als er 1906 geboren wurde, war sein Vater der Besitzer eines gutgehenden Weingutes und Erbhofes. Er ließ seinen jüngeren Sohn Hanno in Bonn-Poppeldorf Landwirtschaft studieren. Dann, nach dem Großen Krieg, kam die Große Inflation, so dass Hanno im Winterhalbjahr 1927/28 sein Studium abbrechen musste. *Durch die schwierigen wirtschaftlichen Verhältnisse der damaligen Zeit war es meinem Vater einerseits nicht mehr möglich, die Kosten meines Studiums aufzubringen, andererseits brauchte er zur Verbilligung des Weingutsbetriebes meine Mitarbeit in Hattenheim. Mein Bruder war damals anderwärts tätig, so daß ich veranlaßt wurde, dem Wunsche meines Vaters sofort zu entsprechen. – Als es schließlich infolge der weiteren Verschlechterung in der Wirtschaft 1930 zum Konkurs des väterlichen Weinguts kam, konnte ich mich landwirtschaftlich nicht weiter betätigen. Deshalb widmete ich mich von da an vollständig der Bewegung.*[45] Die Bewegung, das ist in Hannos Fall die SA. Er arbeitet noch einmal zwei Jahre in Hattenheim, das sein älterer Bruder übernehmen soll, dann *habe ich mich selbständig gemacht und bei der SA hauptamtlich gearbeitet.*[46] Eine andere Option hat der junge Mann aus alter Familie, der über kein Vermögen und keine richtige Ausbildung verfügte, nicht gesehen, vielleicht auch nicht sehen wollen, denn der Nationalsozialismus mit seinem Optimismus und seinem wirtschaftlichen Aufschwung entsprach doch ganz dem, was er sich wünschte. Zur Zeit seiner Heirat ist er Bürgermeister des Ortes St. Goarshausen am Rhein, über dem sich der Felsen der Loreley erhebt.

Das junge Paar bezieht ein großes Haus, das sie mit Berthas Hilfe einrichten. Hanno bittet um eine Aufstellung der übergebenen Wohnungseinrichtung, damit er sie versichern kann. *Es hat mich sehr gefreut, daß Du uns bald besuchen willst,* schreibt er an seine Schwiegermutter, *Du mußt Dich doch auch persönlich überzeugen, wie hübsch nun alles hier geworden ist, was Du mit so großer Sorgfalt vorbereitet hast. Wir fühlen uns täglich wohler!*[47] Bertha antwortet postwendend: *Ich sende Dir anliegend eine Aufstellung der Preise, aus der Du alles ersehen kannst. (...) Wir hatten eigentlich die Absicht, am kommenden Donnerstag auf der Rückfahrt von Badenweiler, wo wir den Sonntag verbringen wollen, bei Euch in Goarshausen vorbeizukommen. Nun mußten wir aber meiner Erkrankung wegen die gan-*

ze Reise aufgeben, was mich sehr enttäuscht hat, doch hoffe ich, daß wir sie in nächster Zeit nachholen können. (…) Alfried ist am Montag nach Rom geflogen. (…) Claus hat seine Fliegerübung nun hinter sich und kehrte nach Magdeburg zurück. Auch Berthold wird in 8 Tagen wieder die Uniform verlassen, worauf er sich sehr freut, denn diese Übung war für ihn eine große Enttäuschung, da er sich gar nicht wohl in Düsseldorf fühlte.[48] Die Nachrichten über die anderen Kinder, das ist immer ein wesentlicher Teil der elterlichen Korrespondenz in Zeiten, wo das Telefon nicht immer funktionierte, und das Mobiltelefon noch nicht erfunden ist. Taffy wird immer wieder von Hanno schriftlich um Spenden gebeten, einmal für die SA, einmal für die Errichtung des geplanten Thingplatzes auf der Loreley, für den der Bürger-

Am 1. Oktober 1938 heiraten Claus und Sita

meister Hanno Geld sammeln muss. In seiner vornehmen Art und in höflichster Form lehnt Taffy diese Ansinnen ab.

Das junge Paar richtet sich ein und im April 1939 wird Alheid geboren. Der stolze Vater berichtet Bertha: *Geblieben ist für mich und Irmgard die große Freude mit unserer Alheid, die sich ganz reizend entwickelt. Sie nimmt schon prächtig zu und trinkt auch jedesmal 100, 120 und 130 gr. – und ist fast immer gut aufgelegt, was doch auf gute Gesundheit schließen läßt. – Heute morgen war ich zur Untersuchung beim Wehrbezirkskommando und bin für alle Waffengattungen als tauglich gefunden. Nun sind die Würfel gefallen, Mitte Mai werde ich auf drei Monate eingezogen. Wohin, wird noch entschieden. Ich bin froh, daß Irmgard während der Zeit mit Alheid auf Hügel kommen kann, bei Euch wird sie sich am besten erholen.*[49] Bevor das Baby ein halbes Jahr alt ist, beginnt Hitler den Zweiten Weltkrieg. Hanno wird 1940 fallen und Irmgard als junge Witwe mit drei kleinen Kindern auf dem Biesendahlshof in Pommern zurücklassen.

Doch noch ist die junge Generation voller Zukunftshoffnungen und auf der Suche nach dem großen Glück. Auch Claus, der zweitälteste Sohn, findet seine Frau auf konventionellem Wege. Sita von Medinger ist eine Freundin seiner Schwester Irmgard, standesgemäß geboren in einem böhmischen Schloss[50]. Sita ist ein zierliches, lebensfrohes Mädchen, das gerne tanzt und Sport treibt. Wie Claus liebt sie die Jagd und den neu in Mode gekommenen Sport des Skifahrens. Ganz comme il faut wird im Juni 1938 die Verlobung angezeigt, auf einer Doppelkarte, auf der links die Witwe Alice von Medinger, Wien, figuriert, rechts Claus von Bohlen und Halbach mit Wohnsitz in Magdeburg.[51] Im Oktober wird in Wien geheiratet und der Stammhalter kommt schickliche zehn Monate später auf die Welt. So läuft bei Claus alles im üblichen bürgerlichen Rahmen ab. Der Gegensatz zu Alfrieds Hochzeit und Partnerwahl ist nicht zu übersehen.

Weil die Ehe von Bertha und Taffy auf wirklicher Achtung und Zuneigung beruht, kommt es auch diesmal nicht zu ernsten Meinungsverschiedenheiten zwischen ihnen. Bertha hält – trotz der Mesalliance – Alfried für den geeigneten Erben, während bei Taffy die Waagschale eher zu Claus neigt. Letztendlich finden die Eltern eine salomonische Lösung. Alfried bleibt der Nachfolgekandidat für die Gussstahlfabrik, und Claus übernimmt die Krupp-Werke im österreichischen Berndorf. Dort residiert ein Leben lang der von allen verehrte und geliebte Onkel Arthur Krupp, Berthas Cousin zweiten Grades. Er ist ein Förderer der Künste, Mitglied der höchsten österreichischen Kreise und ein Lebenskünstler. Aber im Laufe der Jahrzehnte ist der Betrieb unter seiner Führung so verschuldet, dass er letztlich der Bank und seinen reichen Verwandten in Essen gehört. Und er hat keinen Nachfolger. Was liegt da näher, als sich den zweitältesten Sohn aus der Essener Dynastie nach Berndorf zu holen?

Weder Taffy noch Claus übernehmen diese Verpflichtung blauäugig. Die Firma wird unter Claus' Leitung gründlich durchleuchtet und die Summen, die dort hineingesteckt werden müssen, werden festgestellt. *Wir haben heute die Ermittlungen hier im Werk abge-*

schlossen, schreibt Claus am 17. Mai 1938 an seinen Vater und bittet um eine Besprechung in Essen, an der Taffy, die Direktoren Wilhelm Schröder und Ewald Löser und er selbst teilnehmen sollen. *In der*

Am 30. November 1939 wird Arnold getauft

Anlage schicke ich Dir den Kontoauszug der Mercurbank. Er ist geprüft und in Ordnung. Sobald das Geld überwiesen worden ist, werde ich mir den Hypothekarschein von der Bank zurückgeben lassen. Ferner schicke ich Dir anbei einen Kontoauszug der Berndorfer Metallwaren-fabrik. Gegen den geliehenen Betrag sind Aktien von Onkel Arthur verpfändet worden. Da im gegenwärtigen Augenblick diese Aktien wohl besser nicht verkauft werden, bitte ich Dich zu entscheiden, ob auch dieser Betrag überwiesen werden soll.[52] Hypotheken und die wenigen dem Namensgeber Arthur Krupp noch verbliebenen Aktien verpfändet – das Erbe, das Arthur Krupp seinem Essener Verwandten übergibt, ist belastet. Eine echte Herausforderung für den 28-jährigen Claus, der die letzten Tage seines Junggesellendaseins genießt und seinem liebsten Hobby frönt, der Fliegerei. *Ich selbst werde morgen Mittag nach Berlin fliegen und am Donnerstag Mittag von Magdeburg, wo ich noch einiges zu erledigen haben, mit meiner Maschine nach Essen kommen.*[53] Es bleibt noch, Abschied zu nehmen von dem Kruppschen Grusonwerk in Magdeburg, was in einer Aufsichtsratssitzung am 17. März 1939 geschieht[54], dann übernimmt Claus das Zepter in Berndorf, er wird Vorsitzender des Vorstands. Claus und Sita ziehen nach Berndorf, in die herrschaftliche Krupp-Villa »Am Brand«, und am 2. Oktober wird bereits der Stammhalter Arnold geboren. Claus, noch nicht 30 Jahre alt, gutaussehend, gut ausgebildet, charmant, sportlich, glücklich verheiratet und Vater eines Jungen, außerdem beruflich in einer herausragenden Position – die Zukunft läge glänzend vor ihm, wäre Adolf Hitler nicht am 1. September in Polen einmarschiert.

Der Zweite Weltkrieg beginnt. Claus, Leutnant der Reserve, meldet sich sofort freiwillig und wird zu einem Fliegergeschwader einberufen. Noch einmal bekommt er Urlaub: Am 30. November, um 12.00 Uhr mittags wird der kleine Arnold getauft. Claus trägt sein soeben erworbenes Eisernes Kreuz, zu dem ihm sein Vater telegrafisch gratuliert: *Herzliche Glückwünsche von uns Allen! Das ist und bleibt doch immer die ehrenvollste Auszeichnung!*[55] Auch Weihnachten darf er nach Hause. Die kleine Familie feiert zum erstenmal gemeinsam Weihnachten in ihrem neuen Heim. *Liebe Mama,* schreibt Claus' junge Frau am 27. Dezember an Bertha, *Dir und Papa danke ich viel, vielmals für die wunderschönen Geschenke. Die Uhr ist einfach begeisternd und ich schaue sie dauernd an, weil sie so nett erdacht ist!! Arnolds lustiges Katzentischtuch und die Strümpfe und das schöne Deckchen sind auch so besonders hübsch! Der Kleine hat uns Weihnachten wirklich so verschönt, er lag in seinem Stubenwagen neben dem Baum und bewunderte glücklich die Lichter. Das Weihnachtswetter war sehr gut, Schnee, Sonne und angenehme Temperatur! (…) Hoffentlich habt Ihr es nett mit den zwei Kleinen*[56] *in Blühnbach. (…) Dir und Papa noch 1000 Dank für alles, für das kommende Jahr die erdenklich besten Wünsche! Was wir alles erleben müssen, die Zukunft erscheint einem dieses Jahr so düster! Es küßt Dir die Hand Deine dankbare Sita.*[57] Die junge Mutter fürchtet sich mit Grund, denn ihr, ihrem Mann und ihrem Kind wird nur dieses eine einzige gemeinsame Weihnachten vergönnt sein.

Das Ende von Annelises Traum (1939)

Bis Pfingsten 1939 herrscht Familienfrieden im Hause Krupp. Dann aber geschieht etwas, das Bertha zutiefst verstört. Es geht um Annelise, Alfrieds Frau, deren unkonventionelles Erscheinen in der Familie Bertha und Taffy von Anfang an Schwierigkeiten gemacht hat. Bertha überwindet sich und gibt Annelise die Möglichkeit, sie auf dem Hügel und in Berlin als Hausherrin zu vertreten. Ganz anders reagiert ihre Schwester Barbara. Sie schreibt aus Marienthal einen wütenden Brief an Bertha, in dem sie erklärt, Annelise niemals als Erste Dame des Hauses Krupp anzuerkennen. Tilo und Taffy telefonieren miteinander und Taffy hält Barbaras Meinung in einer lapidaren Notiz fest: *Alfried habe bewiesen, daß er seine Eltern zu seinem niederen Standpunkt herunterzieht.*[58] Die tiefe Freundschaft der beiden Schwäger wird auf eine harte Probe gestellt. Bertha und Barbara beharren beide auf ihrem Standpunkt, und so ist wieder einmal Taffys diplomatisches Geschick gefragt. *Mein lieber Tilo*, schreibt er, freundlich, aber glasklar, *eben treffen Deine Zeilen vom Gestrigen hier ein. Bertha und ich sind wirklich sehr betroffen, auch über Barbaras Brief: wir haben keinerlei Verständnis für Barbaras Stellungnahme, aber auch dafür nicht, daß sie sich als Richter über uns aufwirft. Wir glauben beide, daß es am besten ist, wenn man sie nun ganz in Ruhe läßt, vielleicht überlegt sie sich noch mal alles von sich aus. Bertha wird ihr auch auf ihren Brief nicht antworten. Wenn Du mit uns die ganze Frage in Ruhe besprechen willst, so gibt sich dazu wohl Gelegenheit in Berlin. (…) in unserem Vertrauensverhältnis zu Dir kann und soll sich nichts ändern. Aber Barbara wird sich klar darüber sein müssen, daß in unserem Berliner Haus Annelise gegebenenfalls uns als Hausherrin vertritt.*[59] Bertha hält ihre Entscheidung, Annelise die Möglichkeit gegeben zu haben, langsam in ihre zukünftige Rolle hineinzuwachsen, nach wie vor für richtig. Was sie nicht erwartet, ist, von ihrer Schwiegertochter auf ganzer Linie enttäuscht zu werden. Und es wird ihr bitter, ihrer empörten Schwester nachträglich Recht geben zu müssen.

Nur Bertha und Taffy wissen um Annelises unverzeihliches Benehmen in den Pfingsttagen 1939, um das, was Annelise ihren

»großen Fehler« nennt. Bertha hat das Wissen um diesen Fehler mit in ihr Grab genommen. In einem verzweifelten Versuch, die Folgen ihres Verhaltens zu mildern, schreibt Annelise am 28. Juni 1939 von ihrer alten Wohnung in Wiesenburg aus an Irmgard: *Liebe Irmgard. Als ich damals nach Pfingsten mit Alfried in Essen war, konnte ich Dich ja leider nicht sehen und sprechen. Es liegt mir so am Herzen, Dir meinen großen Kummer darüber zu sagen, daß ich die Eltern durch einen großen Fehler so erzürnt habe, daß sie mich nun nicht mehr sehen und empfangen wollen*[60]. Zu einer Entschuldigung kann sie sich nicht aufraffen, zu einer Erklärung ihres Verhaltens ebenso wenig. Stattdessen appelliert sie an das Mitgefühl für Alfried: *Aber ich bin so verzweifelt und weiß nicht, wie das alles nun werden soll, denn es geht ja so weit, daß unsere Ehe betroffen wird. Alfried und ich sehen uns fast nie, er kann bei seiner vielen Arbeit und den Verpflichtungen nicht noch sich öfter als 1 mal in 14 Tagen oder 3 Wochen 1–2 Tag nehmen, um hier heraus zu fahren. (…) Und schließlich noch etwas wichtiges, und das ist Arndt. Er fängt doch jetzt an, seine Umgebung und die Menschen genau zu kennen, und er muß doch ein Elternhaus haben, der kleine Kerl muß doch fühlen, daß wir seine Eltern sind. Bisher war es doch so, daß er einmal in Essen bei Alfried war, dann in Berlin bei mir (wie ich im Krankenhaus war).* Der Aufenthalt im Krankenhaus ist die beschönigende Umschreibung für die Behandlung ihres Alkoholismus, einer Krankheit, die sie ihr Leben lang begleitete, wie es in der Familie immer bekannt war. Er ist der Grund für ihren »großen Fehler«, ihn kann sie nicht kontrollieren und das ist es, was Bertha bei Alfrieds Frau nicht tolerieren will und kann. *Weißt Du, Irmgard, ich verstehe die Eltern sehr gut, sie waren so gut zu mir, besonders auch Papa, aber glaubst Du, daß sie sehen, daß dadurch unsere Ehe kaputt geht? Sieh, Alfried soll doch einmal das Werk übernehmen und er muß es auch! Aber dann muß er doch eine Frau haben, die mit ihm leben kann. Und ich darf ihn dann nicht noch mehr belasten! Also - - -, müßte ich von ihm gehen, wenn ich ihn lieb habe, um sein Leben nicht zu zerstören. Dann gibt es doch keinen anderen Ausweg. Du wirst nun verstehen, daß diese Gedanken mich ganz verzweifeln, denn ich liebe ihn doch und Arndt.*[61] Der mitleidheischende Ton des Briefes, der Versuch,

Alfried und Arndt gegenüber seinen Eltern ins Feld zu führen, das alles nutzt ihr nichts mehr. Sie hat ihre Chance vertan. Selbstverständlich leitet Irmgard diesen Brief sofort an ihre Mutter weiter. Bertha antwortet handschriftlich und ohne den Umweg über Taffy. *Liebe Irm, bei Deiner Rückkehr wirst Du diese Zeilen vorfinden. Ich schrieb auf beifolgenden Zetteln das auf, was Du in Deinem Brief an Annelise verwerten kannst. Ich schrieb es nur deshalb in Briefform, da mir das leichter wurde. So soll damit nicht gesagt sein, daß Du es abschreiben sollst, vielmehr setze es in den eigenen Stil um. Ich und Papa glauben, daß es eine Gelegenheit ist, ihr den Hergang mal klar vor Augen zu führen, wie er sich abgespielt hat und welchen Konsequenzen sie nun ins Auge sehen muß. Ich glaube, daß alles, was ich erwähnte, auch Deinem Empfinden entspricht. Und es ist vielleicht gut, daß Du als Neutrale das alles von Dir gibst. Ich und Papa haben ja keine Gelegenheit, es ihr zu sagen und ob und wie Alfried es getan hat, wissen wir nicht. So erfährt sie wenigstens unseren Standpunkt. Nimm Abschrift von Deinem Brief und verwahre diese mit Annelises Brief an Dich. (…) Gruß und Kuß. Mama.*[62]

Dem Brief an Irmgard sind Berthas »Zettel« in Briefform beigelegt, von ihr eigenhändig geschrieben, mit vielen Einfügungen und Streichungen. Sie macht es sich nicht leicht bei Ihrem Versuch, sich in ihre Schwiegertochter hineinzuversetzen und ihr die Kruppschen Familienregeln zu erklären: *… möchte ich Deinen Brief beantworten, in dem Du mir Deinen großen Kummer anvertraust. Ich kann Dir wohl nachempfinden, wie sehr Dich dieser bedrückt und ich möchte Dir gerne ein tröstliches Wort sagen oder Dir einen guten Rat geben können. Du weißt ja, wie sehr ich Alfried liebe und wie viel ich von ihm halte, aber er ist sehr verschlossen und deshalb weiß ich nicht wie er denkt und fühlt. – Daß der derzeitige Zustand für Euch beide auf die Dauer untragbar ist, ist ja klar, auch daß irgendetwas geschehen muß, um die Lage zu klären. Aber meines Erachtens kann das nur durch einen Entschluß von Alfrieds bzw. von Deiner Seite geschehen. (…) Alfried, der nach menschlichem Ermessen durch das Schicksal dazu bestimmt erscheint, einmal die Fabrikwerke zu übernehmen, hat – falls er diese Lebensaufgabe erfüllen will – auch die Verpflichtung, die Tradition des Werkes, sowie der Familie fortzuführen, und Du weißt, wie sehr uns darum seine Heirat, die auf so unglück-*

licher Grundlage aufgebaut ist, betrübt hat, da wir voraussahen, daß sich ihm große Schwierigkeiten entgegenstellen würden. Wenn wir es ihm auch hoch anrechnen, daß er einen begangenen Fehler durch die Heirat wieder gut zu machen suchte, so ändert das nichts an der Tatsache, daß sein Ansehen dadurch doch im Kreise der Werksgemeinschaft, seiner Mitarbeiter etc. Schaden nehmen konnte. Um dem vorzubeugen und aus Liebe zu Alfried entschlossen sich die Eltern, Dich bei sich aufzunehmen, um – wenn möglich – dadurch Eure Ehe in ein glücklicheres Fahrwasser zu bringen und um Dich im Familienkreis als Frau und Tochter einzuleben und ihr Vertrauen zu gewinnen. Leider ist dieser Versuch ja nun fehlgeschlagen und nun liegt es nicht mehr in der Hand der Eltern, weitere Entscheidungen zu treffen. Es ist jetzt Alfried allein, der entscheiden muß, ob er die ihm gestellte Lebensaufgabe erfüllen will oder ob er – eines begangenen Fehlers willen – dieses hohe Ziel aufgeben und ein anderes Leben beginnen will. Wir würden das für Fahnenflucht halten. – (…) Ich glaube aber, soweit ich das beurteilen kann, daß Du eine sehr selbständige Natur bist und Dich in der Abhängigkeit von Mann und Familie bedrückt und unglücklich fühlst, weil es nicht in Deiner Kraft liegt, Dich den Anforderungen, die an Dich als Alfrieds Frau gestellt werden, zu unterwerfen und die vor allem Selbstlosigkeit, aufopfernde Liebe und Anpassungsvermögen voraussetzen. (…) Das eine muß Dir vor Allem klar sein, daß Mama unmöglich Alfried – wie das beabsichtigt gewesen ist – zum Fabrikerben einsetzen kann, wenn sie nicht sicher ist, daß ihm eine Frau zur Seite steht, die Kruppscher Tradition standhält.[63]

Irmgard schreibt den Entwurf um, ergänzt ihn um verständnisvolle Worte, erklärt ausführlicher, aber trotzdem ist die Botschaft klar: Alfried muss sich entscheiden zwischen seiner Ehe und seinem Erbe. Annelise schreibt weiter lange Briefe, betont ihren guten Willen, erklärt alles mit langen Krankenhausaufenthalten wegen Drüsenfiebers, einem Autounfall, dem unmöglichen Benehmen ihrer Schwester, von dem sie nichts wusste, und anderer Unbill, aber in Wahrheit kriselt es in ihrer Ehe bereits von Anfang an. Als allerletzten Versuch, Alfried die Wahl zu ersparen, bittet Annelise Bertha und Taffy um ein persönliches Gespräch. Diesmal antwortet Bertha ihr direkt, ohne jeden Umweg: *Liebe Annelise, Dein Brief an Papa und an mich vom 16. August erreichte uns hier oben auf dem Joch*[64]

Du bittest uns darin um unseren Rat und schlägst uns vor, gleichzeitig mit Alfried hierher zu kommen um alles zu besprechen. Alfried hat sich allerdings um den 2. September angesagt. Aber bevor wir mit Dir etwas besprechen können, müssen wir von der Sachlage unterrichtet sein. Alfried hat sich uns gegenüber bisher nicht ausgesprochen, so daß wir von seinen Plänen und Absichten für die Zukunft nicht in Kenntnis gesetzt worden sind. Dies müßte doch vor allem erst geschehen, damit wir Stellung dazu nehmen können. Aus diesem Grund halten wir es nicht für zweckmäßig, wenn Du jetzt hierher kommen würdest zum Besprechen der Lage. Später, wenn wir klar sehen, stehe ich Dir gerne zur Verfügung, um Dir eventuell raten zu können. Aber dies scheint mir unter den gegenwärtigen Umständen verfrüht zu sein. Die ungemütliche Lage, wie sie jetzt ist, muß ja einmal geklärt werden, da sie auf die Dauer für alle Beteiligten unhaltbar ist. Und daß Dir auch Arndts Zukunft Sorge macht, kann ich verstehen, aber in so wichtigen Entscheidungen, die jetzt allein Alfried treffen muß, darf Rücksichtnahme auf Arndt natürlich nicht ausschlaggebend sein. Wenn alles einmal geklärt sein wird, dann läßt sich Arndts Zukunft auch besprechen. Papa und ich senden Dir viele liebe Grüße und hoffen, daß Du Dich bald gesundheitlich erholt und gekräftigt hast. Mama.[65]

Annelises Traum von Krupp zerplatzt endgültig. Sie kann nicht verstehen, dass Bertha das Wohl der Firma vor das Wohl ihres Enkels stellt, sie selbst sieht die Prioritäten genau entgegengesetzt. Es ist keine Verständigung möglich zwischen den beiden Frauen. Die kränkelnde Ehe geht zu Ende, sowohl Annelise wie Alfried gehen sehr bald neue Beziehungen ein, und Alfried fällt seine Entscheidung nun zügig. Am 30. August besucht er seine Eltern in Blühnbach und trifft die Wahl, die sie von ihm erwarten. *Alfried,* notiert Gustav eigenhändig, *hat mir heute das Versprechen gegeben, dafür – wie er sagte, auch aus eigener innerer Überzeugung heraus – zu sorgen, daß Annelise niemals als Berthas Nachfolgerin auf dem Hügel erscheint. Datum und Art der Auseinandersetzung bleibt noch vorbehalten. Unterschrift von Taffy, 30.08.1939. Auch seiner Mutter gegenüber bestätigt.*[66]

Taffys Einschub, Alfried habe nicht nur unter dem Druck der Eltern, sondern aus eigener Ansicht die Trennung beschlossen, kann sich Bertha vorstellen, denn nichts ist Alfried *widerwärtiger gewesen,*

als aufzufallen, als in seinem Umkreis irgendwie ungewöhnlich, takt-
los, peinlich zu wirken, oder seine Nächsten so wirken zu lassen. Wenn
seine Frau das tat, wenn auch nur ihre Schwester es tat – er konnte es
nicht vertragen. (…) Erleichtert mochte ihm die Entscheidung da-
durch werden, daß seine Gefühle für die Frau mittlerweile erkaltet
waren.[67] So fasst Golo Mann die Situation zusammen.
Am Tag nach dieser Entscheidung beginnt der Zweite Weltkrieg und Alfried hat ganz andere Sorgen. Kurze Zeit später schon
übernimmt er an seines Vaters Stelle die operative Führung der Fabrik. Die Scheidung von Annelise geht einvernehmlich und lautlos
über die Bühne. Annelise hat das Sorgerecht bis zu Arndts zehnten
Lebensjahr, danach übernimmt es Alfried. Über den Aufenthalt
während der Ferien sollen sich die Eltern gütlich einigen. Annelise
wird mit einer Million Mark großzügig abgefunden. Wie in ihrem
Brief versprochen, lässt Bertha die Mutter ihres Enkels nicht fallen,
sondern hält lebenslang den Kontakt und unterstützt sie und Arndt
auch weiterhin mit Rat und Tat.

DER ZWEITE WELTKRIEG

Der Krieg beginnt – und Claus stirbt (1939–1940)

Mit Angst und Sorge empfangen Bertha und Gustav die Nachricht von Hitlers Einmarsch in Polen am 1. September 1939. Taffy ist mit seinen 69 Jahren ein alter Herr geworden, der den Briefverkehr mit den Kindern übernimmt, weil er – nachdem sich Alfried um die Geschäftsleitung kümmert – dazu Zeit hat. Die 54-jährige Bertha konzentriert sich auf die praktischen Probleme, die der Krieg mit sich bringt. Beide haben unauslöschliche Erinnerungen an den ersten großen Krieg, und das macht ihnen Angst. Damals waren ihre Kinder klein, doch dieses Mal haben sie vier Söhne im wehrpflichtigen Alter, und der jüngste ist fast auch schon so weit. Dazu kommt der Schwiegersohn, der ebenfalls eingezogen werden wird. Nur Alfried wird als Wehrwirtschaftsführer freigestellt, da er als Leiter von Krupp unabkömmlich ist.

Claus und Schwiegersohn Hanno dienen schon. Dann muss Berthold einrücken, und sein Studium der Chemie, das er schon fast abgeschlossen hat, unterbrechen. Am 13. November trifft es den 23-jährigen Harald, der ebenfalls sein Studium unterbrechen muss. *Heute ist Harald in Münster angetreten, weiß aber noch nicht, wohin er kommt. Es scheint sich um eine besondere Verwendung zu handeln. Berthold ist jetzt am Niederrhein und zwar zufälligerweise auf dem Gute des uns bekannten Barons Schell einquartiert, wo er wieder in seinem alten Detmolder Truppenteil ist. Es gefällt ihm da sehr viel besser, als bei der Hammer Abteilung.*[1] Der jüngste Sohn, Eckbert, ist mit seinen 17 Jahren noch zu jung für den Krieg. Auf dem einst so kinderreichen Hügel ist es still geworden. Nur die 19-jährige Waldtraut und Eckbert haben dort noch ihren Wohnsitz. Dabei ist Eckbert meistens im Internat und Waldtraut beginnt ihre Ausbildung in Berlin.

Weihnachten 1939 sind die jungen Männer der Familie noch wohlauf. Zwar feiern Claus und Hanno nicht auf dem Hügel, sondern in ihrem eigenen Zuhause, aber sie sind gesund und munter. Alfried und die jüngeren Geschwister versammeln sich mit den Eltern um den riesigen Tannenbaum in der oberen Halle des Hügels. *Berthold, den ich gestern Abend fernmündlich sprach und der inzwischen auch Wachtmeister d. R. geworden ist, hofft gleichfalls auf Urlaub, entweder über Weihnachten oder Neujahr. Waldtraut und Eckbert werden hoffentlich auch hier sein können, ebenso Harald, wenn er nicht inzwischen wieder eingezogen wird.*[2] Auch in Marienthal, dem in Thüringen gelegenen Gut von Barbara und Tilo von Wilmowsky, ist die Familie von Berthas Schwester zum letztenmal vollzählig versammelt. Barbaras Kinder haben etwa das gleiche Alter wie Berthas, und zwei von ihnen, Kurt und Brigitte, sind ebenfalls bereits verheiratet. Es ist ein seltsames Fest, dieses Weihnachten des Jahres 1939. Taffy und Bertha versuchen, ihre Ängste zu verbergen, während die Söhne das Soldatentum noch eher als großes Abenteuer ansehen. Und nur die Eltern ahnen, es könnte das letzte Weihnachten sein, an dem sie alle gemeinsam versammelt sind.

Trotz des Krieges gelingt es Taffy, die notwendigen Devisen zu beschaffen, damit Eckbert im Januar 1940 im Lyceum Alpinum im schweizerischen Zuoz sein Abitur machen kann. Doch dieses Ereignis kann nicht gefeiert werden, denn am 10. Januar 1940 verunglückt Claus bei einem Übungsflug tödlich. Es trifft seine Eltern völlig überraschend, denn die Verhandlungen, Claus für die Leitung der Berndorfer Metallwarenfabrik freizustellen, sind im Endstadium und der Urlaub für die zweite Januarhälfte bereits gewährt. Sechs Tage später schreibt Bertha an Annelise: *Soeben haben wir unseren lieben Claus zur letzten Ruhe bestattet und da möchte ich Dir für Dein teilnehmendes Gedenken, auch in Papas Namen, danken. Gerade hatte ich einige, von Sorgen unbeschwerte Tage mit Irmgard in Blühnbach verlebt und mich an den Enkeln erfreut, in festem Glauben, daß Claus für einige Wochen dem Zivilleben zurückgegeben sein würde, als dieser im Augenblick völlig unerwartete Schlag uns traf. Wir sind davon überzeugt, daß Du unseren Kummer voll ermessen kannst und ich sende Dir, auch im Namen Papas, unsere besten Grüße. – Mama.*[3] Es war ein tragischer Unglücksfall, denn Claus, der leidenschaftliche Flieger und Mitglied des Jagdgeschwaders Richthofen, wurde nicht im Kriege abgeschossen, sondern stürzte während eines Übungsfluges über Metternich, Kreis Bitburg, ab. Alle Pläne, die er, seine Familie und die Berndorfer Metallwarenfabrik Arthur Krupp AG gemacht haben, sterben mit ihm.

Januar 1940, Beerdigung Claus von Bohlens auf dem Friedhof in Essen; v. r. n. l.: Bertha, Taffy, Sita

Am 16. Januar nachmittags wird er in Essen auf dem Familienfriedhof begraben. Es liegt Schnee, ein eisiger Wind weht, dick vermummt stehen die Trauernden um das Grab. Berthas dichter schwarzer Schleier verdeckt ihr Gesicht, sie schweigt. Taffy wirkt klein und alt mit seinen weißen Haaren, wie er da unter den schneebeladenen Kiefernzweigen steht und die letzten Worte am Grab seines 29-jährigen Sohnes sprechen muss: *Wir danken Dir von Herzen, Claus: Deine Frau, Deine Eltern, Deine Geschwister, für alles, was Du durch und in Deinem Leben uns und weiteren Kreisen gegeben hast. Dankbar und stolz sind wir, daß Du uns allen geworden bist – und dauernd bleiben wirst: Beispiel treuester Pflichterfüllung bis zur tapferen Hingabe für Volk und Vaterland. Ruhe in Frieden!*[4]
Der alte Herr beschließt diese Rede mit dem Hitler-Gruß, der

von ihm erwartet wird und den er bei offiziellen Anlässen verwendet. Auch diese Beerdigung ist ein öffentliches Ereignis, denn anwesend sind nicht nur die Vertreter der Krupp-Werke, sondern auch die des Staates, der Wehrmacht und der regierenden Partei. Die Worte des Gauleiters und Oberpräsidenten Josef Terbovens rauschen an Berthas Ohren vorbei: *Das Bild des schneidigen, treuen, tapferen Soldaten, wie es Claus von Bohlen in besonders vorbildlicher Weise verkörpert, und das des einsatzbereiten Nationalsozialisten,*[5] das ist nicht das Bild, das sie in ihrem Herzen trägt. Sie sieht das tränenüberströmte Gesicht ihrer jungen Schwiegertochter, die mit 27 Jahren schon Witwe geworden ist, sie denkt an das Baby, das auf dem Hügel schläft, und empfindet nichts als bodenlose Trauer um dieses vergeudete junge Leben.

Sie denkt an den Tod ihres ersten Kindes vor 31 Jahren. Es lebte nur wenige Wochen. Damals war sie zusammengebrochen, heute darf sie sich das nicht mehr leisten. Sie ist umgeben von Menschen, die ihre Hilfe brauchen, die ihren Kummer bei ihr abladen. Sita und das Baby müssen umsorgt, der Nachlass geordnet werden. Sita findet den Brief, den Claus für den Fall seines Todes zurückgelassen hat, nicht mehr. Sie schreibt aus ihrem großen, nun so leeren Haus in Berndorf an Bertha: *Die Briefgeschichte ist sehr traurig, es fand sich nichts mehr, vielleicht wollte Claus noch einen neuen Brief schreiben und kam nicht mehr dazu. Der, der hier gesehen wurde, war schon vom Oktober und an Dich gerichtet. Es war eine letzte Bitte an Dich und zwar hättest Du ihm im Leben nie etwas abgeschlagen und so bäte er Dich, nun auf mich zu sehen. – Der kleine Arnold ist sehr munter und der Husten hat etwas nachgelassen. Auf Euer Kommen freue ich mich sehr und sehr gerne fahre ich dann mit Euch auf ein paar Tage nach Kitzbühel. – Die verschiedenen Direktoren sind sehr rührend und besuchen mich öfter. Gestern war auch ein Direktorenehepaar hier, die erzählten, daß die Arbeiter ganz verzweifelt sind, sich so über den persönlichen Kontakt gefreut hätten und in Claus Tod das größte Unglück für Berndorf sehen. Wie hoch ihn alle geschätzt haben, sieht man erst jetzt so richtig und sicher hat Claus sich bei seiner großen Bescheidenheit nie ein richtiges Bild von seiner Unersetzlichkeit und auch von seiner Beliebtheit gemacht.*[6]

Ja, das ist wohl so, denkt Bertha beim Lesen, und sie weiß, dass der Ausflug nach Kitzbühel ihrer Schwiegertochter guttun wird. Ihr eigener Wunsch nach Zurückgezogenheit und Ruhe muss hinter dem Wohl der ihr anvertrauten jungen Frau zurückstehen. *Dir und*

Eckbert, Harald, Berthold 1942 auf dem Hügel

Papa danke ich von ganzem Herzen für die herrlichen Tage in Schnee und Sonne, die ich mit Euch verleben durfte, bedankt sich Sita nach dem Ferienaufenthalt. *Was ist es nur für ein Unglück, daß es Claus nicht mehr vergönnt ist, sich auch an allem Schönen auf der Welt freuen zu können, er hätte es wohl verdient und konnte alles so von Herzen genießen! Aber bei seiner vielen Arbeit sind wir ja leider so selten dazu gekommen, zusammen Urlaubstage auszukosten! Nochmals 1000 Dank für alles Liebe und Schöne, meine Photos sende ich später, gute Besserung für Papa – herzlichst Deine Sita*[7].

Der nächste Schreck lässt nicht lange auf sich warten. Kaum hat Eckbert sein Abitur gemacht, meldet er sich freiwillig zum Kriegsdienst. Er, das jüngste von allen Kindern, will nicht hinter seinen Brüdern, Vettern und Schwägern zurückstehen. Im März 1941, mit nur 18 Jahren, rückt auch er ein. Taffy und Bertha ertragen es schweigend. Von jetzt an widmet der Vater einen Großteil seiner Zeit der Korrespondenz mit seinen Soldatensöhnen, informiert sie über Familiäres und ermuntert und erleichtert den Kontakt unter den Geschwistern, was in Zeiten der Feldpostbriefe und der strengen Zensur nicht immer leicht ist.

Bertha übernimmt es wieder, sich um die praktischen Probleme ihrer Töchter, Schwiegertöchter und Enkel zu kümmern. Auch dies führt zu einem regen Briefwechsel. *Liebe Mama,* schreibt ihre von Alfried in Trennung lebende Schwiegertochter Annelise am 2. April 1940 aus Bayerisch Gmain, wo sie wieder einmal kurt, *ich habe heute eine Bitte an Dich. Da ich ein armes Kriegspatenkind angenommen habe, dem ich gern etwas schenken möchte, würde ich Dich bitten, mir von Arndt ein kleines Wolljäckchen zu schicken mit Mütze. Das Kind ist zwei Wochen alt, ein kleines Mädchen. Ich bekomme hier nichts, weil man für Babysachen einen Bezugsschein braucht. Ich wäre Dir sehr dankbar, wenn du mir das schicken könntest. – Arndt geht es sehr gut, er wird sehr lebhaft und selbständig. (…) Vorgestern kam nun das dritte Eierpaket, vielen Dank dafür. Wir können sie so gut für Arndt gebrauchen, er ißt sie besonders gern. Ab und an bekomme ich von einer Hühnerfarm hier auch ein paar ganz frische Eier.*[8] Bertha erfüllt alle geäußerten Wünsche und fügt nach ihrem Ermessen hinzu, was ihr sinnvoll erscheint.

Ende April 1942 befindet sich Annelise in Berlin und schreibt an Bertha: *Liebe Mama, Arndt hat sich sehr über die Nachthemden gefreut. (…) Es geht ihm gut – er hat nur einen Schnupfen. Wir haben dauernd schauderhaften Ostwind. Zur Zeit ist die Ernährung noch erträglich, weil wir Eier bekommen haben und Arndt meine Anteile für Gemüse und Kartoffeln bekommt. – Wenn es Dir und Papa paßt im August oder September, wird Arndt sich sehr freuen, wenn er nach Blühnbach kommen kann.*[9] Selbstverständlich kann Arndt nach Blühnbach kommen. Seine Großmutter würde ihn am liebsten dort auf Dauer behalten, denn die frische Luft und die gute Ernährung tun ihm gut. Gut tut ihm auch der geregelte Tageslauf, der sich so sehr von seinem Dasein bei seiner unausgeglichenen Mutter unterscheidet. Bertha schreibt ihrer schwierigen Schwiegertochter wie immer in diplomatischem Ton und versucht schon im Vorfeld, hysterische Wogen zu glätten: *Liebe Annelise, Deinen Brief vom 31.8. erhielt ich gestern am 6. d. M. Die Post scheint nun doch viel schneller zu gehen. Vielen Dank! Ich verstehe nicht, daß Du von Arndt nichts hörtest, denn Fräulein Heimann und er schreiben sehr häufig. Er hat hier entschieden sehr gut zugenommen und ist frisch und munter. Leider verläßt uns Arndt[10] morgen und wir alle werden dies sehr schmerzlich empfinden, vor allem die Kinder selbst, denn sie lieben sich sehr und Arnold möchte Arndt am liebsten mitnehmen.[11] (…)* Wie alle Frauen sollte auch Annelise Kriegsdienst leisten, sie tut es allerdings aus gesundheitlichen Gründen nicht. *Wenn Du nun auch noch an Venenentzündung erkrankt bist, ist es ja eine sehr langweilige Geschichte, die ich auch öfters durchgemacht habe. Hoffentlich ist bald alles überstanden und kannst Du Deiner Tätigkeit wieder nachgehen. Falls Du in Berlin einen Kursus mitmachen kannst oder sonst eine Rot-Kreuz-Tätigkeit findest, wäre es für Dich ja sehr angenehm, da Du dann Arndt bei Dir haben kannst. – Fräulein Heimann möchte aber nicht nach Berlin gehen und ich selbst kann es ihr auch nicht empfehlen. Sie ist zu sehr an eigene Verantwortung und Selbständigkeit gewöhnt, um sich in ihrem Alter noch unter andere einzuordnen. – Für Arndt tut mir das sehr leid, da sie eine vorzügliche Art mit ihm hat. Es ist ja überhaupt schade für dieses nervöse Kind, daß es so häufig Ort und Umgebung wechseln muß, was ja gar nicht bekömmlich für ihn ist. Derzeit hat er sich wirklich in jeder Hinsicht sehr gut herausgemacht, und der längere Aufenthalt hier wird ihm auch gut tun. Hoffentlich werden zum Herbst nicht in Berlin die englischen Angriffe beginnen, was man allgemein annimmt. Die wären ja sehr störend und nervenerregend auch für Arndt. Selbst bei uns, wo er absolut gesichert in seinem Bette schläft, merkt man ihm doch an, daß ihm die Alarme, besonders bei Tage, etwas erregten.*[12] Die diplomatischen Appelle an Annelises mütterliche Gefühle gehen ins Leere. Arndt darf nicht in Blühnbach bleiben, sondern muss wieder zu seiner Mutter zurück in ein Umfeld, das sich durch ständig wechselnde Personen und Orte auszeichnet, einer Unruhe also, die dem kleinen Jungen nicht guttut.

Krieg in Russland – und Hanno fällt (1940–1943)

Irmgard Freifrau Raitz von Frentz sitzt im herbstlichen Garten ihres Gutes Biesendahlshof in Pommern und sieht ihren beiden kleinen Kindern, Alheid und Rutger, beim Spielen zu. Sie lehnt sich zurück in den Liegestuhl, sie ist im siebten Monat schwanger und der Rücken tut ihr weh. Die Septembersonne scheint mild auf sie herunter, nichts scheint den Frieden dieses Nachmittags zu stören. Da kommt ihr Dienstmädchen, blass und verängstigt, aus dem Haus, in der Hand den von allen Frauen so gefürchteten Brief aus dem Feld. Irmgard nimmt ihn mit zitternder Hand entgegen und liest: *Im Felde, den 8.9.1941. Sehr verehrter Gnädige Frau! Schweren Herzens muß ich Ihnen mitteilen, daß Ihr geliebter Mann, unser verehrter Leutnant Raitz von Frentz, am 3. September in harter Abwehrschlacht im Osten den Heldentod für Führer, Volk und Vaterland gefunden hat. Als am 3.9. morgens feindliche Panzer den Ugosty überschritten, um unsere schwachen Linien zu durchbrechen, nahm er seinem Auftrag getreu den Kampf gegen den weit überlegenen Feind auf. Unverzagt und tapfer gab er, neben einem seiner Geschütze stehend, seine Feuerbefehle. Panzer auf Panzer fiel seinem Feuerkommando zum Opfer. Immer neue Wellen rollten an, aber seinem Befehl gehorchend hielt er ihnen stand, auch im schweren feindlichen Feuer ein leuchtendes Beispiel seiner Soldaten seine Pflicht erfüllend. Nachdem schon der neunte Panzer abgeschossen war, traf ihn ein feindliches Geschoss in den Bauch.*[13]

Sie kann nicht weiterlesen. Vor ihr inneres Auge schiebt sich das Bild Hannos, der sich mit beiden Händen den Bauch hält, damit die Gedärme nicht herausfallen. Sie sieht das helle Blut spritzen und das dunkle aus der Tiefe der Bauchhöhle quellen. Sie hört ihn stöhnen, schreien, denn er muss doch entsetzliche Schmerzen gehabt haben. *Ihren schwerverletzten Zugführer brachten seine Soldaten zum Verbandsplatz, aber schon kurze Zeit später erlag er seiner schweren Verletzung. Als es Abend wurde, betteten wir ihn in der Nähe des Kompanie-Gefechtsstandes zur letzten Ruhe. Ein gewaltiger Sieg aber war errungen, 40 Panzer allein durch unsere Kompanie vernichtet und der gewaltige russische Durchbruchsversuch zurückgeschlagen. Mit diesem*

Sieg wird für uns für immer der Name unseres tapferen geliebten Leutnants verbunden sein, des Führers unseres schweren Zuges, der uns allen der beste Kamerad und mir ein besonders treuer Mitkämpfer

Berthas einsames Frühstück auf der Blühnbacher Schlossterrasse, 1940

war. – Hochverehrte gnädige Frau, gestatten Sie mir, Sie im Namen aller meiner Soldaten unseres tiefsten Mitgefühls zu versichern und Ihnen zu sagen, daß wir das Erbe unseres tapferen Kameraden bewahren werden. Es grüßt Sie, hochverehrte gnädige Frau, Ihr ergebener Georg Hoffmann, Oberleutnant und Komp. Führer.[14] Hanno ist gefallen, für einen Führer und eine Idee, die er und Irmgard unterstützen.

Die Nachricht erreicht Bertha auf dem Hügel. Sofort beschließt sie, sobald wie möglich nach Biesendahlshof zu reisen, um Irmgard bei der bevorstehenden Geburt beizustehen. Jetzt, in diesem Augenblick, hält sie Irmgards ersten Brief nach Hannos Tod in den Händen und liest: *Liebe Mama! Bei herrlich warmem Sonnenschein sitze ich draußen auf der Veranda und schreibe Briefe. Die Kinder sind mit Schwester Ruth auch irgendwo draußen. Alheid geht es wieder gut, sie ißt jetzt mächtig viel, worüber wir ganz glücklich sind. Auch schläft sie wieder gut und lang. – (...) Daß Schwester Irmgard Anfang Oktober kommen will, finde ich sehr nett. Auch über Frau Marfell [?] würde ich mich sehr freuen, und sie selbst liebt Pommern so sehr. Aber*

Fräulein Achenbach würde ich doch lieber fort lassen. Sie jammert doch nur den ganzen Tag über den »gräßlichen Krieg« und »Ihr armer Hanno« und »Ihre armen Brüder«. Du wirst verstehen, daß mich so etwas rabiat macht, wo man ohnedies schon genug zu tun hat, seinen Optimismus zu bewahren und seine Begeisterung für die Sache an sich nicht durch persönliche Sorgen verderben zu lassen. Auch ist sie immer beleidigt, wenn man ihr widerspricht, wenn sie Mordgeschichten verbreitet. Frau Marfell und Irmgard sind ja in gleicher Lage wie wir, da sie ihre Angehörigen draußen haben. Bitte sei nicht böse deswegen, aber es hat gerade

Bertha und Taffy vor dem Posthaus in Blühnbach, 1940

jetzt keinen Zweck sich zu ärgern. (...) Die Kinder lassen Oma und Opa grüßen. Euch beiden und Alfried herzliche Grüße von Deiner Irmgard.[15]

Bertha weiß, dass Irmgard und Fräulein Achenbach wie Feuer und Wasser sind. Die warmherzige Haushälterin, die einen Platz im Herzen ihrer jüngeren Kinder hat, ist eine überzeugte Gegnerin des Nationalsozialismus, ganz im Gegensatz zu Irmgard. »Mordgeschichten« nennt Irmgard die Nachrichten, die seit neuestem unter der Hand verbreitet werden und von Lagern berichten, in denen Menschen sterben. Bertha und Taffy wissen von den Konzentrationslagern, in denen Regimegegner, Andersdenkende und Juden interniert sind. Aber wie so viele andere Deutsche auch können sie sich das Ausmaß des dortigen Mordens nicht vorstellen.

Bertha reist zu Irmgard und am 2. November kommt das dritte

Kind, Sigbert, zur Welt, *zwei Monate nach dem Heldentod seines Vaters*[16], wie es in der Geburtsanzeige heißt. Bertha nutzt die Zeit, den etwas chaotischen Haushalt zu ordnen und dafür zu sorgen, dass ihre Tochter sich schont. Auch Taffy gratuliert: *Meine liebe Irmgard, nochmals recht herzliche Glückwünsche zur Geburt des kleinen Sigbert und warme Wünsche für seinen Lebensgang! Es war mir eine große Beruhigung, daß Mama die Zeit über bei Dir bleiben konnte, obwohl sie mir hier natürlich sehr fehlte. Sie kam heute früh bestens hier an und erzählte viel von Dir und Biesendahlshof.*[17] Auch um diese vaterlose Familie kümmert Bertha sich in den Kriegsjahren. Irmgard ist mit ihren drei kleinen Kindern nicht in der Lage, den Kriegsalltag allein zu bewältigen. Wie Berthas Hilfe aussieht, zeigt sehr anschaulich der Brief, den sie am 25. Februar 1942 an ihre Tochter schreibt: *Liebe Irmgard, obwohl ich Deinen mir telephonisch angekündigten Brief noch nicht erhalten habe, will ich dir doch einige Zeilen heute schon senden (gleichzeitig die Kleiderkarten, die Du mir geliehen hast, zurücksenden). Auch die Säuglingskarte habe ich aufgebraucht, wie Du mir vorschlugst. Auf Rutgers Karte habe ich ein m. E. sehr hübsches und praktisches Mäntelchen für nur 17 Punkte im Konsum bekommen. Er kann es sicher diesen Sommer noch gut tragen, auch weil man es verlängern kann, und dann würde später ja Sigbert es erben können. Ich werde sehen, daß ich vielleicht für Alheid zum Geburtstag ein hübsches Mäntelchen in praktischer Farbe beschaffen bzw. anfertigen lassen kann, das sie im Sommer und Herbst bei gutem Wetter tragen kann anstatt des Lodenmantels. – Auf die Säuglingskarte habe ich noch reizende Trikothemden und Trikothöschen in sehr guter Qualität bekommen, die für Kinder bis zu zwei Jahren reichen dürften. Wenn Du also Bedarf hast, wende Dich immer an mich. – Der Konsum hat mir seinerzeit außer den Gummischuhen für Alheid auch noch ein Paar hohe Gummischuhe für Dich reserviert. Versuche doch auch für Dich einen Bezugsschein zu bekommen. (…) Ich habe auf die Kleiderkarten der Kinder noch etwas besorgt, was ich Dir zusenden werde. Ich fand die Sachen noch hier in der Hamburger Kinderstube, die ja bekannt dafür ist, daß sie sehr gute Schnitte hat und vor allen Dingen alle Kleidungsstücke zum Vergrößern und Verlängern eingerichtet sind.*[18] Die Organisation des häuslichen Bedarfs ist von Staats wegen reguliert, und nicht einmal Bertha Krupp kann ohne Bezugsscheine einkaufen. Da auch die Devisen bewirtschaftet sind, kann sie auch nicht im Ausland kaufen, vor allem nicht in den Ländern, gegen die Deutschland Krieg führt. Trotzdem geht das tägliche Leben für die deutsche Zivilbevölkerung noch einen geordneten Gang. *Ich weiß nicht, ob ich Dir schon sagte, daß Arndt hier bei uns gewesen ist. Annelise brach sich in Zürs den Fuß und benötigte ihre Jungfer, die mit Arndt in Kitzbühel geblieben war. Ich mußte auf telephonischen Anruf von heute auf morgen das Kind in München abholen lassen, was Zissi in fabelhaft praktischer Art erledigte, denn die Reiserei heutzutage mit einem Kind ist keine Kleinigkeit. Jetzt hat Helmann ihn hier übernommen, die gerade zur Verfügung stand. Ob der Junge nun 14 Tage oder mehrere Wochen hier bleiben wird, ahne ich nicht, denn direkt habe ich nichts*

Adolf Hitler gratuliert am 7. August 1940 Gustav Krupp von Bohlen und Halbach zu seinem 70. Geburtstag (© ullstein bild)

erfahren. Leider ist die gute Wirkung, die Blühnbach voriges Jahr auf ihn ausgeübt hatte, wieder dahin. Er ist schrecklich zappelig und affig, und es wird eine ganze Weile dauern, bis sich alles wieder gegeben hat. Aber er fühlt sich anscheinend sehr glücklich und zufrieden hier, was ja die Hauptsache ist und wohl zur günstigen Entwicklung beitragen wird.[19]

Am 7. August 1940 wird Taffy 70 Jahre alt. Der Geburtstag ist vom Krieg überschattet. Er und Bertha haben ihren zweitältesten Sohn und einen Schwiegersohn verloren, und auch Kurt, der älteste Sohn von Berthas Schwester Barbara ist gefallen. In den Familien der beiden Schwestern Krupp herrscht Trauer um die Toten und Sorge um die Lebenden. Doch wieder einmal ruft die Pflicht und lässt Bertha und Taffy nicht zur Ruhe kommen. Anlässlich des runden Geburtstages hat sich der Führer samt großem Gefolge in der Fabrik angesagt, um dem Jubilar persönlich zu gratulieren

Taffys Arbeitszimmer auf dem Hügel, 1942

und bei diesem Anlass seine Durchhalteparolen von sich zu geben. Taffy ist müde geworden, seine körperlichen und geistigen Kräfte lassen nach. Er tut, was man von ihm verlangt, aber diese Zeit ist seine Zeit nicht mehr. Der Chef des Hauses Krupp begrüßt den Führer, der einen tiefen Diener macht, so wie es von ihm erwartet wird, ohne innere Anteilnahme, sondern in der ihm zur zweiten Natur gewordenen Korrektheit. Die Belegschaft jubelt, zumindest diejenigen, die bei dem Akt anwesend sind. Das übliche Ritual mit Betriebsbesichtigung und dem Empfang öffentlicher Würdenträger rollt ab. Zu diesem Zeitpunkt ist Taffy immer noch nicht Mitglied der NSDAP, das wird von den Funktionären übel vermerkt. Gustav kann es nicht mehr vermeiden, zum 1. November 1940, im Alter von 70 Jahren, tritt er schließlich in die Partei ein.

Gleichzeitig beginnt sein Rückzug aus der operativen Leitung der Firma, die sein Sohn Alfried zum 1. April 1943 offiziell über-nimmt. *Gustav Krupp zog sich auf die Rolle eines zeremoniellen Aufsichtsratsvorsitzenden zurück, der nur noch äußerst selten von*

Taffys Arbeitszimmer auf dem Hügel, 1942

Blühnbach aus in das Essener Geschehen eingriff. (…) Nach dem Vollzug der Umwandlung im Dezember 1943 blieb Alfried Krupp von Bohlen und Halbach als Inhaber allein an der Spitze des Unternehmens Fried. Krupp und nahm nun alle Funktionen des Führers im Betrieb wahr.[20] Parallel zu Gustavs Rückzug aus der Firmenleitung zieht Bertha sich auch aus der Leitung des Hügelbetriebes zurück. Zwar werden die Gäste auf dem Hügel nicht weniger, aber ihre Zusammensetzung hat sich verändert. Taffys und Berthas Kinder haben den Hügel verlassen, die jungen Männer dienen an der Front, und Könige und Kaiser kommen in den Kriegsjahren nicht mehr zu Besuch. Unter Alfrieds Leitung funktioniert der Hügel auch ohne Bertha weiter und erfüllt seine Aufgaben der Repräsentation und der Beherbergung von betrieblichen Gästen.

Abends sitzen Bertha und Gustav regelmäßig zusammen in Berthas Privatsalon im ersten Stock des Hügels und lesen die neuesten Briefe ihrer fernen Kinder. Die Postverbindungen sind unzuverlässig, wie Berthold berichtet. *Die Post geht eben zu unregelmäßig, ein gutes Barometer für die Feldpost sind die Zeitungen, die in den letzten Wochen eigentlich überhaupt nicht mehr kommen,*[21] schreibt er kurz vor Weihnachten 1942. *Unsere neue Postverbindung wird in den nächsten Tagen wohl endlich zum Klappen kommen, die neue Adresse wird wahrscheinlich Transport Kommandatur Breslau. Heute fährt von hier aus jedenfalls der erste durchgehende Wagen nach*

Berlin, der auch diesen Brief mitnehmen soll. (…) Es ist fabelhaft zu sehen, was die Truppe trotz der dauernd überlegenen angreifenden Russen leistet, bei uns fehlt es eben immer an Kräften. Der Russe ist uns bestimmt überlegen am rücksichtslosen Einsatz der Menschen. So ist ihm möglich, Leistungen hervorzubringen, die man bei uns für unmöglich hält. Er fährt in kurzer Zeit auf den von uns gründlich zerstörten Straßen, er baut in ganz wenigen Wochen Eisenbahnbrücken von über einem Kilometer Länge über die größten Flüsse (!), so daß er jetzt schon wieder überall bis an die Front heranfahren kann. Das ist leider erschütternd zu sehen, denn bei uns plant man meist erst ebensolange etwas zu bauen, wie der Russe die Sache fertigstellt. Bis man dann bei uns anfängt, ver-gehen immer noch Wochen und Monate.[22] Bertha ist dankbar für

Die obere Halle, 1942

das Lebenszeichen, aber besorgt über die offene Sprache des Briefes. Sie hört so viele Gerüchte über die Ostfront, von hohen Verlusten und von schrecklichen Schlachten um einen Ort namens Stalingrad. Niemand weiß etwas Genaues, nicht einmal Taffy oder das Direktorium. Vor allem aber fürchtet sie, dass Berthold etwas geschehen sein kann in den Tagen, die der Brief gebraucht hat um sie zu erreichen.

Doch Berthold hat Glück. Er organisiert die Fahrten seines Kommandeurs und steht nicht an vorderster Front. Stattdessen lernt er die Ukraine und die Krim kennen. *Ich habe es hier wirklich außerordentlich gut getroffen und bin sehr froh, daß ich dieses Glück gehabt habe. Ich stehe hier mit allen Herren sehr gut, besonders auch mit dem Kommandeur und dem 1. Dienstoffizier. So ist es ein furchtbar nettes Arbeiten. (…) Gestern früh bin ich von einer dreitägigen*

Tour mit dem Sonderzug unseres Oberbefehlshabers, dem General-
feldmarschall von Manstein, zu dessen Begleitung ich kommandiert
war, zurückgekommen. Der Feldmarschall hat die Ostfront des Donez-
gebietes besichtigt, und so bin ich mit dem Zug durch das ganze Gebiet
gefahren. Ich blieb natürlich immer im Zug, wenn der Feldmarschall
im Auto fortfuhr und brachte den Zug dann meist zu einem anderen
Punkt, wo wieder eingestiegen wurde. (…) Auch sah ich so einmal
die ganzen Strecken und Bahnhöfe, die wir sonst nur auf dem Papier
bearbeiten. Zum Teil sieht es ja trostlos aus, besonders wo die Russen
im Frühjahr wieder gewesen waren und wo wir beim Rückzug Zer-
störungen vorgenommen haben. Dann ist es doch deprimierend zu
sehen, wie eigentlich im ganzen Gebiet noch die Zechen und die Werke
still liegen, meist furchtbar zerstört sind. Erstaunlich ist auch die Pri-
mitivität einer großen Zahl von Zechen. Bei uns würde man so etwas
ja nicht als eine Zeche bezeichnen. – Zum Abschluß der Fahrt waren
wir in Mariupol, das wirklich ganz schön gelegen ist. Landschaftlich
war das der einzige schöne Platz auf der ganzen Reise. Am Abend fand
beim Stab einer Division, die in einer recht schönen Villa, 50 m über
dem Strand gelegen, fast wie an der Riviera, untergebracht war, ein
Abschiedsabend statt, mit musikalischen Tanzvorführungen auf der
Terrasse. Das war sehr stimmungsvoll.[23]

Berthold ist ein guter Beobachter und so neutral in seinem
Urteil, wie es ein Soldat im Krieg sein kann. Er berichtet weiterhin
ausführlich, diesmal von der Krim: *Das ist eine fabelhafte fruchtbare*
Gegend, bei Weitem die schönste, die ich hier im Lande gesehen habe.
Nun sind da eine ganze Menge deutsche Siedlungen, alles sehr ordent-
lich, für die hiesige Gegend reiche Dörfer, so daß man nicht glaubt, in
Rußland zu sein.[24] Er bittet um Übersendung eines *uralten Bädecker*
von Rußland aus der Hügelbibliothek, um sich bei seinen Fahrten
zu orientieren, denn m*an hat nie eine Ahnung, wenn man irgendwo*
ist, ob es etwas zu sehen gibt.[25] Sein Wunsch wird erfüllt, die Eltern
zu Hause können dieses Sohnes wegen beruhigt sein. Berthold hat
Glück im Unglück, ganz anders als sein jüngerer Bruder Harald.

Waldtraut und Henry (1942–1944)

Im März 1942 heiratet Berthas und Taffys jüngste Tochter Waldtraut. Sie hat ihren Mann in Berlin kennengelernt, wo sie seit drei Jahren in Begleitung ihrer Gouvernante, Emmy Coerper, wohnt und beim OKW, dem Oberkommando der Wehrmacht, Büroarbeit leistet. Sie schreibt flüssig Schreibmaschine im 10-Finger-System, nimmt Zeichenunterricht und genießt das Berliner Kulturleben in Form von Opern- und Theaterbesuchen, Tanzveranstaltungen und Ausflügen per Rad in die nähere Umgebung. An Verehrern fehlt es der hübschen jungen Dame aus wohlhabendem Hause nicht. Sie erwählt den 30-jährigen Henry Thomas, einen Kaufmann, ebenfalls aus gutsituierter Familie, Inhaber einer Import-Export Firma namens Fuhrmann und mehrerer anderer Geschäfte. Waldtraut verfällt seinem Charme, bewundert seine weltmännische Art und liebt sein Lachen und seine Lebensfreude, die so ganz im Gegensatz stehen zu dem Ernst ihres Elternhauses. Wieder haben Bertha und Gustav im Vorfeld der Heirat mit Schwierigkeiten zu kämpfen. Die finanzielle Situation des Bräutigams erfüllt alle Erwartungen, aber vier Wochen vor der Hochzeit erscheint der Vertreter einer jungen Dame, die Henry bezichtigt, ein ihr gegebenes Eheversprechen gebrochen zu haben. Die Angelegenheit verläuft im Sande, und die Hochzeit findet bei strahlendem Frühlingswetter auf dem Hügel statt.

Alle noch lebenden Geschwister finden sich zu diesem Fest ein. In den Reigen heller Kleider mischen sich die schwarzen Gewänder der beiden jungen Witwen, Sita und Irmgard. Der Bräutigam, vorläufig als Leiter von Fuhrmann noch nicht eingezogen, heiratet in Zivil, die Brüder der Braut tragen Uniform. Die jungen Leute – das Brautpaar, die Geschwister, die Cousins und Cousinen, die Freunde, Brautjungfern und Trauzeugen – sie alle feiern fröhlich das Leben in einer Zeit des Todes. Der Krieg ist für diesen Tag, diese Stunde vergessen. Die Stimmung wird auch nicht getrübt durch die Ermahnungen des Luftschutzwartes auf dem Hügel. *Wir bitten unsere Gäste, des Abends nach 8½ Uhr keine Deckenbeleuchtungen mehr einzuschalten, sondern nur Lampen zu brennen. Ferner ersuchen wir unsere Gäste, nicht an die verdunkelten Fenster zu rühren, da Ver-*

schiebungen der Vorhänge zu leicht Lichtquellen entstehen lassen. Im Falle von Fliegeralarm dürfen die Gäste nur auf eigene Verantwortung in den Zimmern verbleiben; es darf während des Alarms kein Licht

Waldtraut und Henry auf der Treppe des Standesamtes Essen. 12. März 1942; v. l. n. r.: Waldtraut, Alfried, Henry, Taffy

eingeschaltet werden. – Verlassen die Gäste ihre Zimmer, um sich in den Keller zu begeben, bitten wir darum, vorher alles Licht auszuschalten.[26] Doch diese Nacht stört kein Fliegeralarm. Alles bleibt ruhig, und so feiert das junge Paar ein intimes Fest, ohne offizielle Gäste. Von der Familie und den Freunden, die hier versammelt sind, hält nur Irmgard dem Regime weiterhin die Treue, während bei allen anderen Ernüchterung vorherrscht. Über Politik wird in dieser Nacht nicht geredet.

Ein paar Monate können die jungen Eheleute Waldtraut und Henry eine einigermaßen unbeschwerte Zeit genießen. Trotz Bomben über Berlin haben sie Freude an ihrem Haus in der Rüsternallee 11 in Berlin-Westend, das wundersamerweise den Krieg fast unbeschadet überstehen wird. Dann allerdings wird Henry doch eingezogen. *Liebe Eltern,* berichtet er, *heute sind es nun schon zwei*

Wochen, daß ich eingezogen bin, und Preußens geben sich die größte Mühe, aus mir einen »Mustersoldaten« zu machen. Wie ich Mama schon am Telefon berichtete, bin auch ich getreu der Tradition Artil-

Waldtraut und Henry im Sommer 1942 in Blühnbach mit Harald und dem kleinen Arndt

lerist geworden. Leider werde ich wohl wenige Kruppsche Kanonen wie L. K. Wagen zu sehen bekommen. Meine Batterie stellt fast ausschließlich das Fahrpersonal. Die Kaserne wurde erst jetzt gebaut und ist modern eingerichtet. Sie hat nur den Nachteil, zweieinhalb mal mehr Menschen zu beherbergen als vorgesehen. Ich bin trotzdem sehr zufrieden, daß ich in der Nähe von Berlin liege und Waldtraut mich besuchen kann. Weihnachten sollen wir nun zum ersten Mal allein in die Stadt gehen dürfen. Da Waldtraut am 25. und 26. Dezember nach Frankfurt (Oder) kommen will, ist dieser erste Urlaub eine willkommene Überraschung für uns. Ich wünsche Euch, Berthold, Harald und Eckbert ein frohes Weihnachtsfest und ein glückliches Neues Jahr. Mit allerherzlichsten Grüßen, Euer Henry. (Kanonier H. S. Thomas, 4. Kf. Batterie, Ziethen Kaserne, Frankfurt/Oder).[27]

Während seine Kinder trotz aller kriegsbedingten Schwierig-

keiten ihr Leben leben, verliert Taffy seine Lebenskraft. Den Großteil seiner Zeit verbringen er und Bertha nun nicht mehr in Essen,
sondern in Blühnbach oder in verschiedenen Kurorten. Die Aufgabe, das Werk zu leiten, fällt
Alfried zu. Wilhelm Berdrow
schreibt Taffy aus Timmdorf zu
seinem 73. Geburtstag einen zu
Herzen gehenden Brief, nicht
in seiner Funktion als Leiter
des Kruppschen Firmen- und
Familienarchivs, sondern als
treuer, alter Freund. Der Brief
erreicht Taffy in Blühnbach am
Tage seines Geburtstages, als er
im warmen Sonnenlicht auf der
Bank sitzt, die an der Giebel-
wand des Posthauses steht. Vor
ihm fällt die große Wiese sanft
hinunter in das Tal, in dem der
Blühnbach bergab in Richtung

Am 14. März 1942 heiratet Waldtraut
den Kaufmann Henry Thomas

Salzach fließt. Bertha setzt sich
zu ihm und liest ihm vor. *Sehr
verehrter Herr von Bohlen! Wenn
dieser Gruß Sie erreichen wird – ich weiß nicht bestimmt wo, aber
hoffentlich in Blühnbach und bei guter Gesundheit – so ist wieder,
zum vierten Male, ein Jahr dieses fürchterlichen Völkerringens an
Ihnen und uns allen vorübergegangen. Und auch mitten durch uns
hindurchgegangen. Ich verliere kein Wort von all dem, was es Ihnen
von neuem genommen und allem zum Trotz wohl auch gegeben hat,
aber eines, hoffe und glaube ich sicher und mit ganzem Herzen, hat es
Ihnen doch nicht nehmen können: Ihr altes tapferes Herz und Ihren
vielbewährten Glauben an ein gutes Ende einer guten Sache. Das ist es,
was ich Ihnen aus der Ferne als tiefstem Wunsch zu Ihrem 74. Lebensjahr zurufen möchte, und dazu die physische Kraft, das Auferlegte,
was Ihnen nach allen getroffenen Maßnahmen doch noch übrig bleibt
zu tun und zu entscheiden, weiter zu tragen. Mögen Ihnen auch alle
Ihrigen, die persönlich oder im Geiste um Sie sind, von Ihrer lieben,*

tiefverehrten Lebensgefährtin bis zu den Enkeln weiter und lange Kraft und Freude geben in dem Kampf dieser wilden und allem Menschentum fast schon entrückten Zeit.[28]

Waldtrauts Hochzeitsgesellschaft spaziert im März 1942 durch den Hügelpark. Die Bäume werden als Feuerholz genutzt. Im Hintergrund die Villa

Den Glauben an das gute Ende einer guten Sache, denkt Bertha, das ist sehr allgemein gesagt. Die gute Sache, welche ist das? Das Schicksal Deutschlands? Das Schicksal der NSDAP und Hitlers? Das Kriegsglück? Sie kennt Wilhelm Berdrow und weiß, dass er weder an den Sieg noch an die Partei glaubt. Also muss er die Zukunft des Landes meinen. Aber sie teilt diesen Optimismus längst nicht mehr. Aus diesem Krieg kann nur eine Katastrophe erwachsen ähnlich der, die sie nach dem Ersten Weltkrieg erlebt hat. Die Chancen auf einen Sieg-Frieden, den Hitler nach wie vor erwartet, sind vertan, und einen Verhandlungsfrieden wird es wohl ebenso wenig geben wie im ersten großen Krieg. Sie liest weiter: *Uns geht es hier noch erträglich, wenn auch die einst ländliche Stille dem Strom der Flüchtlinge aus Kiel und Hamburg Platz gemacht hat, und nachts bei jedem Großangriff in den Küstengebieten die Angriffswellen meist über unsere Köpfe gehen.*

*Die Sorge um die in Hamburg, Kiel und Eckernförde lebenden bzw.
beschäftigten Kinder kommt freilich nicht zur Ruhe, doch erreichte uns
nach jedem der letzten und schlimmsten Angriffe noch immer wieder
die gute Nachricht, daß alle am Leben sind. Dem Durchzug der Angriffswellen oder ihrem Abzug müssen wir freilich tatenlos zusehen, da
es Keller und Bunker nicht gibt, aber bisher hat sich nichts Ernstes ereignet. (…) Nehmen Sie, verehrter Herr von Bohlen und vermitteln Sie
gütigst Ihrer verehrten Frau meine herzlichsten Grüße und Wünsche,
denen sich meine Frau aus vollem Herzen anschließt. Ihr dankbar ergebener W. Berdrow.*[29]

Wieder vergeht ein halbes Jahr, da erhält Bertha, die ihren immer hinfälliger werdenden Mann während einer Kur in Gastein begleitet, einen Brief ihrer Tochter Waldtraut aus Berlin: *Liebe Mama!
Heute will ich Dir endlich einmal in Ruhe einen Brief schreiben. Ihr
habt aber sicher inzwischen schon gehört, daß es uns persönlich wieder
gut gegangen ist bei den ganzen letzten Angriffen und sogar unser
Haus ohne jeden Schaden blieb, obgleich massenhaft Sprengbomben
und Brandbomben wieder in der Gegend herunterkamen. In unserem
Splittergraben fühlen wir alle uns aber immer sehr wohl, wenn es auch
noch so sehr um uns herum saust und bumst. Vor allem ist es beruhi-
gend zu wissen, dass man nicht verschüttet werden kann und dann
ewig unter einem Haufen von Steinen sitzt. – Die Firma Fuhrmann,
die in der Nähe vom Lützowplatz lag, ist aber nun leider auch total zerstört. Das Traurigste ist, daß ein kleiner Lehrling, der Luftschutzwache
hatte, dabei ums Leben gekommen ist, obgleich andere unverletzt
gerettet worden sind. Hoffentlich geht bei den nächsten Malen nicht
auch noch das Geschäftshaus am Kurfürstendamm kaputt, denn dort
sitzen nun die letzten Reste von Thomas-Stoffen und Fuhrmann. Auf
jeden Fall hat Henry jetzt schon Übung im Wiederaufziehen entzwei-
gegangener Sachen! Die Stadt sieht immer trauriger und trostloser aus,
unser Häuschen ist eine richtige Oase in all der Zerstörung. Ich bin
auch froh, daß wir es nicht ausgeräumt haben, so genießt man doch
ganz besonders ein gepflegtes Haus und es hilft einem auch, die sonstigen traurigen Anblicke der Stadt ein wenig zu vergessen. Außerdem
muß man ja auch ausharren, da ohnehin die Zentralstellen der Mi-
nisterien und Behörden usw. wohl auf jeden Fall weiter in der Stadt
bleiben werden, da es sich herausgestellt hat, daß bei einer allgemeinen*

Verlagerung überhaupt keine Arbeit untereinander mehr vorwärts-
kommt. So bleibt ja auch Henry als Kopf seiner Firma Fuhrmann hier,
da immer Besprechungen mit hiesigen Zentralen sein müssen. Solange
unser Haus steht, ist das auch höchst erträglich. Glücklicherweise bin
ich auch seelisch ein ziemlich sturer Mensch und rege mich überhaupt
nicht auf während der Alarme, so daß ich auch nicht nervös mit der
Zeit werde, wie es leider den allermeisten ergeht. Ich hätte mir das nie
zugetraut und bin sehr glücklich darüber.

Vor allem habe ich jetzt einen ganz besonderen Grund, darüber
glücklich zu sein, den ich Dir nun heute endlich einmal beichten will.
Anfang-Mitte Juli erwarten wir nämlich Familienzuwachs, was ich
ehrlich gesagt vorläufig nicht glauben kann, da es mir nicht einen
einzigen Tag schlecht war, es mir im Gegenteil eher besser als sonst
ergeht. – Hoffentlich bist Du mir nicht böse, daß ich Dir erst jetzt da-
von sage, aber ich wollte es bisher nicht verraten, da ich mir vorstellen
kann, daß nun wohl jeder entsetzt sein wird, daß ich hier in Berlin
lebe. Seitdem ich aber nun wirklich genügend Gelegenheit hatte, den
Grad meiner Ängste und Aufregungen bei Alarmen zu prüfen und zu
dem immer gleichen Resultat kam, daß es mir weniger wie den meisten
anderen Menschen ausmacht und mir gar nicht zusetzt, so will ich
auch keinesfalls vorläufig hier weichen, vor allem da doch Henry nun
endlich wieder hier ist. Bis zum Sommer ist ja immer noch eine ganze
Zeit und sich jetzt schon darüber den Kopf zu zerbrechen, hat wenig
Sinn, denn wer weiß, was bis dahin alles geschehen ist und ob unser
Haus dann überhaupt noch steht. – Hoffentlich hattet Ihr noch weiter-
hin schönes Wetter in Gastein. Telefonieren können wir leider immer
noch nicht, da unser Postamt kaputt ist. Die Leitung wird wohl erst in
einigen Tagen wieder brauchbar sein. – Dir und Papa von Henry und
mir die herzlichsten Grüße und alles Gute. Deine Waldtraut.[30] Es hat
keinen Sinn sich zu ärgern, versucht Bertha sich zu beruhigen, denn
sie glaubt kein Wort von der sogenannten Sturheit ihrer Tochter.
Sie kann verstehen, dass sie bei ihrem Mann bleiben will, nachdem
dieser freigestellt worden ist. Aber sie weiß auch, dass in der End-
phase dieses schrecklichen Krieges in Berlin kein Platz für eine junge
Mutter mit Kind ist.

  In Blühnbach gibt es zwar auch Schwierigkeiten mit der Verpflegung – die knapp ist – und Personal, das in den Krieg gehen

muss. Zudem ist der größte Teil der Betten des Schlosses für Kata-
strophenfälle beschlagnahmt. Aber im Blühnbachtal gibt es keinen
Bombenalarm, und es gibt immer Möglichkeiten, die notwendige

Kriegsende in Blühnbach. Mai 1945; v.l.n.r.: Taffy, Bertha, Berthold und das
Baby Diana

Ernährung zu beschaffen. Bertha und Taffy sind schon lange in das
kleine Posthaus gezogen, wo sie mit einem Minimum an Personal
auskommen. Wie es den beiden in diesen Tagen geht, schreibt Bertha in einem Brief an Emmy Coerper, die ehemalige Gouvernante
von Waldtraut: *Liebes Fräulein Coerper, soeben erhielt ich Ihre Zeilen
mit der Angabe Ihrer neuen Adresse. Dort sollte Sie ein Gruß von mir
erwarten mit den besten Wünschen. – Waldtraut hat am 23. Juni ein
Mädel bekommen und alles ging gut. Aber seitdem hörte ich nichts
mehr von dort, denn hier ist es in diesem Jahr sehr schlecht bestellt mit
Post, Telefon und Telegramm. Alles dauert Ewigkeiten. Wir sind zur
Zeit ganz allein, erwarten aber demnächst Arndt. Leider fühlt mein
Mann sich gar nicht wohl und wenig leistungsfähig, was ihn sehr
deprimiert. Eckbert reiste erholt ab nach Bergamo und Harald verbrachte auch seinen Urlaub mit uns. Grüße Ihre Bertha.*[31] Sie behält

Recht. Waldtraut muss bereits einige Wochen nach der Geburt ihrer Tochter Diana diese mit ihrer Kinderschwester Marie Demme zu den Großeltern in Blühnbach zur Pflege geben. Waldtraut selber wird, mit der zweiten Tochter schwanger, aus Berlin fliehen und ein neues Zuhause in Bremen finden müssen, während ihr Mann Henry im Gefängnis der Gestapo in der Prinz-Albrechtstraße 8 einsitzt wegen seiner Bekanntschaft mit mehreren Männern aus dem Umfeld des fehlgeschlagenen Attentatsversuches auf Hitler im Sommer 1944[32]. Man wirft ihm vor, einige Verschwörer des 20. Juli 1944 in seinem Berliner Haus empfangen zu haben.

Ein Verrat an Harald (1942–1945)

28 Jahre alt ist Oberleutnant Harald von Bohlen, als er im Herbst 1944 nach Rumänien versetzt wird. Der jetzige Machtinhaber Ion Antonescu, ein überzeugter Faschist, bittet Hitler um Hilfe beim Aufbau seiner Wehrmacht. Diesem Wunsch kommt der Führer mit der Entsendung der Deutschen Heeresmission nach Bukarest nach. Dort arbeitet Harald und langweilt sich, denn meistens sitzt er am Schreibtisch. Seine Kontakte zu den rumänischen Offizieren, die von den Deutschen Effizienz und bessere Verwaltung lernen sollen, sind sporadisch. Glücklicherweise hat Krupp eine Vertretung in der Stadt, so dass Harald Gesellschaft und vor allem die Möglichkeit hat, sich über das Land zu informieren. Wie alle Bohlen-Brüder reist er gerne und interessiert sich für das Gastland und seine Kultur. Seine Mutter hat ihm von der Freundschaft zwischen der ehemaligen Königin von Rumänien, Elisabeth, die den Künstlernamen Carmen Sylva trug, und ihrer Mutter, Margarethe Krupp, berichtet. Seitdem haben Bohlens eine gewisse Sympathie für das Land. Bertha und Taffy hoffen, der ruhige Posten werde helfen, ihren Sohn den Krieg unbeschadet überstehen zu lassen. Aber das Gegenteil tritt ein.

Für die Deutschen völlig überraschend erheben sich die Rumänen am 23. August 1944, entmachten Antonescu und setzen König

Michael I. wieder auf den Thron. Er öffnet das Land der Sowjetunion und setzt eine linksbürgerliche Regierung ein. Über Nacht
verschwindet Harald, jeder Kontakt zu ihm bricht ab. Die Herren
der Krupp-Vertretung in Berlin suchen ihn, aber ohne Erfolg. *Sehr
verehrter Herr von Bohlen*, schreibt Herr Pfirsch an Haralds besorgten Bruder Alfried, *im Anschluß an mein gestriges Schreiben teile
ich Ihnen noch mit, daß ich gestern Abend über die Attaché-Gruppe
aus dem Wehrmachtsführungsstab im Führerhauptquartier erfahren
habe, daß die Deutsche Heeresmission bei Ausbruch der Feindselig-
keiten in Bukarest sich in die Gesandtschaft begab und zusammen mit
den Angehörigen der Gesandtschaft in die erwähnte Schule gebracht
wurde, die von den Russen bewacht wird. Ein Namensverzeichnis der
in der Schule Untergebrachten liegt noch nicht vor; es ist aber wohl mit
ziemlicher Sicherheit anzunehmen, daß Herr Oberleutnant Harald
von Bohlen sich unter den Eingeschlossenen befindet. – Der Schwedische Gesandte in Bukarest hat von sich aus freiwillig bei den Russen Schritte unternommen, um Erleichterungen für die Gefangenen
durchzusetzen. Von der Attaché-Gruppe werden wir weitere Nachricht
erhalten, falls Weiteres bekannt wird.*[33]

Bertha setzt von Blühnbach aus alle Hebel in Bewegung, aber
trotz aller Bemühungen muss sie erkennen, wie hilflos selbst eine so
große Firma wie Krupp geworden ist. Alfried und das Direktorium
aktivieren alle persönlichen Verbindungen, nicht nur um Haralds
willen, sondern um auch andere Firmenangehörige zu finden, die in
Rumänien verschollen sind. *Der so plötzlich auftretende rumänische
Putsch hat es uns bis jetzt unmöglich gemacht, etwas über die reichs-
deutschen Angehörigen, die zu unserer Firma in Beziehung stehen
und die in Bukarest oder anderen rumänischen Orten vom Putsch
überrascht worden sind, zu erfahren*, beginnt die Aktennotiz, die der
Leiter der Kruppschen Vertretung in Bukarest, Ernst von Raußendorff, an das Direktorium in Essen richtet, *unsere Bemühungen,
über unsere Vertretungen im neutralen Ausland etwas in Erfahrung
zu bringen, sind bisher ebenfalls ohne Ergebnis geblieben. (…) Unser
Herr Dr. Gottwald, der früher als Prokurist bei unserer Vertretung in
Bukarest tätig war und sich als Soldat in den Karpaten befand, konnte
sich noch rechtzeitig nach Ungarn in Sicherheit bringen. (…) Wir hoffen, daß die amtlichen deutschen Schritte es bald ermöglichen werden,*

daß man etwas Näheres über die in Rumänien internierten Reichs-
deutschen erfährt und auch die Bestrebungen für einen Austausch von
Erfolg sein werden.[34] Die Ungewissheit hält an.

Mitte Januar – seit dem Putsch sind
vier peinigende Monate vergangen – beantwortet Alfrieds Privatsekretariat eine Anfrage nach Harald noch mit der Bitte: *Sollten Sie*
von anderer Seite irgendetwas über das Ergehen von Mitgliedern der
Deutschen Heeresmission, und insbesondere von Herrn Oberleutnant
Harald von Bohlen und Halbach hören, so wären wir Ihnen außer-
ordentlich dankbar, wenn Sie darüber hierher Mitteilung machen
und dadurch die große Besorgnis mindern helfen würden.[35] Es ist das
Internationale Rote Kreuz, das vier Wochen später den ersehnten
Beweis erbringt, dass Harald noch am Leben und in Bukarest interniert ist.

Wenige Monate später wird das Lager in Bukarest aufgelöst.
Harald steht bereits auf der Liste derjenigen, die in nächster Zeit
nach Hause entlassen werden sollen. Da verrät ihn ein Kamerad an
die Russen: Der da, sagt er, heißt eigentlich Krupp[36]. Sofort wird
Harald von Bohlen aus dem Lager entfernt und nach Moskau in das
Butyrskaja-Gefängnis gebracht, wo er viele Monate lang in Einzel-
haft gehalten wird. *Ich wäre verrückt geworden*, berichtet er später,
in dieser Einsamkeit, der Kälte der Zelle und der unaufhörlichen Er-
wartung scharfer Verhöre. Ich habe mich an alles erinnert, was ich
auswendig konnte, und habe es mir wieder ins Gedächtnis gerufen. Ich
habe das Vaterunser gebetet und Gedichte aufgesagt, die ich als Schüler
gelernt habe. Ich hatte nichts zu lesen und nichts zu schreiben, also
begann ich, ein Tagebuch in meinem Kopf zu erstellen und dies immer
und immer wieder zu memorieren. Nur diese geistige Beschäftigung
hat mich davor bewahrt, den Verstand zu verlieren.[37] Endlich wird
er vor ein Militärtribunal gestellt, wo er in weniger als 30 Minuten
ohne Verteidiger, ohne Anklage und ohne Anhörung von Zeugen zu
25 Jahren Zwangsarbeit verurteilt wird. In der Begründung heißt es:
Als Sohn von Krupp war Oberleutnant Krupp mit Hitler, Heß, Himm-
ler und anderen von Hitlers Nationalsozialisten persönlich bekannt
und mehrmals mit ihnen zusammengetroffen.[38] Allein aufgrund eines
Namens, den er nicht einmal führt, und seiner Familienzugehörig-
keit wird er für zwei Jahre in das deutsche Kriegsgefangenenlager

Moschaisk bei Moskau geschickt. Dort trifft er auf den Theologen Helmut Gollwitzer und einen Kreis von Gefangenen, die sich mit der Idee des Kommunismus auseinandersetzen. *Als besonders eindrucksvollen Partner solcher Gespräche möchte ich in diesem Zusammenhang meines Freundes Harald von Bohlen und Halbach gedenken, mit dem ich fast zwei Jahre in einem Lager bei Moskau zusammen war. Der Respekt, in dem sich dieser wahrhaft adelige Mensch bei den Russen wie bei den Lagerkameraden, auch den einfachsten, gesetzt hat, stammte aus der Unverdrossenheit, mit der er die schwere und schmutzige Arbeit – er bediente die Heizung der Lagerwäscherei – die ihm zugeteilt war, ausführte. Der besondere Respekt, in dem er bei mir stand, stammte aus der Art seiner Auseinandersetzung mit dem Kommunismus. Er ist bisher aus Rußland nicht zurückgekommen. Das letzte, was ich von seinem Schicksal weiß, ist, daß das Lager, in dem er sich im Frühjahr 1950 befand, zum Heimtransport verladen wurde und daß er, während sie alle durch das Lagertor zum Bahnhof marschierten, allein auf der Mitte des Lagerplatzes zurückblieb, – eine Scene der äußersten Preisgegebenheit*[39], berichtete Helmut Gollwitzer. Ganz allein wird Harald abtransportiert, als das Lager aufgelöst wird. *In zynischer Weise ließen die sowjetischen Lageroffiziere damals durchblicken, dieser Mann sähe seine Heimat nie wieder,*[40] erinnert sich ein Mitgefangener dieser Tage.

Harald wird nach Sibirien geschickt in die fünfte Abteilung des Sonderlagers Nr. 476.[41] Das schlimmste an den jeweiligen Verlegungen für die Familie in Deutschland ist die teilweise jahrelange Unterbrechung der Kommunikation. Jedesmal herrscht in dem neuen Lager erst einmal Korrespondenzverbot, so dass Mutter und Geschwister nicht wissen, wo er sich aufhält und wie es ihm geht. Das Sonderlager Nr. 476 ist ein sogenanntes Besserungsarbeitslager für deutsche Kriegsgefangene. *Es handelte sich dabei um Speziallager mit besonders strenger Lagerleitung. (…) Für Personen, die zu Zwangsarbeit verurteilt worden waren, wurde ein zehnstündiger Arbeitstag festgelegt, wobei die zu verrichtende, überaus schwere Arbeit in erster Linie aus Bautätigkeit bestand. Für Verurteilte waren eine Sonderbewachung und eine Unterbringung in außerhalb der Arbeitszeiten versperrten Baracken mit vergitterten Fenstern vorgesehen. Zudem erhielten sie einheitliches Gewand, bei dem auf dem Oberbekleidungs-*

stück und auf der Kopfbedeckung die persönliche Nummer aufgenäht war. Während des ersten Jahres ihrer Haftverbüßung hatten die Inhaftierten kein Recht auf Korrespondenz, und ihnen konnten auch keine Auszeichnungen für Arbeitsleistung verliehen werden[42]. Das Lager Nr. 476 ist das größte Lager für deutsche Kriegsgefangene in der Sowjetunion. Harald hat das Glück, in die fünfte Abteilung zu kommen, die sich im Zentrum der Stadt Degjarsk, einer kleinen Stadt am Osthang des Mittleren Ural, nur 65 km von Jekatarinenburg entfernt, befindet. *Dort habe ich in der Bäckerei gearbeitet und habe Wohnungen gebaut,* erzählt er später lächelnd. *Ich habe mir immer gewünscht, diese Wohnungen einmal wiederzusehen, um zu sehen, ob ich wirklich so ein guter Bauarbeiter und Klempner war, wie ich denke. Die Menschen waren gut zu uns, sie haben uns immer wieder etwas Essen zugesteckt. Ich habe an die russische Bevölkerung gute Erinnerungen.*[43] In dem Lager befinden sich hohe Wehrmachtsoffiziere, Lehrer, Künstler und Ärzte. Sie organisieren abends eine Art Freizeitprogramm mit Vorträgen, Rezitationen, Sängerkonzerten, Sprachunterricht und jeder anderen Art von kultureller Aktivität, die gegen das Heimweh, den Stumpfsinn ihrer Arbeit und die Verzweiflung helfen soll.

Noch dauert der Krieg an, aber das Ende zeichnet sich ab. Die Hoffnung lebt, in nicht allzu langer Zeit wieder nach Hause zu kommen. Weder Harald noch seine Eltern können ahnen, dass er erst 1955, nach 13 Jahren russischer Lagerhaft, abgemagert und gesundheitlich schwer angeschlagen zurück nach Essen kommen wird.

Eckberts letzte Tage (1944–1945)

Lieber Papa, schreibt Eckbert am 6. April 1944 an Taffy, *nun ist es schon wieder 14 Tage her, daß ich Euch geschrieben habe, wie ich gerade mit Entsetzen feststelle. Aber in dieser Zeit war allerhand los. Um gleich mit der Tür ins Haus zu fallen, fange ich gleich am Ende an: ich habe wieder Malaria und Gelbsucht, beides aber nicht schlimm. Da ich noch auf Dienstreise war, bin ich in ein Lazarett in Florenz gegangen, und zwar ein Sonderlazarett für Tropenkrankheiten vom OKH [Oberkommando des Heeres]. Ich liege zur Zeit im Bett, daher die kritzelige Schrift! Ich bin hier sehr gut aufgehoben und die Unterkunft und Verpflegung ist auch ordentlich. – Auf meiner letzten Dienstfahrt hatte ich wirklich im Großen und Ganzen Pech, denn fast sämtliche Autos, mit denen ich fuhr, hatten irgendeinen Schaden oder Panne, was schließlich in Aquila darin gipfelte, daß Tiefflieger unseren Wagen in Brand schossen und alles, was wir mithatten, verbrannte. Es war glücklicherweise nicht viel, da ich eigentlich nur auf 8 Tage unterwegs sein sollte. Meine Leica hatte ich wohlweislich umhängen, sodaß wenigstens das Wertvollste gerettet wurde. Sonst ist uns jedoch nichts passiert.*[44]

Bertha und Taffy fällt es schwer, den Antwortbrief in der gebotenen heiteren Art zu verfassen und zu versuchen, ihrem 22-jährigen Jüngsten Mut und Zuversicht zu vermitteln, indem sie ihm von seinen Geschwistern berichten und von ihrem täglichen Leben. Kein Wort werden sie ihm schreiben von ihrer Angst und ihrer Sorge um ihn. Nichts von den nächtlichen Alpträumen, in denen sie ihn in seinem brennenden Auto sehen und das bösartige Zischen der angreifenden Flieger sie aus dem Schlaf schrecken lässt.

Eckberts nächster Brief vom 31. März 1945, den er ihr nach Blühnbach schreibt, erschreckt sie noch mehr. *Liebe Mama, wenn auch verspätet, möchte ich Dir zu Deinem Geburtstag alles Gute wünschen. In diesen Tagen, in denen die Feinde so tief im deutschen Lande stehen, wird es ja kein schönes Fest für Dich sein; hoffentlich konnte wenigstens Berthold bei dir vorbeikommen, damit du nicht ganz einsam mit Papa den Tag verbringen mußt. – Wir hier im Süden können es uns überhaupt nicht mehr vorstellen, wie es jetzt im Reich aussieht. Wenn mal Urlauber zurückkehren, berichten sie immer wenig Schönes. Wie ich Dir schon öfters schrieb, geht es mir hier immer noch fabelhaft gut. Hier zieht jetzt gerade mit Macht der Frühling ein, die Obstbäume blühen und alles wird grün. (…) Wir liegen in wirklich schönen Bunkern mit allem Comfort, so da sind Herde, Matratzen, Geschirre, überhaupt alle Gebrauchsgegenstände, die man benötigt. Und das alles in einer herrlichen gebirgigen Gegend, weit von den Häusern entfernt. – Die ist wohl auch das erste Mal, daß wir in einer*

so vollkommen ausgestatteten Stellung einziehen konnten. Vom Kriege merkt man auch nichts, im allgemeinen herrscht Ruhe. (...)[45]
Trotz dieser beruhigenden Beschreibung spürt Bertha tiefe Angst in ihrem Herzen, und diese wird geschürt, als sie den letzten Teil des Briefes mit der kindlichen Bitte eines zutiefst verängstigten Jungen liest: *Zum Schluß habe ich noch eine verrückte Bitte: Laß doch bitte durch Resi in meine Tropenkiste, die ich ja von hier zu Euch geschickt habe und die durch die Gummidichtung vollkommen dicht ist, einige Anzüge + Wäsche + Schuhe + sonstige praktische Sachen einpacken und vergraben! Man kann nie wissen, was alles noch passiert! Bitte schicke dann die genaue Beschreibung, wo sie ist. Ich glaube, so komisch und pessimistisch diese Bitte auch erscheint, Vorsicht ist besser als Nachsicht! – Viele Grüße an Papa und an alle in Blühnbach! Dein Eckbert.*[46] Es ist sein letzter Brief, danach hören die Eltern nichts mehr von ihm.

Der Krieg endet im Chaos, und sie wissen nichts von Eckbert, sie hören nichts, sie erfahren nichts. So vergeht fast ein halbes Jahr des Hoffens und Bangens. Dann, am 28. August 1945, erreicht sie die Nachricht seines Todes. Er fiel am 25. April 1945 nördlich von Parma in Italien. Das war genau eine Woche, bevor die deutschen Truppen in Italien kapitulierten. Mit zitternden Händen legt Bertha die wenigen Blätter Papier, die ihr von Eckbert noch bleiben, in eine graue Mappe, und sie liest sie immer und immer wieder.

Die erste Nachricht erreicht sie in Blühnbach: *Hochverehrte Frau von Bohlen! Leider füllten Herzens lasen wir den Brief des Hauptmann Ulrich Wenzel, der die Nachricht enthält, daß Ihr Sohn Eckbert am 25.4. in Nord-Italien den Heldentod fand.(...) Der Brief wurde von dem in ihm erwähnten Kriegspfarrer Güldenberg seinem Bruder, der Angestellter unserer Bergbau-Verwaltung in Weilburg ist, nach dort überbracht. Von Weilburg brachte ihn ein Kurier hierher. Hauptmann Wenzel bestätigen wir den Empfang seines Briefes an Sie, und wir werden versuchen, die Verbindung mit ihm aufzunehmen, sobald er aus der Kriegsgefangenschaft zurückkehrt. Herrn Alfried von Bohlen bemühen wir uns in den nächsten Tagen zu benachrichtigen. Um Näheres über die Bestattung zu erfahren, wenden wir uns an den Erzbischof von Köln. – Wir haben Ihren jüngsten Sohn Eckbert herzlich gern gehabt. Sein frohes und freundliches Wesen, gepaart mit Ernst*

*und Überlegenheit, machten ihn auf den ersten Blick liebenswert.
Daß er als Knabe in den Krieg gezogen, im Felde mannhaft und tapfer
geworden, beweist seine freiwillige Meldung zu einer kämpfenden Einheit und das uneingeschränkte Lob seiner Kameraden. Auch Eckbert
ist als einer der besten gefallen. Wie Vieles ist ihm das Leben schuldig
geblieben. – Am meisten bekümmert sind wir, hochverehrte Frau von
Bohlen, daß Ihnen in dieser furchtbaren und leiderfüllten Zeit nun
auch noch dieser große Schmerz und die Trauer um Ihren geliebten
jüngsten Sohn nicht erspart bleiben. (…) Wir gedenken Ihrer in größter Anteilnahme und steter Verehrung und Treue. Das Direktorium.*[47]
Wort für Wort liest sie den Brief Hauptmann Wenzels, den er
in dem Kriegsgefangenenlager Liebling/Obb. geschrieben hat. *Als
ältester Offizier nach dem wahrscheinlich gefallenen Kommandeur
der II. Abteilung A. R. 190, habe ich die traurige Pflicht, Ihnen von dem
Heldentod Ihres Sohnes, unseres Kameraden Leutnant von Bohlen,
Mitteilung zu machen. (…) Leutnant von Bohlen fiel als Batterie-
Offizier der 4. Batterie A. R. 190 am 25. April 1945, zwischen 12 und
13 Uhr, bei San Martino, nördlich Parma, bei dem Versuch unserer
Abteilung, die feindlichen Linien zu durchbrechen, die uns den Weg
nach Westen versperrten. Er fuhr auf einem LKW an der Spitze einer
Geschützstaffel und wollte bei Gefechtsberührung gerade vom Wagen
springen, als er durch eine MG-Garbe, die Kopf und Brust traf, auf der
Stelle getötet wurde. Da bei diesem Gefecht außer ihm noch 4 Mann
fielen, etwa 10 Mann verwundet und der Rest gefangen wurde, war
es nicht mehr möglich, den Toten zu bergen. Es wird aber mit großer Wahrscheinlichkeit angenommen, daß er von Landeseinwohnern
christlich begraben wurde.*[48] Bertha und Taffy starren stumm auf diese Zeilen. Ihr Eckbert verscharrt in einem anonymen Soldatengrab
irgendwo da draußen, dieser Gedanke ist ihnen unerträglich. Nicht
einmal an seinem Grab werden sie stehen können. Er ist einfach so
verschwunden in der großen Kriegsmaschinerie. Nichts ist von ihm
geblieben als die Erinnerung seiner Eltern und Geschwister.
*Ich selbst, überhaupt die ganze II. Abteilung Batt. A. R. 190, geriet
gleichzeitig in dieser Gegend, jedoch auf unterschiedlichen Wegen, in
Gefangenschaft, während von dem Kommandeur und dem Chef der
4. Batterie, Oberleutnant Gruber, jede Spur fehlt. Ich selbst traf bereits
gegen 14 Uhr auf einer Gefangenen-Sammelstelle die Angehörigen*

der 4. Batterie, die mir als Augenzeugen Bericht erstatteten. (...) Ich habe Leutnant von Bohlen, den ich seit Sardinien kannte, immer sehr geschätzt. Ich sprach mit ihm noch 1 Stunde vor seinem Tode, als wir, uns nach einem unglücklichen Gefecht sammelnd, entschlossen, den Durchbruch zu wagen. Er machte, wie immer, einen zuversichtlichen Eindruck. (...) Sein Tod war bei allen Angehörigen der Abteilung, die sich später hinter dem Stacheldraht wiederfanden, das schmerzlichste Ereignis dieser letzten Tage. Es wirkte besonders erschütternd, daß er sich noch im Januar dieses Jahres freiwillig zu einer kämpfenden Batterie gemeldet hatte und einen günstigen Posten im Regimentsstab abschlug. Die Offiziere schätzten ihn als furchtlosen, zuverlässigen und liebenswürdigen Kameraden, die Männer liebten seinen Schneid, seine Gerechtigkeit und seinen vorbildlichen, lauteren Charakter. (...) Ich stehe Ihnen für alle Anfragen, deren Beantwortung in meinen Kräften steht, zur Verfügung. Ihr Hauptmann Ulrich Wenzel.[49]

Bertha verschließt ihr Leid ganz tief in ihrem Herzen. Sie ist sich bewusst, dass Millionen anderer Familien ähnliche Briefe erhalten, dass ihr Leid geteilt wird von unendlich vielen Familien in Deutschland, und von mindestens genauso vielen im europäischen und überseeischen Ausland.

Eine ganze Generation hat dieser unselige Krieg verschlungen, ein Krieg, der niemals hätte angefangen oder wenigstens rechtzeitig hätte beendet werden sollen. Berthas Schwager Tilo von Wilmowsky fasst die Meinung der Familie in seinen Erinnerungen zusammen: *Dann kamen die unwahrscheinlichen militärischen Erfolge im Mai und Juni 1940. In 44 Tagen war die Maginot-Linie durchbrochen, die Heere von drei Nationen gefangen, und Holland, Belgien, Frankreich mit der gesamten Atlantikküste in deutscher Hand. Das war der »Blitzsieg«, Hitlers pompöse Prophezeiung. Also hatte er doch wieder gegenüber den Unkenrufen des Generalstabes recht behalten. Wie oft habe ich mir gesagt, daß auf diesem Höhepunkt ein Bismarck, wie einst in Nikolsburg, die größte staatsmännische Leistung vollbracht hätte. Wäre damals der Frieden ohne Grenzveränderungen, ohne Reparationen, die Neutralität Elsaß-Lothringens und vor allem eine europäische Zollunion angeboten worden, dann könnte Hitler im Bilde der Geschichte höher als Bismarck stehen. Er aber ließ den Waffenstillstand im »Salonwagen« von Compiègne unterzeichnen – kleinliche Rache des Spießers – ließ Elsässer und Lothringer durch die berüchtigten Gauleiter Bürckel und Wagner von Haus und Hof treiben, erweckte den Verdacht, daß er die Departements Pas de Calais und Nord sowie alles Land östlich einer »Führer-Linie« von der Somme bis zur Schweiz annektieren wollte, und ließ Holland durch die SS terrorisieren, was in Belgien der General von Falkenhausen verhindern konnte. Militärisch gesiegt – politisch verspielt.*[50] Niemals hat die Familie, haben die bürgerlichen Kreise Deutschlands die finstere Getriebenheit Hitlers verstanden, bis ganz zum Schluss hofften sie, mit rationalen Argumenten und staatsmännischem Denken Einfluss auf das Regime zu nehmen. Das scheiterte in ungeahntem Ausmaß. Jetzt bezahlen sie ihren Irrtum mit ihrem Herzblut.

Bertha nimmt den dritten Brief aus der grauen Mappe und liest auch ihn Zeile für Zeile, während vor ihrem inneren Auge das Geschriebene sich in qualvolle Bilder verwandelt. Er stammt von Willi Rötger, der ihn an das Direktorium adressiert hat und ist vom 5. November datiert, fast sieben Monate nach Eckberts Tod. *Zunächst wollen Sie den Angehörigen unseres guten von Bohlen meine Anteilnahme an seinem in fast letzter Minute erlittenen Heldentod vermitteln. Obwohl ich in allernächster Nähe war, erfuhr ich doch erst von dem traurigen Ereignis in Florenz in der Gefangenschaft. Ich selbst sah ihn noch kurze Zeit vorher unbeschadet. Ich bin nun dabei, Verbindung zu seinen Kameraden aufzunehmen, die ihn tot gesehen haben. Wie mir von Augenzeugen berichtet wurde, soll er vorn im KFZ sitzend einen Kopfschuß von einem Panzer erhalten haben. Wie und wo er beigesetzt wurde, konnte mir bisher keiner sagen, da ja alle bei diesem Zusammentreffen mit dem Panzer versprengt wurden bzw. in Gefangenschaft kamen. Dies alles passierte hart südlich von Parma am 25.4. (das Datum schwankt zur Zeit noch um 1 oder 2 Tage!). Dies ist zunächst alles, was ich über das Unglück schreiben möchte. (...) Ich bin zunächst auf der Suche nach einem, der unseren Kameraden Bohlen tot gesehen hat. Sobald ich Näheres erfahren habe, werde ich Ihnen selbstverständlich Nachricht darüber zugehen lassen. – Ich bitte Sie, auch den Angehörigen von v. B. in diesem Sinne zu berichten. Vor allen Dingen möchte ich Sie ersuchen, auf die ungeheuren Schwierigkeiten hinzuweisen, die eine solche Nachforschung macht. Ich habe immer noch einige unerledigte Nachrichten über den Heldentod von*

Batterieangehörigen bei mir. Ich möchte dies aber nicht eher loslassen,
bis ich eine genaue Bestätigung über den Tod habe. Es ist nun leider
nicht viel, was ich im Augenblick schreiben kann, ich weiß auch

Bertha im Mai 1945 mit Enkelin Diana in Blühnbach

nicht, was ich noch dazu schreiben sollte. Lassen Sie aber bitte die
Angehörigen wissen, daß ich gern zu jeder Auskunft, soweit ich sie
geben kann, bereit bin. Seit den ersten Märztagen war ich häufig mit
Eckbert v. B. zusammen. Besonders im Einsatz südlich Bologna. Ge-
sundheitlich ging es ihm gut. Jedenfalls klagte er nicht und äußerlich
sah er gut aus. Die Besetzung des Reichs bedrückte ihn, wie uns alle.
Ebenso das Warten auf Nachrichten. Unlust bzw. Unwillen angesicht
der trostlosen militärischen Lage zeigte er nie. Er lebte, wie wir alle,
nur noch in unserem Frontabschnitt. Auf seinem Posten als Batterie-
Offizier – er hatte sich ja nichts anderes gewünscht – stand er freudig
und auch gelassen. Nun will ich aufhören. Sie kennen ihn ja selbst.
Alles Geschriebene muß doch hohl und leer klingen. Mir widerstrebt
es im Innersten weiterzuschreiben! Es klingt doch alles nach Phrasen-
drescherei![51]

Aber das ist es nicht, Bertha weiß es ja. Und sie weiß auch, dass Eckbert wirklich tot ist, wenn auch die angekündigten Augenzeugenberichte sie erst viel später erreichen. Sie ist dankbar, dass Taffy das alles nicht mehr wirklich wahrnimmt, aber nun ist sie ganz allein in ihrer Trauer um ihre beiden Söhne Claus und Eckbert. Draußen, unter den herbstlich gefärbten Bäumen, spielen Kinder. Sie hört ihr Lachen. Es sind ihre Enkel, Arndt und das Baby Diana, die von ihren Müttern aus Berlin in das sichere Blühnbachtal gebracht worden sind. Nun erinnern sie ihre Großmutter daran, dass es trotz allem eine Zukunft gibt.

Alfried steigt hoch – und fällt tief (1943–1945)

Weihnachten 1943 verbringen Bertha und Taffy in Essen mit Alfried, Waldtraut und Henry. Am zweiten Weihnachtstag schreibt Taffy an seine älteste Tochter Irmgard. *Meine liebe Irmgard, schon gestern versuchten wir leider erfolglos eine Verbindung mit Dir zu erhalten und warten auch jetzt schon seit 7 Uhr auf eine. Wer weiß, ob es glückt. Auf alle Fälle will ich Dir aber einige Zeilen senden, einmal um Dir für alles zu Weihnachten Gesandte zu danken: die kapitale Gänsebrust, die vielversprechenden Blumenzwiebeln, die hoffentlich den inneren Garten hier neu beleben werden, und das schöne Buch über den Deutschen Ritterorden, das mich sehr interessieren wird. – Nun waren Waldtraut und Henry seit Freitag früh hier, um heute Nachmittag wieder nach Berlin zurückzureisen. Da sie – wenn auch bei trübem Wetter – ruhige Nächte und Tage verleben konnten, hat ihnen Beiden der Aufenthalt, wie wir hoffen, gut getan. – Unter unserem kleinen Weihnachtsbaum, für den wir eben noch einige Kunstkerzen zusammengebracht hatten, konnten wir mit Alfried und Fräulein Achenbach einige Stunden dem Auspacken der immerhin großen Zahl eingegangener Pakete widmen. Wir hatten gar nicht erwartet, soviel Zeichen der Anhänglichkeit in der jetzigen Zeit zu bekommen.*
Nun zu Deiner Unterrichtung noch etwas Geschäftliches: Nach-

dem am 15. d. Mts. in der hiesigen Hauptverwaltung die Umwand-
lungsbilanz der Fried. Krupp A. G. zum 1. Oktober 1942 genehmigt,
und die Gesellschaft durch Übertragung ihres Vermögens auf Mama
in eine Einzelfirma – wie vor dem Tode Friedrich Alfred Krupps –
umgewandelt worden war, hat Mama am gleichen Tage mit meiner
Zustimmung auf die Inhaberschaft des Familien-Unternehmens zu
Gunsten von Alfried verzichtet. Nachdem die von uns am gleichen Tage
beschlossene Satzung inzwischen vom Führer genehmigt worden ist,
und die Bezeichnung Alfrieds als Inhaber des Familienunternehmens
Fried. Krupp von zuständiger Seite gebilligt worden ist, werden wir
nunmehr die Öffentlichkeit unterrichten können.[52]

Selbstverständlich kann eine Firma wie Krupp im Kriegsjahr
1943 ohne Genehmigung von oben keine weitreichenden Entscheidungen treffen. Hitlers Erlass, der die Umwandlung ermöglicht,
wird später Lex Krupp genannt. Außer der Genehmigung zur Umwandlung wird die Frage der Erbschaftssteuer geregelt und die seit
Kaisers Zeiten bestehende Regelung bestätigt, dass der jeweilige
Firmeninhaber den Namen Krupp führen darf. In letzter Minute
setzt die Partei eine gravierende Einschränkung durch und sichert
sich ein Mitspracherecht bei allen grundlegenden Entscheidungen.
Alfried wird dadurch quasi entmachtet, aber ein besseres Ergebnis
konnte Gustav bei Hitler nicht erreichen.

Für Dich möchte ich nur noch persönlich bemerken, daß Nach-
folger Alfrieds dasjenige Familienmitglied wird, das der Inhaber als
solchen bezeichnet. (...) Ein Familienrat, in dem mehr als die Hälfte
der 7 Sitze von Familien-Mitgliedern besetzt sein müssen, berät den In-
haber ähnlich wie der Aufsichtsrat einer Aktiengesellschaft. – Seit Jahr
und Tag haben Mama und ich uns den Kopf zerbrochen, wie unter den
gänzlich veränderten steuerlichen wie anderweitigen gesetzlichen Be-
stimmungen der grundsätzliche Gedanke Alfred Krupps auf Wahrung
der Einheitlichkeit der Firma auch für die Zukunft gesichert werden
kann. Wir hoffen aus vollem Herzen, daß es auf diese Weise gelingt. –
Herzliche Grüße von uns Allen Euch Allen und auf möglichst baldiges
Wiedersehen, Dein Papa.[53]

Dieser Schritt soll nicht nur die angesprochenen Probleme lö-
sen, sondern auch den Rückzug des Elternpaares auf ihr Altenteil
nach Blühnbach ermöglichen. Bereits im Frühjahr hat Alfried das

Direktorium mit jüngeren Herren seines Vertrauens besetzt, so dass er de facto die ihm jetzt verliehene Position schon ausübt. Er ist trotzdem nicht zu beneiden. Bei Krupp ist sein Einfluss drastisch be-

Am 11. April 1945 wird Alfried von den Amerikanern verhaftet. (© getty images)

grenzt durch die kriegsbedingte Einmischung des Rüstungsministeriums, des Oberkommandos der Wehrmacht und der Marine sowie anderer staatlicher Stellen in das operative Geschäft. Und privat ist er durch das Familienstatut gebunden, das in der Satzung festgelegt ist. *Alfried zog aus dem Familienstatut vor allem Nachteile: Durch die Einrichtung des Familienrates, die Belastung für die Aussteuer der Geschwister, die Errichtung eines Familienfonds, der ebenfalls den Geschwistern zugute kam, und schließlich durch die Mitwirkungsrechte der Partei war er nach allen Richtungen hin gebunden. Selbst der Gewinn, den er als Alleinunternehmer künftig erzielte, floß unmittelbar in das Firmenvermögen.*[54]

Im Augenblick weitaus störender als alle diese Begrenzungen sind die fortwährenden Eingriffe der Obrigkeit in die laufenden Geschäfte. Alles ist durch Gesetz und Verordnung geregelt. Es gibt ein Reichsflaggengesetz, damit die Hakenkreuzfahne auch wirklich überall weht. Die Partei übernimmt die Macht bei den Betriebsratswahlen, die Gewerkschaften waren schon seit 1933 gleichgeschaltet und zwangsweise in die Deutsche Arbeitsfront (DAF) eingegliedert. Die firmeneigenen Versuche, im Ausland Arbeiter und Fachkräfte anzuwerben, werden durch bürokratische Hemmnisse zum Erliegen gebracht. Auch bei der Frage, was, wie und wo produziert wird, ist Krupp in völlige Abhängigkeit von Staat und Partei geraten. Das Gleiche gilt für den ab 1943 verordneten Einsatz von KZ-Häftlingen, die allerdings erst im Sommer 1944 in Essen eintreffen. Das Reichsministerium für Bewaffnung und Munition hat einen Reich-Arbeitseinsatz-Ingenieur eingesetzt, dessen untere Chargen in die Betriebe hinein durchgreifen können und das auch tun.[55]

Alfried vor der Villa Hügel im Sommer 1945 während seines Hausarrestes unter der amerikanischen Besatzung. (© getty images)

Alfried und dem Direktorium bleibt wenig mehr als der Versuch, den Betrieb so geordnet wie möglich an die verordneten Auflagen anzupassen.

Das gelingt bis zu den großen britischen Bomberangriffen im März 1943, die den Niedergang und die vollkommene Zerstörung der Gussstahlfabrik in Essen einleiten. In Essen sind zu diesem Zeitpunkt neben der reduzierten Stammbelegschaft auch 21 000 Fremdarbeiter in insgesamt 355 Baracken untergebracht. Die meisten sind Holländer, Belgier, Franzosen, Polen und Russen, die teilweise freiwillig, teilweise zwangsverpflichtet bei Krupp arbeiten. Der Bombenangriff läßt 227 ihrer Unterkünfte in Flammen aufgehen. 46 Menschen sterben. Weitere Angriffe folgen, der letzte, der das Werk endgültig vernichtet, erfolgt am 11. März 1945. In diesen zwei Jahren fällt die Gussstahlfabrik in Ruinen. Die Stadt Essen wird zum größten Teil zerstört und viele Menschenleben sind zu beklagen.

Stallgebäude und Wagenremise auf dem Hügel nach Luftangriff am 26.3.1944

Nur die Villa Hügel, dieses für die Alliierten verhasste Symbol, bleibt verschont. Fensterscheiben zerbrechen und die beiden Pavillon auf der oberen Terrasse sowie Neben- und Wirtschaftsgebäude werden schwer beschädigt, auch Dach und Außenmauern bekommen etwas ab. *Über die Nacht vom 26/27. März 1944, die wirklich nicht schön war und uns so ziemlich alle Scheiben gekostet hat, hat Mama Dir schon geschrieben. Man muß sich damit trösten, daß es bei der Konzentriertheit der Angriffe und der Nähe des Einfalls schwerster Bomben und Minen noch schlimmer hätte kommen können.*[56] Alle auf dem Hügel Beschäftigten sind in den Kellern des Hauses in Sicherheit. Für die Mitarbeiter der Hügelbetriebe gibt es auf dem weitläufigen Hügelgelände mehrere Luftschutzbunker, so dass niemand zu Schaden kommt.

Am Mittag des 11. März, während des letzten und schrecklichs-

ten Bombenangriffs, geht Alfried, der als Einziger noch auf dem
Hügel wohnt, nicht in den Keller. Er steht an den Fenstern im ersten
Stock, die in die Richtung der Stadt Essen blicken. Er sieht hinter
den Bäumen des Parks den Feuerschein der brennenden Häuser, die
Rauchwolken, die angreifenden Flugzeuge und die Rauchstreifen
der wenigen Flakgeschütze, die es in der Stadt noch gibt. Er weiß,
dort ist Tod und Verderben für alle, die in Essen leben und arbeiten.
Und ein Großteil dieser Menschen arbeitet für Krupp, dieses einstmals vorbildliche und moderne Werk, das nun vernichtet wird. Er
geht nach unten in die Bibliothek, um dort den Bericht seiner Herren zu empfangen. Das Ergebnis ist erschütternd: *Fünfundfünzig
Angriffe auf die Essener Kruppwerke forderten 180 Tote und 300 Verletzte. Der Abwurf von 2106 Tonnen Spreng- und Brandbomben ver-
ursachte einen materiellen Schaden von 728 Millionen Reichsmark,
884 Werksalarme führten zum Ausfall von vier Millionen Arbeitsstun-
den.*[57] Die Stadt Essen wird ebenso vernichtet wie die Krupp-Werke.
Der Angriff legt das gesamte Zentrum der Stadt und 32 Kirchen in
Schutt und Asche. 50 000 Essener werden obdachlos, 897 verlieren
das Leben und über 1500 werden verletzt.

Alfried ist sich bewusst, dass es nur noch Tage oder wenige
Wochen dauern kann bis die Sieger in Essen einziehen werden. Er
denkt an die Mitglieder seiner Familie, die überall verstreut sind
und von denen es in den allermeisten Fällen keine Nachricht gibt.
Und er macht sich Gedanken über sein eigenes Schicksal. Er, der
Namensträger, der letzte Krupp, wird die Sieger hier auf dem Hügel
empfangen, bereit, sich dem zu stellen, was auf ihn zukommt. Als
einen Monat nach dem großen Angriff die Panzer der 9. US-Armee
am 11. April in Essen einziehen, wartet Alfried – korrekt in einen
dunklen Anzug gekleidet – in der Bibliothek. *Gegen 11 Uhr stürmten
die ersten amerikanischen Panzer und Sicherungstruppen den Hügel
und blockierten die Zufahrt zur Villa der Krupps. Damit hatte man
ein wichtiges Kriegsziel erreicht und wollte wenigstens symbolisch
das Hauptquartier jener verhassten deutschen Spielart des Kapitalismus besetzen, zu deren Ausschaltung die Hauptmacht des westlichen
Kapitalismus unter anderm auch in den Krieg gezogen war. Nach
einem ersten touristischen Rundgang durch das Große und das Kleine
Haus ließ der amerikanische Kompaniechef Alfried Krupp von Bohlen*

und Halbach durch den Butler, Friedrich Dormann, zur Verhaftung bitten. [58] Hinten auf dem Jeep sitzend, die Hände locker um die angezogenen Knie geschlungen, wird Alfried abtransportiert in das Recklinghauser Internierungslager für Zivilisten. Die Amerikaner verhören ihn und bringen ihn nach einer Woche am 18. April wieder zurück auf den Hügel. Dort steht er unter Hausarrest bis zum 19. Juni, als ihn die Engländer, die inzwischen Essen übernommen haben, zum zweiten Mal verhaften. Alfrieds Hoffnung, nach wenigen Wochen wieder freizukommen, erfüllt sich nicht.

Kriegsende in Blühnbach (1944–1945)

Der Krieg nähert sich seinem Ende, das spüren die Menschen auch im Blühnbachtal. Sie haben bis jetzt gut überlebt, denn der Wald bietet Holz zum Heizen und Wild zum Essen. Die grasbewachsenen Wiesen und Lichtungen versorgen die noch vorhandenen Rinder und Pferde mit gutem Futter. In diesem Winter 1944 fällt viel Schnee. Die Tannen und Laubbäume beugen sich unter seiner Last. Das Dach des Posthauses hat eine weiße Decke, und drüben, am unbewohnten Schloss, gibt es nur eine schmale freigeschippte Spur, die zum Personaleingang führt. Zu Weihnachten 1945 sitzt Bertha im Posthaus und blickt von ihrem Schreibtisch hinaus in die winterliche Landschaft. Sie trauert um Claus und Eckbert, ihre toten Söhne. Sie schreibt Briefe an Alfried und Harald, die beide in Gefangenschaft sind. Sie macht sich Sorgen um ihre verwitwete Tochter Irmgard, die ihre Existenzgrundlage verloren hat. Waldtraut und Henry haben Berlin verlassen und fanden mit Hilfe eines ehemaligen Krupp-Vertreters in Bremen ein gemietetes Haus, in dem ihre jüngste Tochter Regina zu Welt kam. Auch ihre Existenzgrundlage ist zerstört, da Henrys Berliner Betriebe in der sowjetisch besetzten Zone liegen. Nur um Berthold braucht sie sich keine Sorgen zu machen, er hat sofort nach Kriegsende wieder Arbeit gefunden und kümmert sich im Rahmen des Möglichen um seine Eltern.

Nebenan dämmert Taffy vor sich hin. Er ist körperlich erstaunlich fit, kann noch laufen und im Liegestuhl warm eingehüllt die
Wintersonne genießen, aber sein Kopf macht nicht mehr mit. Er

Bertha mit Gesellschafterin Christel Kronen und Taffys Pflegepersonal 1949 in
Blühnbach

hat einen Schlaganfall hinter sich, einen Autounfall – auf der Straße
ins Tal kam der Wagen auf Schneeglätte ins Rutschen – und leidet
an Altersdemenz und Arteriosklerose. Manchmal kann er noch Fa-
milienbriefe diktieren und sich in lichten Augenblicken über gute
Nachrichten freuen. Die schlimmen Nachrichten erzählt ihm Bertha nicht. *Mein Vater verließ Essen im Sommer 1944, sagte uns Herr
Berthold von Bohlen. Damals schon begann die Krankheit. Durchaus
wollte er im September wieder nach Essen zurück. Sein Platz sei dort,
gerade in der schweren Zeit.(…) Schon die ersten Zerstörungen hatten
ihn tief erschüttert. Damals versuchte er, der Dinge Herr zu werden,
die auf ihn eindrangen, doch er fühlte wohl, daß er nicht mehr die Kraft
dazu besaß. Da verschloß er sich vor allen Menschen und wurde immer
stiller. Vom Februar 1945 an hat er die Ereignisse nicht mehr richtig
wahrgenommen. Sie blieben ihm fern. Er sprach nur noch wenig.*[59]

Als Berthold im Frühjar 1945 nach Blühnbach kommt, erkennt Gustav ihn schon nicht mehr richtig. Und Bertha ist mit der Pflege so beschäftigt, dass sie andere Notwendigkeiten vernachlässigt, wie

Postkarte Blühnbach von Norden (Bergseite)

Berthold sofort erkennt. *Ich bin dann Anfang April mit dem Fahrrad von München nach Blühnbach gefahren, um meinen Eltern beizustehen. Als ich meine Mutter fragte, ob genug Geld vorhanden sei, bejahte sie dies: sie habe 2000 Reichsmark! Ich bin sofort zurück nach München, teilweise wieder mit Fahrrad und LKW, und habe dann bei der Dresdner Bank noch größere Beträge freimachen können.*[60] Bertha ist dankbar für die Unterstützung des einzigen Sohnes, der bei ihr sein kann in diesen allerletzten Kriegstagen und -wochen. Die beiden sitzen abends zusammen in der kleinen Stube des Posthauses, der grüne Kachelofen strahlt behagliche Wärme aus und das wenige Personal hat sich zurückgezogen. Doch Berthas Gedanken gehen nach Essen zu Alfried und zu der Fabrik. Sie sieht vor ihrem inneren Auge das Elend dort und befürchtet für Alfried das Schlimmste, sobald die Sieger in Essen einziehen werden. Sie weiß, dass er –

genauso wie sein Vater – als Kriegsverbrecher eingestuft ist, also mit Gefängnis oder Schlimmerem rechnen muss. Den beruhigenden Worten ihrer Anwälte schenkt sie keinen Glauben. Sie hat nach dem

Postkarte Blühnbach von Süden (Talseite)

Ersten Weltkrieg ja schon erlebt, dass in Zeiten wie diesen Recht und Gerechtigkeit nicht zu erwarten sind.

Harald ist in Sibirien verschwunden, sie hat kaum Nachricht von ihm, weiß nicht, wie es ihm geht. Immerhin, er lebt, soweit sie das weiß. Eckbert ist ganz und gar verschollen, sie rechnet mit dem Schlimmsten. Claus vermisst sie auch heute, fünf Jahre nach seinem Tode, so wie am ersten Tag, und bangt um ihre Schwiegertochter Sita, die auf der Flucht vor den eindringenden Russen ihr Zuhause in Berndorf verlassen muss und in Blühnbach Zuflucht finden wird. Auch Irmgard flieht im Treck vom Biesendahlshof in Pommern mit ihren drei Kindern in Richtung Westen zu dem elterlichen Gut Clausheide in Niedersachsen. Schwiegersohn Henry Thomas sitzt immer noch im Gefängnis in der Prinz-Albrecht-Straße in Berlin. Er wird erst am Kriegsende befreit.[61]

Und es hatte auch Berthas Schwester Barbara und ihren Mann Tilo getroffen. Beide wurden nach dem Attentat auf Hitler wegen Verbindungen zum Widerstand ebenfalls verhaftet. Barbara wird glücklicherweise nach wenigen Monaten entlassen. Der 67-jährige Tilo kommt zuerst in das berüchtigte Gefängnis Lehrter Straße in Berlin, und von dort aus in das KZ Ravensbrück. *Dreizehnmal wurde ich zum Verhör in das SS-Lager-Drögen gefahren. Das peinlichste war eine Vernehmung, zu der ich gefesselt geführt wurde und bei der mir eine längere Aussage Goerdelers über eine Unterhaltung vorgehalten wurde, die ich vor Jahren mit ihm anläßlich einer Sitzung des Reusch-Kreises in Dresden geführt hatte. Sie war in der Tat nach dem damaligen Jargon »defätistisch« gewesen, so daß ich mich in der Nacht auf alles gefaßt machte. Wohl jeder hatte dort irgendwie mit dem Leben abgeschlossen.*[62] Tilo wurde anschließend an diese Verhöre in das Konzentrationslager Sachsenhausen verbracht, wo er bis zum Ende des Krieges Nachtdienst in der Schreibstube leistete. *Als die Russen nahten, kam der Befehl zum Abmarsch; in Kolonnen zu je 500 »marschierten« wir westwärts auf Zickzackwegen ins Blaue. Diese elf Tage waren eine schwere Strapaze, zumal von Beköstigung bereits nach drei Tagen keine Rede mehr war. Wer zusammenbrach, wurde erschossen; ich zählte 72 Leichen am Straßenrand. Der Grad der Abstumpfung war derart, daß diese Liquidationen keinerlei Eindruck mehr machten. Eine schwedische Rot-Kreuz-Kolonne mit Carepaketen war buchstäblich die Rettung. Schließlich erreichten wir am 7. Mai Schwerin, empfangen von den Amerikanern. Die befreiten Häftlinge kamen links auf freies Feld, die SS rechts hinter Stacheldraht. Deutschlands völliger Zusammenbruch wurde hier physisch greifbar! Drei Tage und drei Nächte lebten wir zu dritt in einem ramponierten Auto im Chausseegraben, von aufgelesenen Kartoffeln lebend, gewürzt durch Hölderlin-Oden, die einer von uns gefunden hatte. Dann endlich winkte die Freiheit, zu der uns der katholische Pfarrer von Schwerin verhalf.*[63]

Tilo kann sich bis nach Marienthal durchschlagen, wo er seine Familie vorfindet. Zuerst ist die Erleichterung groß, denn Thüringen ist von den Amerikanern besetzt. Zu seinem Entsetzen – und dem von Hunderttausenden anderer Thüringer – übergeben die Amerikaner einige Monate später das Land an die Russen. Wieder landet Tilo im Gefängnis. *Das Ende nahte Mitte Oktober. Mein*

Sohn Friedrich und ich wurden in das Gerichtsgefängnis in Kölleda gebracht. (...) Nachträglich mutet es mich immer wieder wie eine unerforschliche Fügung an, daß wir von dort nicht nach Rußland verschleppt wurden, sondern daß plötzlich der »Herr Landrat«, begleitet von seinem »Polizeichef« erschien, mir einen Wisch in die Hand drückte, ich sei mit der ganzen Familie aus dem Kreise verwiesen, zugleich aber die Gefängnistore öffnete, damit aber auch den Verlust der Heimat besiegelte.[64] Marienthal ist endgültig verloren. Alle Möbel und Kunstgegenstände werden in einen Zug in Richtung Moskau geladen und verschwinden für immer. Barbara, Tilo und ihre Familie finden Zuflucht in Buchenau, einem im Hessischen gelegenen Jagdrevier, das ihnen gehört.

Erst ganz langsam finden alle diese Informationen ihren Weg zu Bertha nach Blühnbach. Berthold berichtet anschaulich über die Schwierigkeiten. *Zunächst war eine Verbindung mit Essen und der weit verstreuten Familie nicht möglich, und ich mußte Wege suchen, Kontakte zu schaffen, um meine Eltern, die Familie und den Familienbesitz vor den Aasgeiern zu schützen, die sich in den verschiedenen Besatzungszonen darauf stürzten. Meine Aufgabe war zu retten, was zu retten sein würde. Zunächst stand ich ganz allein da, und rückblickend ist es ein Wunder, daß Kontakte in relativ kurzer Zeit zu schaffen waren, obwohl es keine Post, keine Eisenbahn und keine sonstigen offiziellen Verbindungen gab. In dieser Zeit habe ich die große und positive Erfahrung gemacht, daß es doch gute Freunde meiner Eltern und meines Bruders gab, die den Mut hatten zu helfen. Es waren nicht viele, aber denen habe ich meine Dankbarkeit bewahrt.*[65]

Im Mai rattern die Jeeps der Amerikaner auch die Blühnbachtalstraße hinauf. In einem von ihnen sitzt Charles Bohlen, ein Verwandter Taffys aus dem amerikanischen Familienzweig. Die amerikanischen Soldaten requirieren das Schloss für die hohen Offiziere und nutzen alle Räume. Dies ist die große Zeit von Resi Lonski, der Hausbeschließerin, die in den insgesamt zehn Jahren der Besetzung dafür sorgt, dass kaum etwas abhanden kommt und das Schloss nicht verwahrlost. Selbstverständlich werden Bertha und ihre Familie zu verschiedenen Anlässen dorthin eingeladen. Berthold und Sita leisten den Einladungen ab und an Folge. Bertha kann sich nicht überwinden, als Gast in ihr geliebtes Haus zu gehen. Sie und Taffy beschränken sich auf das Posthaus. So sind es nur die Enkelkinder, die von einem Haus zum anderen wechseln und von den Amerikanern dankbar Bonbons und Schokolade annehmen.

Der Nürnberger Prozess (1945–1948)

Im 75. Lebensjahr schreibt Berthold von Bohlen seine Erinnerungen an die wichtigsten Jahre seines Lebens auf[66]. Es sind die Jahre von 1945 bis 1951, in denen er notgedrungen zum Sprecher der Firma und Familie wird, da dies weder Alfried noch ein anderer seiner Brüder übernehmen kann. *Wie sah es im Sommer 1945 aus? In Essen war die Firma Fried. Krupp weitgehend durch Bomben zerstört, Alfried sofort nach der Besetzung Essens verhaftet im Lager Recklinghausen mit vielen anderen Wirtschaftsführern, im Herbst 1945 wurde auch das gesamte Direktorium der Firma Krupp verhaftet, bis auf Johannes Schröder. (…) Das unerfreulichste Ereignis war die Klageerhebung gegen meinen Vater vor dem Hauptkriegsverbrecher-Prozeß in Nürnberg 1945, wo mein Vater als einziger Vertreter der Wirtschaft neben Politikern wie Göring, von Ribbentrop, Heß, den Militärs Keitel, Dönitz usw. als Symbol für die Wirtschaft angeklagt werden sollte. Mir war klar, daß unter allen Umständen eine Verurteilung meines Vaters beabsichtigt war, denn der Beweis der Mitschuld der Wirtschaft am Krieg und an allen Verbrechen des Dritten Reiches sollte geführt werden, und stellvertretend dafür war Krupp. Der amerikanische Ankläger wörtlich:* »*Krupp ist der Brennpunkt, das Symbol und der Nutznießer der unheilvollen Kräfte, die den Frieden Europas bedrohen*«[67].

Dieser Plan geht nicht auf, denn sämtliche nach Blühnbach geschickten Ärzte kommen zu dem Schluss, dass der kranke alte Herr dort nicht mehr vernehmungsfähig ist. So wird letztendlich Alfried an Stelle seines Vaters angeklagt. *1947 kam es dann zur Klage im Krupp-Prozeß vor dem amerikanischen Militärgerichtshof in Nürnberg. (…) Als Nicht-Jurist und völlig unbefangen hatte ich den Krupp-Prozeß von vornherein als politischen Prozeß angesehen und war der*

Meinung, daß er nicht juristisch, sondern politisch geführt werden mußte. (…) Ich hatte die Rolle eines aktiven Beobachters. Meine Aufgabe war, Verbindung zu früheren Krupp-Herren herzustellen, Material für die Verteidigung zu beschaffen, Anwälte zu engagieren und zu motivieren, Zeugen ausfindig zu machen und aufzusuchen, Kontakte zu Politikern, zur Presse und überhaupt zur Öffentlichkeit herzustellen. Ich bin damals auf die abenteuerlichste Weise kreuz und quer durch Deutschland gereist, zunächst mit Güterzügen, Lastwagen, Fahrrad; erst später konnte ich mir einen kleinen DKW zur Verfügung stellen lassen. Das war ein regelrechtes Zigeunerleben, denn ich habe manche Nacht in Bahnhofsunterführungen oder sonstwo primitivst verbracht. Wenn ich Verbindung zu meinen Eltern aufnehmen wollte, mußte ich schwarz über die Grenze nach Österreich, immer über die Berge, die ich in der dortigen Gegend von früher her als Jäger recht gut kannte. (…)

Der Prozeß wurde sehr hart geführt und führte in einem Stadium sogar zum Auszug der deutschen Anwälte aus dem Saal, die daraufhin für einige Zeit von der Verteidigung ausgeschlossen und einige sogar verhaftet wurden. Solche Ereignisse erregten natürlich Aufsehen in der Öffentlichkeit, vor allem in der internationalen Presse, da diese auf die Problematik der Rechtsgrundlagen der Prozesse hinwiesen, und das war für uns entscheidend.(…) Im August 1947 wurde die Klage erhoben. (…) Im Juli hatte ich Alfried zum erstenmal im Gefängnis in Nürnberg sprechen dürfen. Bis dahin war jeder Kontakt verwehrt worden. Nur Herrn Schröder war es einmal gelungen, Alfried im Lager Staumühle zu sprechen. (…) Der Prozeß dauerte bis Ende Juli 1948. Es gab vier Anklagepunkte: 1) Verschwörung gegen den Frieden, Planung, Vorbereitung, Beginn und Führung eines Angriffskrieges. 2) Plünderung, 3) Sklavenarbeit, 4) Teilnahme an einem gemeinsamen Plan oder eine Verschwörung zur Begehung besagter Verbrechen.

Es war natürlich absurd, Alfried die Punkte 1 und 4 vorzuwerfen. Trotz des aufgeheizten, hasserfüllten Klimas wird Alfried deshalb in diesen beiden Punkten freigesprochen. *Plünderung betraf vor allem die Übernahme von Werken in den besetzten Gebieten, deren Fortführung und Ausbau, später auch teilweise die Rückführung von Anlagen nach Deutschland. Die deutsche Industrie hat aber, zum Teil nach großen Investitionen, alles, was abtransportiert wurde, den Eigentümern bezahlt,* merkt Berthold an. Das galt besonders für Krupp. *Die Verurteilung Alfrieds in diesem Punkt entbehrte jeder Grundlage. Der Vorwurf, er habe zwei französische Unternehmen gekauft, erwies sich als falsch. Hier – wie auch in anderen Fällen – hatte Krupp also (...) das Privateigentum geachtet und nicht verletzt. (...) Auch der Vorwurf des Gerichts, die Krawa hätte bei der Evakuierung der ELMAG Werke Elsässer Maschinenbaugesellschaft mbH neun von insgesamt tausend Maschinen mitgenommen, die ihr nicht gehörten, ließ sich rechtlich nicht halten und ist von deutschen Völkerrechtlern – wie der Spruch zum »Plünderungs-Komplex« überhaupt – zu Recht als Fehlurteil bezeichnet worden. Ähnlich war die Lage beim Kauf französischer und niederländischer »Beutemaschinen«, der nach den Regeln der Wehrmacht abgewickelt wurde.*[68]

Sklavenarbeit betraf Zwangsbeschäftigung von Häftlingen, Kriegsgefangenen und Ausländern im Auftrag der Regierung. Bei diesem Thema ist die Stimmung im Sitzungssaal besonders explosiv. Krupps Verteidiger beklagen, dass viele entlastende Zeugenaussagen vor Gericht nicht zugelassen werden, die wenigen belastenden Aussagen dafür umso mehr Aufmerksamkeit erfahren. Besonders empört zeigt sich die ausländische Presse über den Einsatz von Frauen aus dem KZ Buchenwald, die über schlimme Zustände bei Krupp klagen. Wie sieht die Forschung das heute? *Krupp mußte schließlich nach den Regularien der SS ein Kontingent von 500 Ungarinnen im Alter von 15 bis 25 Jahren »abnehmen«, zu denen noch 20 weibliche Funktionshäftlinge hinzukamen. – Als die Frauen am 25. August 1944 in Essen eintrafen, schien die Verwendung im Walzwerk 2 und an einigen anderen Plätzen ebenso geregelt wie ihre Unterbringung und die übrigen Bedingungen ihres »Einsatzes« in der Gußstahlfabrik. Das Arbeiterlager Humboldtstraße-Süd hatte man von den dort untergebrachten italienischen Militärinternierten geräumt und zum Außenlager des Konzentrationslagers Buchenwald erklärt. (...) Als größtes Problem erwies sich in den beiden ersten Monaten die Ungezieferbeseitigung im Lager. (...) Schwerer wogen die Auswirkungen der Bombenangriffe auf Essen, die im September nach längerer Pause wieder einsetzten. Zwei Großangriffe vom 23. und 25. Oktober 1944, denen 1482 Einwohner Essens zum Opfer fielen, zerstörten das Lager Humboldtstraße bis auf die Grundmauern. Dabei starb auch*

*eine der ungarischen Frauen. Die Folgen dieses Angriffs sollten noch
lange nachwirken. In dem Trümmerprovisorium gab es keine Wasch-
gelegenheiten mehr, der Ausfall der Straßenbahn zwang die Frauen zu
45-minütigen Fußmärschen an die Arbeitsplätze. Ein weiterer Großangriff, der erneut 463 Todesopfer unter der Zivilbevölkerung forderte,
ließ die Lage der Arbeiterinnen ab dem 12. Dezember vollends unhaltbar werden, auch wenn sie selbst keine Opfer zu beklagen hatten. Als
die Frauen nur noch in Erdlöchern Unterschlupf finden konnten und
jede geregelte Tätigkeit im Chaos der untergehenden Gußstahlfabrik
aufhörte, bemühte sich der Oberlagerführer um den Rückmarsch des
Außenkommandos. Warum dieser dann nicht stattfand, läßt sich aus
den Quellen nicht erschließen. Am allerwenigsten konnten die Frauen
selber daran interessiert gewesen sein, da sogar das bloße Dahinvege-
tieren in den Trümmern der Gußstahlfabrik ihnen noch als das bessere Los erscheinen mußte angesichts der Alternativen, die sich ihnen
außerhalb der Privatindustrie boten. Sechs Ungarinnen tauchten in
den letzten Wochen vor dem Einmarsch amerikanischer Truppen in
Essen unter, um sich mit Hilfe befreundeter deutscher Familien über
das Kriegsende zu retten. Die übrigen marschierten erst am 17. März
1945 nach Buchenwald zurück, wo sie am 17. April befreit wurden. Im
Anschluß kehrten die wenigsten nach Ungarn zurück, der größte Teil
wanderte nach Israel aus, viele auch in die USA und Kanada. (…)
Die Frage, ob der Kruppkonzern aus dem Einsatz von Zwangs-
arbeitern und KZ-Häftlingen Profit geschlagen hat, ist nicht zu beantworten. Auf kurze Sicht sind dem Unternehmen dabei – wie die
Erhebung von 1942 zeigt – deutlich höhere Kosten entstanden, als sie
der Arbeitsmarkt für deutsche Kräfte kannte. Dieser Arbeitsmarkt
wurde aber, je länger der Krieg dauerte, immer enger. Höhere Kosten
ließen sich freilich zum Teil auf die Preise abwälzen. In ihrer Quali-
fikationsstruktur entsprachen ausländische Arbeitskräfte nicht den
Anforderungen, die die Gußstahlfabrik stellte. Auf lange Sicht mögen
ausländische Arbeitskräfte vielen Unternehmen das Überleben erleichtert haben, für den Fall Krupp traf dies aber nicht zu. (…) Alle Überlegungen, die um diese Frage kreisen, sind freilich nur so lange legitim
und sinnvoll, wie die Krupp-Werke in autonomer Entscheidung über
den Arbeits- und Häftlingseinsatz verfügen konnten. Dies war jedoch
ganz offensichtlich schon bald nach Kriegsbeginn nicht mehr der Fall.*[69]

Berthold berichtet weiter: *Der Prozeß war eine außerordentliche Anstrengung und enorme Belastung für alle Beteiligten, die Angeklagten, die Verteidiger und alle, die sonst mithalfen. Tausende von*

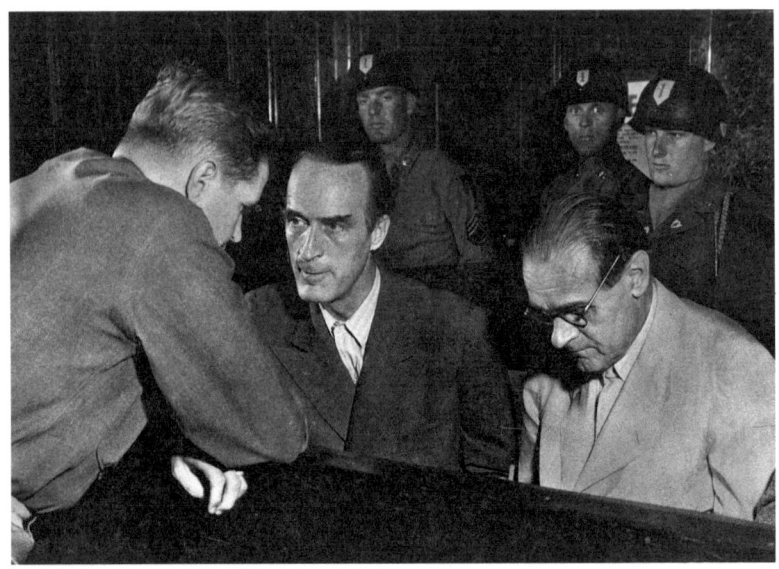

Alfried Krupp und Ewald Löser beim Prozess, Nürnberg 1948. (© ullstein bild)

Dokumenten wurden verlesen und vorgelegt, Hunderte von Zeugen vernommen, von denen einige großen Mut bei ihren Aussagen zeigten. Ich habe meinen Bruder Alfried bewundert, der mit großer Klarheit und exaktem Erinnerungsvermögen zu fast allen Vorgängen und Entscheidungen, an denen er mitgewirkt hatte, Stellung nahm und lange Aktennotizen in der Gefängniszelle niedergeschrieben hatte. – Ende Juli 1948 wurde das Urteil gesprochen. Alfried und die Herren von Krupp wurden (bis auf einen Freispruch) in den Punkten Plünderung und Sklavenarbeit schuldig gesprochen. Alfried wurde zu 12 Jahren Gefängnis verurteilt. Der Durchschnitt der Gefängnisstrafen für die Krupp-Herren war 8 Jahre. Außerdem wurde im Krupp-Urteil der Vermögenseinzug zugunsten des Alliierten Kontrollrates verfügt. Dieser Vermögenseinzug war einmalig in der Geschichte aller bisherigen Prozeße.[70]

Insbesondere die Tatsache, dass die Firmenleitung 1944 bereits vollkommen aus der Hand Alfrieds und des Direktoriums genommen worden war, ist in Nürnberg nicht ausreichend gewürdigt worden. Daraus resultierte für die Verurteilten der Firma und der Familie Krupp und ihre Angehörigen das Gefühl, das Urteil sei juristisch fragwürdig und sie seien Opfer einer Siegerjustiz geworden. Alfried wird nach Landsberg in ein Gefängnis verlegt, in dem sich so unterschiedliche Delinquenten wie KZ-Personal aus dem Konzentrationslager Dachau, Diplomaten, Generäle und nun auch Wirtschaftsführer befinden. Die ehemalige Festungshaftanstalt ist von den Amerikanern zur War Criminal Prison Nr. 1 umorganisert worden. An einem der ersten Tage fragt ein junger, freundlicher amerikanischer Wachsoldat Alfried, wie er angesprochen zu sein wünscht: Herr Krupp oder Herr von Bohlen, oder vielleicht mit seinem vollen Namen Herr Krupp von Bohlen und Halbach?»Nennen Sie mich Krupp«, antwortet der Gefangene.»Wegen dieses Namens bin ich hier.« Und er fügt ironisch hinzu:»Diese Zelle ist mein Anteil an dem großen Krupp-Erbe«.[71]

Bertha besucht Alfried im Gefängnis (1945–1951)

Alfried ist schon eine ganze Weile in Haft, bevor Bertha ihn zum ersten Mal besuchen darf. Ihr Chauffeur fährt sie von Blühnbach aus nach Landsberg, wo sie – wie alle anderen Angehörigen der Gefangenen – im Hotel Gogel übernachtet. Es ist acht Uhr früh, als sie vor dem Hauptportal des Gefängnisses steht. Hinter dem mächtigen hölzernen Einfahrtstor werden Riegel geschoben und Schlüssel gedreht, dann schwingen die beiden Flügel zur Seite und sie geht hinein.[72] Vor ihr liegt ein Rondell, umgeben von Gefängnismauern und Türmen, auf denen Posten mit Maschinenpistolen stehen. Ein weiteres Tor, und sie befindet sich umgeben von der Wachmannschaft. Die meisten sind Polen, die deutsch sprechen, und den Auftrag haben alles mitzuhören, was die Gefangenen und ihre Besucher sich zu sagen haben. Ihre Uniformen und Stahlhelme sind schwarz. Bertha fröstelt es bei ihrem Anblick. Aber der junge Pole, der sie in den Warteraum begleitet, lächelt sie freundlich an und bittet sie, einen Augenblick zu warten. Das Zimmer ist groß, es hat einen Erker, durch den das Sonnenlicht flutet. Ein weiterer junger Pole begleitet sie über den Hof mit sauber gepflegten Blumen- und Rasenflächen, vorbei an einem betonierten runden Goldfischbecken ohne Wasser und ohne Goldfische in das Hauptgebäude. Auf dem Weg in das ihr zugewiesene Besuchszimmer sieht sie weitere uniformierte Wachmannschaften, überall Wachkommandos, die eingeteilt werden oder abrücken, oder Gefangene, die auf ihre Arbeitseinteilung warten. Alles ist straff militärisch organisiert. Im ersten Stock, gegenüber der Gefängnisdirektion, liegt das Besuchszimmer Nr. 1, wo sie auf Alfried warten soll.

Als er in das Wartezimmer geführt wird, holt sie tief Luft. In Nürnberg trug Alfried seine Zivilsachen, hier ist er in eine Art schwarze Uniform gekleidet, deren aufgenähte große weiße Buchstaben WCP auf die War Criminal Prisoners hinweist. Er ist dünn geworden, dadurch wirkt er noch asketischer als sonst. Sie fragt ihn nach seinen Tätigkeiten, wie er den Tag verbringt, wie das Essen ist. Alles ist ordentlich, erfährt sie, und dass er in der Schmiede arbeite und Leuchter und andere nützliche Dinge fertige. Meist aber sitze er am Schreibtisch und beantworte Geschäftspost, arbeite an einer wissenschaftlichen Arbeit oder schreibe Aktennotizen. Die strenge Regel, nur zweimal monatlich Post zu bekommen und nicht mehr als acht beschriebene Seiten in seiner Zelle haben zu dürfen, ist bei ihm gelockert worden. Die Anwälte dürfen an den Besuchstagen bis zu sieben Stunden bleiben, das genügt, um ihn wenigstens mit einem Minimum an Information zu versorgen. Am meisten leidet er – Bertha weiß das, ohne dass er etwas sagen muss – unter der Unfähigkeit, unter diesen Umständen seiner Verantwortung gegenüber der Firma gerecht zu werden. Und schon ist die kurze Stunde um, die ihnen gewährt wird. Sie erzählt noch kurz von ihren anderen Kindern, vor allem Harald, der immer noch in Russland gefangen ist. Dann wird sie den gleichen Weg wieder hinausgeführt, den sie gekommen ist.

Einer von Alfrieds Mitgefangenen berichtet ausführlich über

diese Zeit. *Geweckt wurde um 6. Uhr. Dann ging es zum Frühstück. In der ersten Zeit hatten wir keinen Frühstücksraum, sondern da wurde das Essen an die Zellentür gebracht, also haben wir in der Zelle gegessen. Um 7.00 Uhr machten wir uns auf in das Erdgeschoß im A-Flügel. Dort stellten wir uns auf, die einzelnen Kommandos (Schlosserei, Werkstätten, usw.) und dann kam ein Zivilbeamter und wir wurden eingeteilt. Wir gingen durch den Gang, der vom A-Flügel zur Küche führte bis zu einer Tür, die in den Hof führte. Durch diese Tür gingen wir raus, außer denen, die im Haus ihre Werkstätten hatten, wie z. B. die Schlosserei. (…) Und in den Werkstätten wurden wir mit Arbeiten beschäftigt. Wir haben keine sinnlosen Arbeiten gemacht, sondern wirklich praktisch gearbeitet. (…) Mittagessen gab es von 13.00 Uhr bis 13.30 Uhr. Dann wieder Arbeit bis 16.30 Uhr. Dann Abendessen. Nach dem Abendessen waren die Türen offen und wir konnten in den Garten gehen. Wir konnten uns bewegen bis Einbruch der Dunkelheit. Ab 22.00 Uhr wurden die Zellen abgeschlossen und das Licht ausgemacht. Die Kostklappen waren immer offen, Tag und Nacht. Da wurde dann nachts mit der Taschenlampe reingeleuchtet. Das war unser Alltag.*

Herr Krupp hat sich gut in die Gemeinschaft eingefügt, hat sich nicht als etwas Höheres oder Besseres gesehen, er hat vielen geholfen und sie unterstützt, auch drinnen hat er schon hergegeben. (…) Man hat nie gehört, dass Herr Krupp sich mit jemandem gestritten hat. Er hat sich immer mit jedem ruhig und vernünftig unterhalten. Man hat »Sie« zu ihm gesagt. (…) Krupp hatte zu den Insassen einen guten Kontakt. Er hat mir und auch anderen angeboten, wenn wir etwas brauchen oder suchen, er hilft jedem, soweit er helfen kann. Wir müßten aber auch eins wissen, ihm gehören diese Werke nicht mehr. Er muß also auch erst mit den Leuten reden, die jetzt seine Werke verwalten. Aber er wird immer versuchen zu helfen. Aber nur, wenn wir nicht um Geld betteln, denn Geld verdirbt die Kameradschaft und die Freundschaft. Das war sein Ausspruch. Das weiß ich ganz genau.[73]

So vergehen quälend langsam die Tage, die Monate, die Jahre, während draußen sich die Welt rasend verändert. Alfrieds innere Verbitterung wächst, obwohl er sie eisern unter Kontrolle hält. Drei lange Jahre seines Lebens verbringt er hier, bis er endlich 1951 begnadigt wird. Denn inzwischen ist der Kalte Krieg im Gange und die Amerikaner erkennen, dass sie Deutschland und seine Montanindustrie als Bundesgenossen brauchen. Am 31. Januar 1951 wird auch die Beschlagnahme des Kruppschen Vermögens aufgehoben. Jetzt erst, für Vieles Jahre zu spät, rechtfertigt General McCloy seine Begnadigung mit der Begründung: *Alfried was not the real Krupp (…) and exerced very litte if any influence in the management of the company.* Er habe auch berücksichtigen müssen, dass die Privatwirtschaft im Dritten Reich nur wenig oder gar keinen Einfluss auf die Lebens- und Arbeitsbedingungen der Zwangsarbeiter hatte. Und schließlich konstatierte er: *I could see no reason to keep this man in jail merely because his name was Krupp.*[74]

Sechs Jahre sind vergangen, seitdem die Engländer Alfried vom Hügel weggebracht haben. Jahre, in denen er nicht teilhaben konnte an dem Wiederaufschwung der deutschen Wirtschaft und an dem politischen Aufbau der jungen Bundesrepublik. Jahre, in denen er sich seiner Familie entfremdete und in denen ihm nicht einmal vergönnt war, an der Beerdigung seines Vaters teilzunehmen. Jahre also, die ihn zutiefst verändert haben.

DIE BUNDESREPUBLIK DEUTSCHLAND

Taffys Tod (1950)

Berthas jüngste Tochter Waldtraut lebt seit zwei Jahren mit ihrem Mann und ihren Kindern in Argentinien, wo die Familie ihres Mannes seit 1920 Import- und Exportgeschäfte mit patagonischer Wolle betreibt. Ende Januar 1950 erreicht sie ein Brief von ihrer Mutter Bertha. Er kommt nicht unerwartet, denn durch ihren Bruder Berthold weiß sie um das lange Sterben ihres Vaters. Sie weiß von seinem geistigen Abschied aus dieser Welt, der schon Jahre zurückliegt. Aber er hat ein starkes Herz, und so kommt der Tod erst jetzt zu ihm. Am 16. Januar 1950 darf er unter dem schneebedeckten Dach des Posthauses in Blühnbach friedlich einschlafen. Davon ist Waldtraut telegraphisch unterrichtet worden, nun hält sie den langersehnten Brief ihrer Mutter in den Händen.

Du sollst die Erste sein, die nach Papas Tod einige Zeilen von mir erhält. Berthold, der mir in rührender und vorsorglicher Weise in den schweren Tagen beigestanden hat, ist gestern wieder abgereist. Nachdem wir gemeinsam alles, was als Letztes für Papa getan werden konnte, durchgeführt haben, beginnt für mich nun das neue, einsame Leben. Etwa eine Woche vor Papas Ende machten sich Anzeichen bemerkbar, die zu einem raschen Ende führen mußten. Schwester Meta und ich waren allein hier, da Frl. Kronen gerade auf Urlaub nach Essen gefahren war. So konnten wir beide in aller Ruhe bis zuletzt alles für Papa tun und diese Einsamkeit in den Abschiedstagen war für mich ein großer Trost.

Mit Bertholds Hilfe und seinem Feingefühl sind die Trauerfeiern so verlaufen, wie es in Papas und in meinem Sinne war. Die Aufbahrung in der Kapelle, deren Ausschmückung ganz nach Bertholds und meinem Angaben durchgeführt wurde, war sehr schön und würdig. Berthold hat Fotos anfertigen lassen, die er Dir senden wird. Der evangelische Pfarrer sprach würdig und ganz in unserem Sinn, und der katholische Pfarrer stand kollegial neben ihm. Von der Familie waren

Sita und Arnold gekommen und der schneereiche Winter machte das Kommen von Auswärtigen und Neugierigen unmöglich, so daß die Stimmung eine ganz einzigartige feierliche und persönliche war. Die

Jäger standen abwechselnd To- tenwache und brachten den Sarg nach der Feier auf einen mit Latschen geschmückten Schlitten und begleiteten ihn bis zur Con- cordiahütte, von wo aus er im Auto nach Salzburg ins Kremato- rium überführt wurde. Die dor- tige kurze Feier war, dank einer vorzüglichen Ansprache des dor- tigen Pfarrers, auch sehr würdig und stimmungsvoll. Kuhlmanns nahmen daran teil, sowie Frau Brontfeld [unbekannt], *die aus Reichenhall herüber kam. Natür- lich auch Sita, Arnold und Nöl- schers* [Forstrat Ing. Karl Nöl- scher] *– Nachdem Berthold für mich alles, was nötig war, geregelt hat, ist er gestern wieder abgereist. Leider habe ich mir eine tüchtige*

Bertha in schwarzem Schleier bei der Trauerfeier für Taffy in Salzburg im Januar 1950

Erkältung geholt, die mich einige Tage ans Haus fesseln wird. – Dann will ich nach Gastein und dort etwas Kur gebrauchen, um meine über- anstrengten Muskeln und Sehnen wieder in Ordnung zu bringen. – Ich wollte Schwester Meta mitnehmen, damit sie sich auch erholen könnte, aber heute faßte sie den Entschluß, schon möglichst bald nach Berlin zu ihren Schwestern überzusiedeln. Jedenfalls beabsichtige ich nichts hier zu ändern. Ich bleibe hier also ständig, will aber öfters heraus. – Im März will Berthold nach Berchtesgaden zum Skifahren kommen, da wollen wir uns dort treffen. Meine große Enttäuschung ist es, daß Ha- rald nicht heimkehrte. Er war schon im Zug, wurde im letzten Moment mit einigen Kameraden wieder herausgeholt. Da er von dort wieder in ein anderes Lager kam, können wir ihm zur Zeit nicht schreiben. Ich kann Berthold gar nicht genug loben, wie klar und verständnisvoll er alles in die Hand nahm und durchführte. Er selbst hielt eine Ansprache an die Belegschaft, so herzlich und würdevoll, daß er mich in vielem an Papa erinnert. – Er kümmert sich um alles, läßt sich nichts aus der Hand nehmen, dabei ist er stets liebenswürdig und ruhig. – Sita hat sich in Salzburg gut eingelebt und Arnold hat sich in der kurzen Zeit sehr entwickelt. Er ist ein so vernünftiger Junge. Natürlich war es ihm nicht leicht, sich in die Schulverhältnisse einzuleben, aber er wird es schon schaffen. Er hat eine große Ruhe und ist Claus in vielem ähnlich. Letzten Sonntag war Sita mit ihm hier, und mit Berthold sind sie den ganzen Tag Skigelaufen. (…) Alfried soll es gut gehen und man hofft, daß seine Lage sich in Bälde klärt. Als ich vor Weihnachten bei ihm war, traf es sich, daß es der Tag war, wo die Ersten entlassen wurden.

Taffy wird in der Blühnbacher Kapelle aufgebahrt. Zwei Blühnbacher Jäger halten die Totenwache.

Infolgedessen war die allgemeine Stimmung gehoben. Wenigstens ist Löser sang- und klanglos nach Essen ins Krankenhaus gekommen. Man hofft, daß weitere folgen werden. Man hatte auch überlegt, ob Alfried zur Beisetzung beurlaubt werden könnte. Theoretisch wäre es gegangen, aber praktisch gab es unüberwindliche Widerstände. Ich selbst hätte es auch nicht für richtig gehalten. Denn unser Grundsatz bisher war, hier möglichst kein Aufsehen zu machen. Euch allen sende ich viele herzliche Grüße und im Stillen hoffe ich auf ein Wiedersehen in nicht zu ferner Zeit. – In Liebe Mama[1]

Selbst jetzt, wo »das neue einsame Leben« für ihre Mutter beginnt, klagt sie nicht. 44 Jahre ihres Lebens war sie mit Taffy zusammen, nun muss sie wie alle Witwen schmerzhaft lernen allein zu sein. Und nur die kurze Erwähnung, sie müsse ihre überanstrengten Muskeln und Sehnen wieder in Ordnung bringen, weist auf die aufopfernde Pflege hin, die sie – ganz allein mit der ebenfalls inzwischen alt gewordenen Schwester Meta – Taffy angedeihen ließ. Erst ist Waldtraut verwundert über die erklärte Absicht ihrer Mutter, ihren Wohnsitz weiterhin in Blühnbach zu behalten und noch nicht nach Essen zurückzukehren.

Mit dem Pferdeschlitten wird Taffys Sarg bergab zur Talstation gebracht, um anschließend in Salzburg kremiert zu werden.

Doch dann erinnert sie sich an Bertholds Berichte, wie schlecht die Stimmung in Essen gegenüber den Krupps geworden sei, denen viele jetzt die Schuld an der fast gänzlichen Zerstörung ihrer Stadt geben. Vor allem aber wird die englische Besatzung nicht müde, das Nachkriegselend immer wieder auf Krupp zurückzuführen. Diese jahrelange Propaganda bleibt nicht ohne Wirkung auf die Stadtväter und auf Teile der Bevölkerung. Berthold wird ein Wohnsitz in der Stadt verweigert und Bertha das Ehrenbürgerrecht aberkannt.

Aber nicht alle denken so. *Wie immer man zu ihm gestanden haben mag,* schreiben die ›Bremer Nachrichten‹ in ihrem Nachruf auf Gustav Krupp von Bohlen und Halbach, *aus welchen Überlegungen immer die Argumente für ihn und die Argumente gegen ihn gekommen sein mögen, man kommt an einer Tatsache nicht vorbei, die ihm – das müssen selbst seine Gegner zugeben – zur Ehre gereichte: daß nämlich seine Arbeiter in den kritischen Zeiten nach diesem Krieg für ihn sprachen, und daß sie sich bereit erklärten, einer um den anderen, seine Haft für ihn zu verbüßen.*[2] Das ist sicherlich journalistisch zugespitzt, aber im Kern nicht falsch. Fair verhielt sich auch der Essener Entnazifizierungsausschuss, der vor seiner Auflösung Ende des Jahres 1949 Taffy, genauso wie vorher Bertha und Alfried in die Gruppe V einstufte

und damit entlastete. Das erforderte – vor allem bei dem soeben in Nürnberg verurteilten Alfried – Zivilcourage. Die Trauerfeier in Essen findet am 4. Februar 1950 in der Hauptverwaltung statt. Von der Familie kann nur Berthold an diesem Ereignis teilnehmen. Er hält eine bemerkenswerte, eine mutige Rede: *In den vergangenen fünf Jahren ist über meinen Vater viel geredet und geschrieben worden, vieles verzerrt durch Mißgunst, Haß und Unverständnis. Wer aber von denen, die meinen Vater kannten, die mit ihm zusammen gearbeitet haben und dadurch seine Einstellung und sein Wollen kennengelernt hatten, ist dadurch beeinflußt worden?* – *Man muß es denen, die in den letzten Jahren glaubten, alles, was mein Vater getan hat, verurteilen und ihn als Verbrecher anklagen zu müßen, zugutehalten, daß sie gar nicht wußten, über wen und über was sie richten wollten. Sie sahen ein Symbol, das sie sich so vorstellten, wie die Propaganda gewisser Kreise es geformt hatte. Sie kannten nicht den Menschen und nicht die Tatsachen. (…)*
Mein Vater glaubte an das Gute im Menschen, und er konnte und wollte oft nicht glauben, daß bei manchen Menschen, mit denen er zu tun hatte, das Böse die treibende Kraft war. So ist er manches Mal schwer enttäuscht und getäuscht, daher selber aber auch verkannt worden. Vielleicht muß man vielen Menschen, deren Handeln in den verflossenen Jahrzehnten vom besten und ehrlichsten Willen bestimmt war, eine historische Schuld zusprechen. Wer von allen, die im Inland sowie im Ausland auf dem Gebiete der Wirtschaft, der Kirche, der Wissenschaft und des Staates tätig waren, kann sich ganz frei von solcher Schuld fühlen? Es ist nicht Sache der Menschen, eine solche Schuld zu richten. Auch mein Vater muß, sollte bei ihm eine solche Schuld vorliegen, das allein mit seinem höchsten Richter ausmachen, und ich glaube, er wird da bestehen können.[3] Das sind die letzten Worte, die an mit einigen wenigen Blumen und Palmen aus den Restbeständen der Gärtnerei geschmückten Porträt von Taffy gesprochen werden. Die Trauergäste verlassen die Halle und gehen durch die Trümmer der Fabrik nach Hause. Es wird Alfrieds Aufgabe sein, ihnen allen wieder eine Zukunft zu schaffen.

Obwohl einen Teil des Jahres in Argentinien lebend, ist es Waldtraut, die sich jetzt um ihre Mutter kümmert. Sie und Henry haben ein Haus in Deutschland, am Deliusweg in Bremen. Dorthin lädt

sie ihre Mutter ein, die im November nach Bremen fährt und dort
so lange bleibt, bis sie die wichtigsten ärztlichen Untersuchungen
hinter sich gebracht hat. Christel Kronen, die viele Jahre lang erst
Privatsekretärin bei Taffy und dann bei Bertha war, übernimmt
nun die Stelle der Gesellschafterin von Bertha. Sie wird ihr bis zum
Lebensende treu zur Seite stehen. Am 23. November 1950 schreibt
sie an Waldtraut: *Bevor wir von hier abreisen, möchte ich Ihnen noch
sehr herzlich danken für die schöne Zeit, die ich mit Ihrer Mutter hier
verbringen durfte. Wir haben uns in jeder Hinsicht recht aufgemöbelt
und ziehen dann fidel von dannen. – (…) Professor Delhougne konnte mir nach Abschluß der Untersuchungen sagen, daß eine pernitöse
Anämie nicht vorliege, so daß kein Grund zur Beunruhigung bestehe.
(…) Dann hat die Großstadtluft natürlich auch sehr angeregt. Wir
haben Theater und Konzerte besucht und sahen auch die Ausstellung
in der Kunsthalle an. Bremen macht wirklich Fortschritte. Das Theater
ist sehr hübsch geworden und hat auch gute Kräfte. (…) In der Stadt
waren wir häufiger. Bei Pauly & Pfeiffer am Wall ließen wir einen
Mantel für Ihre Mutter anfertigen. Es war wirklich unmöglich, daß sie
in der alten Wurscht weiter herum lief, es war kein kompletter Mantel
mehr, sondern nur noch ein Complet-Mantel. An allen Ecken und
Enden kam das Kleid hervor. Dann haben wir auch gleich bei Fräulein
Büllesbach Hüte eingekauft, dann bei Sonneck eine Handtasche, Per-
lonstrümpfe p. p. Sie ist selbst ganz stolz, behauptet zwar immer, daß
sie das nur meinetwegen tun müsse. Aber wenn mir mehr nicht angela-
stet wird, will ich das gern in Kauf nehmen! (…) Nun hatten wir sehr
gehofft, daß Sie Weihnachten herkommen würden. Aber leider wird
wohl nichts daraus. Berthold kommt zu uns und hoffentlich wird auch
Alfried kommen können. Wie gut, daß nun doch endlich Nachrichten
über Harald gekommen sind. (…) Sonnabend reisen wir nach Essen
und dann über Obergrombach, Landsberg nach Blühnbach zurück, wo
wir in den Winter kommen.*[4]

Blühnbach bleibt vorläufig Berthas Domizil. Die amerikanischen Besatzungsoffiziere verhalten sich ritterlich und erlauben
ihr weiterhin die Nutzung des Posthauses mit allem, was dazuge-
hört. Für die Blühnbacher Jäger, die Angestellten in Tenneck und die
Einwohner Werfens ist sie trotzdem unangefochten auch weiterhin
die geschätzte Herrin des Schlosses, unsere Frau von Bohlen.

Die Söhne kehren heim (1951–1955)

Am 31. Januar 1951 begnadigt der amerikanische Hochkommissar John McCloy 29 Häftlinge, darunter Alfried Krupp und seine Direktoren. Bertha weint vor Freude, als Berthold sie in Blühnbach anruft und ihr diese Tatsache bestätigt. Was dann im Einzelnen geschah, berichten ihr Alfried und Berthold, die direkt von Landsberg zu ihr nach Blühnbach reisen. *Am 3. Februar haben sich alle in Landsberg eingefunden: die Vertreter der »New York Times« ebenso wie die des jungen Nachrichtenmagazins »Der Spiegel«. Als der magere, aber glücklich lächelnde Alfried vor dem Gefängsnistor von seinem Bruder Berthold empfangen wird, reagiert die Welt auf dieses Ereignis mit unterschiedlichen Empfindungen. Die Februar-Ausgabe des »Time Magazine« schildert die Scene sehr anschaulich: Um 9 Uhr an einem nebligen Morgen in der vergangenen Woche geht die Tür des Landsberger Gefängnisses auf. Heraus treten 29 Männer in schlecht sitzenden Skihosen und blauen oder grauen Jacken ohne Krawatte. Sie zwinkern der wartenden Menschenmenge zu. Berthold Krupp läuft auf seinen älteren Bruder Alfried zu, den Erben des von Bomben zerschlagenen Stahl- und Waffenimperiums, und drückt ihm einen Strauß von Narzissen und Tulpen in die Hand. Beide fahren dann in einem schwarzen Sedan zu einem Champagnerfrühstück in Landsberg bestes Hotel.*[5] Das ist anschaulich geschildert und mit boshaftem Unterton, nur war es in Wahrheit nicht ganz so.

Die 29 blassen Gestalten in schwarzen Windjacken mit kleinen Pappkartons unter dem Arm, zwängen sich in alphabetischer Reihenfolge nach draußen. Als die Fotografen mit Blitzlichtgewitter über sie herfallen, fliehen die Männer in die bereitstehenden Autos. Keine Zeit für Rührszenen der Begrüßung. (…) Nur Alfried von Bohlen und seine Direktoren zeigen keine Scheu vor dem Presserummel. Von Presseleuten umlagert nehmen sie gelassen in einem hoteleigenen Kleinomnibus Platz, auf dem für die Wäscherei des Hotels geworben wird. (…) Für 11 Uhr haben Krupps Anwälte eine Pressekonferenz angesetzt, … um 12 Uhr hat sich die journalistische Neugier erschöpft. Krupp geht auf sein Zimmer, um den einen halben Meter hohen Stapel von Glückwunschtelegrammen zu sichten.[6] Niemand zwinkert und es wartet auch kein schwarzer Sedan. Doch auch hier wird ausdrücklich auf das Sektfrühstück verwiesen.

Berthold ärgert sich besonders darüber, denn selbstverständlich hat er ein solches nicht bestellt.

Waldtraut und Bertha 1952 an Bord von Henrys Schiff

Wie konnte er voraussehen, dass der Wirt des Hotels diensteifrig mit einer Flasche Sekt »auf Kosten des Hauses« just in dem Augenblick erscheint, als die Pressekonferenz beginnt?[7] Alfried vergisst nicht, sich vor seiner Abreise bei dem Landsberger Oberbürgermeister für die Unterstützung der Landsberger Bevölkerung zu bedanken, die das Los der Gefangenen gemildert habe. Dann ist der Rummel vorbei und nach sechs langen Jahren fährt Alfried als freier Mann in einem Firmenwagen nach Süden, über die Grenze nach Österreich bis Blühnbach. Dort, vor dem Posthaus, erwartet ihn Sepp Hofreiter, der neue Chauffeur. *Nachdem ich Herrn Alfried die Autotür öffnete, sagte ich, um nicht dazustehen wie ein Stockfisch: »Willkommen, Herr von Bohlen«. Herr Berthold stellte mich vor. Frau von Bohlen kam die Haustreppe herunter. Soweit ich mich erinnere, sagte Frau von Bohlen nur: »Alfried«. Herr Alfried legte den Arm um die Schulter seiner Mutter und ging mit ihr ganz langsam die Treppe hoch. Trotz anerzogener Beherrschung war es Frau von Bohlen nicht möglich, ihre Tränen der Freude zu unterbinden.*[8]

Der Bann über Alfried und sein Werk ist aufgehoben. Die Amerikaner brauchen Deutschland wieder als Verbündeten gegen Russland und Krupp als Lieferanten. Im sogenannten Mehlemer Vertrag zwischen Krupp und den Alliierten von 1953 erhält Alfried unter der Auflage, den Konzern zu »entflechten«, also sich von wesentlichen Teilen zu trennen, sein Vermögen zurück. In dem Vertrag ist auch die Bedingung enthalten, dass Alfried Krupp als Alleinerbe die vier noch lebenden Geschwister und den Sohn seines verstorbenen Bruders mit jeweils 11 Millionen Mark auszahlt. Mit dieser Zahlung

Hochzeit Berthold und Edith in der Kapelle von Blühnbach am 18.12.1954

ist ihr finanzieller Anspruch an Krupp abgegolten. Dann macht sich Alfried auf den langen Weg, die Firma wieder zu Weltgeltung zu bringen. Dabei hilft ihm Berthold Beitz, der sein Generalbevollmächtigter wird. Alle drei, Alfried, Berthold Beitz und Berthold von Bohlen kümmern sich darum, dass Bertha ihr Exil in Blühnbach verlassen und wieder nach Essen ziehen kann.

Bertha weigert sich strikt, wieder auf den Hügel zu ziehen, das Gleiche gilt für Alfried und Berthold. Die beiden Söhne bauen sich eigene Häuser in Bredeney, und Bertha bezieht dort die Villa des ehemaligen jüdischen Direktors Klotzbach, der mit Taffys Hilfe rechtzeitig Deutschland verlassen konnte. Mit den nun wieder vorhandenen Mitteln setzt sie das Haus instand und stattet es mit ihren Lieblingsmöbeln aus der Villa Hügel aus. Für den ungenutzten Hügel, in dem noch viele kostbare Möbel und Kunstgegenstände stehen, finden Alfried und Berthold eine glückliche Lösung. Haus und Park werden für die Öffentlichkeit freigegeben und für Kunst- und Museumszwecke genutzt.

Annelise mit ihrem Sohn Arndt 1952

Berthas Haus in der Berenberger Mark sieht wie eine kleine Ausgabe des Hügels aus. Es liegt sanft eingebettet in eine große Rasenfläche, die umgeben von alten Bäumen ist. Der Blick geht in den Park, rund um das Haus blühen Rosen und Sommerblumen. Die Auffahrt ist durch ein hohes Gittertor versperrt, Einlass gewährt der Pförtner, dessen Haus direkt dahinter steht. Dann fährt der Besucher eine leicht geschwungene Auffahrt hinauf, macht eine sanfte Kehre und hält unter dem von Säulen getragenen Vordach. Hinter der Eingangstür erstreckt sich ein großzügig geschnittenes Vestibül mit Garderobe und Gästebad, von dem aus eine elegante Treppe in die beiden oberen Stockwerke führt. Ganz modern ist der Aufzug, der es den beiden alten Damen, Bertha und Krönchen (wie Fräulein Kronen von der Familie genannt wird) erlaubt, bequem in den ers- ten Stock in die privaten Räume zu gelangen. Im Erdgeschoss liegen

Küche, Ess- und Wohnzimmer. Dieses ist bei den Enkeln besonders beliebt, denn es verfügt über eine große halbrunde verglaste Veranda, die am Boden abgeschlossen wird durch eine ebenso runde gepolsterte Bank, dem absolut begehrtesten Platz mit Aussicht in Garten und Park.

Hier kommt Bertha endlich zur Ruhe. Hier erfährt sie die so langersehnte Freude, ihren Sohn Harald wiederzusehen. Zehn Jahre nach Kriegsende, im Jahr 1955, ist es endlich soweit. Als die Nachricht kommt, Harald von Bohlen solle in den nächsten Tagen entlassen werden, befindet sich Alfried auf einer Geschäftsreise in Indien und Bertha liegt mit Grippe zu Bett. Die Firma sendet sofort einen Wagen mit Fahrer in das Flüchtlingslager Friedland, in dem auch die aus Russland heimkehrenden Kriegsgefangenen empfangen werden. Bertha ruft Waldtraut an, die ihre Sommerferien mit den Töchtern in Kampen verbringt. Sie reist sofort los und bucht Zimmer im Schlosshotel Wilhelmshöhe in Kassel. Vorher bittet sie eine Freundin, Lore von Kries aus Göttingen, das Geschehen zu verfolgen. Jeden Morgen um 6.00 Uhr wird im Radio in alphabetischer Folge die Namensliste der Kriegsgefangenen durchgegeben, die diesen Tag in Friedland ankommen sollen. Frau von Kries und ihre 16-jährige Tochter, die in Friedland ehrenamtlich bei der Registrierung der Ankommenden hilft, hören gespannt zu. Als der Buchstabe B vorgelesen wird, erscheint Haralds Name nicht. Endlich, beim Buchstaben V sagt der Sprecher: Harald von Bohlen und Halbach. Beide fahren sofort nach Friedland, und da Waldtraut noch nicht eingetroffen ist, sind sie es, die Harald am Bahnsteig als Allererste begrüßen.[9] Sie erlösen ihn von den angereisten Pressefotografen und Journalisten und bringen ihn zu dem Wagen, der ihn nach Kassel fahren soll, wo ihn seine jüngere Schwester erwartet.

Waldtraut findet sich einem mageren, bärtigen Mann gegenüber, der aus hohläugigem Gesicht glücklich, aber auch verwirrt in die ihm völlig fremde und unverständliche Wirtschaftswunderwelt blickt. Um ihm die Anpassung zu erleichtern, bleiben die Geschwister incognito zwei Tage lang im Hotel Wilhelmshöhe. Harald schläft aus, badet und rasiert sich, und Waldtraut besorgt einen Arzt und neue Kleidung. Er erzählt ihr, wie sehr es ihn bedrückt, dass nur ganz wenige der noch in Russland vermuteten vermissten Kriegsgefangenen mit ihm in die Heimat zurückkommen konnten. Der Gedanke an die Zurückgebliebenen und das, was mit ihnen

1955 kehrt Harald aus russischer Gefangenschaft heim.

Vera und Alfried Krupp von Bohlen und Halbach 1952

geschieht, lässt ihn nie mehr los. Russland kann er nicht mehr vergessen, es ist Teil seines Lebens geworden.

An dem Tag, an dem er nach Essen reist, rücken alle diese traurigen Gedanken und Gefühle in den Hintergrund. Der Wagen fährt die Auffahrt zu Berthas Haus hinauf, und da steht seine Mutter vor der mit Girlanden geschmückten Tür. Das ehemals dunkelblonde Haar ist schneeweiß geworden, aber die braunen Augen leuchten immer noch in ihrem schönen schmalen Gesicht. Neben ihr stehen Alfried und Berthold. Es gibt Tee, Gebäck und Sandwiches im runden Erkerzimmer und für Harald ein gutes Zimmer im ersten Stock.

Lange Gespräche folgen, in denen Harald berichtet wird, was sich alles in der Familie verändert hat. Erst jetzt erfährt er von dem Tod seines jüngsten Bruders Eckbert und von dem, was den anderen geschehen ist. Er lernt seine neue Schwägerin, Vera, kennen, die

Alfried am 19. Mai 1952 geheiratet hat. Sie war die Jugendliebe von Alfried, nun ist sie eine blendende Schönheit, eine bereits mehrmals geschiedene Globetrotterin, der aber Essen ganz offensichtlich zu eng und provinziell ist. Niemand in der Familie ist überrascht, dass sie Alfried ein Jahr später zugunsten eines amerikanischen Millionärs verläßt. Alfried wird zum zweiten Mal geschieden, und von da an bleibt er allein.

Am 13. Dezember 1953 findet in der Villa Hügel eine Dior Modenschau statt. (© Pressebild-Verlag Schirner/ DHM, Berlin)

Harald dagegen ist lebenshungrig. Er ist 39 Jahre alt und hat mehr als ein Jahrzehnt in Gefangenschaft verbracht. Drangvolle Enge mit Wildfremden, Hunger, Folter und übermäßig schwere Arbeit haben seine Gesundheit untergraben, aber in dem Maße, wie er sich erholt, erwachen seine Lebensgeister. Berthold teilt ihm mit, er habe das ihm zugefallene Erbe in die Firma WASAG AG eingebracht, die er besitzt, und an der Harald nun zur Hälfte beteiligt ist. Harald arbeitet sich ein und fängt an, das neue Deutschland zu genießen. Er tut das mit Elan. Als im Oktober 1957 in Düsseldorf das Callgirl Rosemarie Nitribitt ermordet aufgefunden wird, finden die Fahnder ein gerahmtes Foto von Harald in ihrer Wohnung. Er nimmt Teil am Jet-set-Leben, lernt die Ex-Kaiserin Soraya kennen, die ihm eine gute Freundin wird, verbringt die Winterferien im Palace Hotel in Sankt Moritz und verkehrt mit Gunter Sachs und seiner Clique. Kurz, er kostet das ihm wiedergegebene Leben in vollen Zügen aus. Erst Jahre später wird er sesshaft und heiratet Doerte Hillringhaus. Aus der Ehe gehen drei Kinder hervor.

Elf Jahre nach Kriegsende haben alle noch lebenden Kinder und

Verwandten Berthas ihren Platz im Leben gefunden. So kann auch sie entspannen und beginnen, sich des Lebens wieder zu freuen. Sie geht auf Reisen, macht Ferien mit den Enkeln auf Sylt und übernimmt erneut repräsentative Aufgaben auf dem Hügel. Der neue Generalbevollmächtigte Berthold Beitz nutzt das geschichtsträchtige Haus geschickt für das neue Image von Krupp. Wieder werden gekrönte Häupter und andere Prominente dorthin eingeladen und wieder werden sie von Bertha Krupp formvollendet empfangen. Doch nicht nur dies, auch ganz Anderes, Neues findet auf dem Hügel statt. Bertha übernimmt die Rolle der Hausherrin bei einer eleganten und exklusiven Modenschau, die das Haus Dior auf dem Hügel vorstellt. Kein Zweifel, sowohl Krupp wie auch Deutschland sind 1953 dabei, wie Phönix aus der Asche aufzuerstehen.

Blühnbach nach dem Krieg (1950–1957)

Am 10. März 1950 schlagen hohe Flammen aus dem Dachstuhl des Schlosses in Blühnbach. Fast einen Meter hoch liegt der Schnee, die Zufahrtstraße ist eisglatt und rutschig. Die alarmierte Feuerwehr braucht fast eine Stunde, bis sie eintrifft, dann stellt man fest, dass die Wasserleitung eingefroren ist. Inzwischen versuchen die einquartierten Amerikaner und das Blühnbacher Personal zu retten, was zu retten ist. Bertha und Christel Kronen, ihre Gesellschafterin, verlassen das Posthaus und gesellen sich zu den Zuschauern. Sie sehen schweigend zu, wie der Dachstuhl ganz und gar abbrennt. Sie wissen, daß dort oben die meisten ihrer persönlichen Möbel gelagert sind, die man vor dem Einzug der Amerikaner hinaufbrachte. Endlich hat die Feuerwehr Wasser, und nun werden unendliche Wassermengen verwendet, um den Brand zu löschen. Was nicht verbrennt, ist zu großen Teilen naß und schmutzig. Aber dank den Amerikanern werden fast alle Kunstschätze aus dem ersten und zweiten Stock heil geborgen. Die Untersuchungen der Feuerwehr ergeben, dass ein Kurzschluss im elektrischen System die Brand-

ursache war. Resi Lonski, seit vielen Jahren Köchin und später Hausbeschließerin des Schlosses, besucht Bertha regelmäßig im Posthaus und berichtet, was dort geschieht. So weiß Bertha über alles
Bescheid. Inzwischen zeichnet
sich ab, dass Blühnbach doch im
Besitz der Familie bleiben könnte und sie sich wieder um alles
wird kümmern können, sobald
die amerikanische Besatzung
abgezogen ist. Dieser Zeitpunkt
steht aber noch in den Sternen.
  Nach Taffys Tod wird Berthas Leben abwechslungsreicher
und leichter. Berthold kauft für
seine Mutter einen Mercedes 170
S und findet einen 24-jährigen
Chauffeur, Sepp Hofreiter. *Jetzt*
lernte ich Frau Bertha Krupp von
Bohlen und Halbach kennen!
Meine zukünftige Chefin. Als wir
im Posthaus vorfuhren, saßen
Frau von Bohlen und Fräulein
Kronen am Hurra-Hütterl[10] *in*
der Sonne. Herr von Bohlen stell-

Alfried fotografiert bei Berthold und
Ediths Hochzeit am 18. Dezember 1954
in Blühnbach

te mich vor. Ich machte ordentlich einen Diener. Frau von Bohlen
reichte mir die Hand und sagte: »*Durch meinen Sohn Berthold habe*
ich schon von Ihnen gehört. Schön, daß Sie für mich chauffieren wol-
len.« *Irgendwie stammelte ich:* »*Es ist mir eine Ehre, für Sie fahren zu*
dürfen.« *In meinen Augen sah ich damals Frau von Bohlen als eine de-*
zent in Schwarz gekleidete Dame, mit silbergrauen gut gepflegten Haa-
ren und einem gutaussehendem mütterlichen Gesicht. Sie war einfach
eine Frau, die man gern haben mußte. Frau von Bohlen sagte: »*Bevor*
wir alle ein Tässchen Kaffee trinken, wollen wir erst mal unser neues
Automobil betrachten«*. Frau von Bohlen ging um das Auto herum.*
»*Aber Berthold, das ist ja eine richtige Limousine. Hoffentlich erregen*
wir nicht zu viel Aufsehen!« *(...) Die letzten Jahre im Blühnbachtal*
waren für Frau von Bohlen und Fräulein Kronen doch sehr einge-

schränkt. Jetzt begann eine Zeit, wieder mehr Freiheit zu genießen.
Der Nachmittag verlief mit Kaffee und Kuchen. Anschließend noch ein
kleiner Spaziergang, wozu ich eingeladen wurde.[11]

Die Hochzeitsgesellschaft auf der Treppe des Posthauses in Blühnbach; v. l. n. r.:
?, Alfried, Vera, Sepp Hofreiter, Bertha, Edith, Berthold

Endlich, im Sommer 1954, ziehen die amerikanischen Besatzer
ab. Und bereits am 18. Dezember dieses Jahres feiert die Familie in
Blühnbach wieder ein Fest. In Dirndl und Tracht heiraten Berthold
und Edith Freiin von Maltzan in der kleinen Schlosskapelle, in der
vor vier Jahren Taffy aufgebahrt wurde. Es ist ein kleines, intimes
Fest, an dem neben Ediths Mutter und Ediths Kindern aus erster
Ehe Carol und Robert Hutz nur Bertha, ihre Kinder, Schwieger-
kinder und allerengsten Freunde teilnehmen. Alle wohnen wieder
im Schloss, denn Bertha hat sofort nach dem Abzug der Amerikaner
mit der Renovierung der Räume begonnen. Sie fährt regelmäßig
nach Salzburg und kauft dort im Heimatwerk alles, was die letzten
Jahre nicht überstanden hat. Buntbemalte Bauernmöbel füllen die
Schlafzimmer, bunte Flickenteppiche liegen auf den blankgescheuerten Holzböden, auf dem Tisch im Jägerzimmer springt der grü-

ne Hirsch auf Gmundner Keramiktellern. Die neuen Gardinen in den Gästezimmern sind aus Salzburger Leinen, mit den typischen Mustern aus Hirschen, Borten und Bordüren. Die dunklen Möbel, die den Brand überstanden haben, werden instand gesetzt und die Wände sind wieder bunt geschmückt mit Bildern, Gemälden und Jagdtrophäen.

An Blühnbach habe ich herrliche Erinnerungen. Wenn wir im Sommer in Europa waren, fuhr meine Mutter mit uns Kindern dorthin. Meist war die Großmama da, selbstverständlich in Begleitung von Krönchen und Sepp, den wir Enkel sehr liebten. Er war ja nicht so sehr viel älter als wir und sich nicht zu schade, bei unseren Spielen mitzumachen. Ich betete ihn an, als er mir, der 13-Jährigen, erlaubte, bei ihm heimlich Fahrstunden zu nehmen. Natürlich war ich zu schüchtern ihn darum zu bitten, aber mein älterer Cousin Arnold, der die gleichen Fahrstunden schon hinter sich hatte, erbarmte sich meiner. Das war natürlich streng verboten und niemand durfte davon wissen. Bis heute weiß ich nicht, ob die Großmama oder meine Mutter wirklich nichts davon wussten, oder ob sie nur so taten und ihr volles Vertrauen in Sepp setzten, der auf uns aufpasste. Jedenfalls kurvte ich in einem beigefarbenen VW-Käfer durch alle Straßen des Blühnbachtales und der dazugehörenden Nachbartäler. Auf gewundenen Pfaden hinauf zu den Almen und – das größte Abenteuer – ganz hinauf zum Torrener Joch. Die Straße dorthin war nicht gepflastert und stellenweise mit so engen Haarnadelkurven versehen, dass der VW-Käfer vor- und zurücksetzen musste. Mir lief der Angstschweiß herunter, aber da Sepp neben mir saß, konnte ich mir keine Blöße geben, und so habe ich richtig Bergfahren gelernt, eine Kunst, die ich bis heute noch beherrsche.

Wenn ich an Blühnbach denke in der Nacht, dann denke ich zuerst an mein Zimmer. Es lag im zweiten Stock, zu dem eine breite Wendeltreppe führte, die wir Kinder immer im Galopp nahmen. Dann links ab in den großen Flur, vorbei an Truhen und Schränken bis zur zweitletzten Tür links. Es war eine schwere Holztür mit einer alten eisernen Türklinke. Ich öffnete sie und von dem gegenüberliegenden Fenster wehte die sanfte nach Tannen duftende Sommerluft herein. Zuallererst ging ich dorthin und blickte über das weite Tal bis auf die gegenüberliegende bewaldete Seite. Unten floss der

Blühnbach, wo wir Forellen fischen durften, die dann in Resis Pfanne landeten. Nach rechts hin erstreckte sich das Tal noch viel weiter,
ich konnte den Weg sehen, der zur Hirschfütterung und zur Hoch-

Dianas Zimmer in Blühnbach

alm führte. Ganz gleich, ob die Sonne schien oder Regenwolken das
Tal verhüllten, auf diesen ersten Blick aus dem Fenster wollte ich
nie verzichten.

Mein Himmelbett war aus dunklem Eichenholz, mit bäuerlichen Schnitzereien verziert, genauso wie der Nachttisch, der
Schrank und der sechseckige Tisch vor dem Fenster, auf dem immer
eine kleine Keramikvase mit frischen Blumen stand. Aus blauem
Leinen mit weißem Muster waren Vorhänge und Bettüberdecke.
Ein über 100 Jahre alter grüner Kachelofen stand da, denn auch im
Sommer gab es kalte Nächte. Dann kam um sechs Uhr morgens
Herr Ennemoser ganz leise in das Zimmer herein, ließ seinen mit
Holz gefüllten Rückenkorb von den Schultern auf den Boden gleiten und heizte den Ofen ein. Wenn ich dann zwei Stunden später
aufwachte, war es mollig warm. Vorher hatte ich aber nochmals

Besuch, diesmal von dem Zimmermädchen, das den geblümten Krug mit warmem Wasser füllte, der samt der dazu passenden Waschschale auf einem kleinen Ständer in der Ecke stand. Damals gab es pro Stockwerk nur zwei bescheidene Bäder, und da waren zuerst immer die Großen dran und wir Kinder mussten warten. Für allerhöchste Notfälle stand unter dem Bett ein ebenfalls geblümter Nachttopf.

Im ersten Stock war alles eleganter. Dort wohnten die Großmama, Onkel Alfried, die anderen Geschwister oder ältere Familienangehörige. Dort war der große Speisesaal, der Salon, das Schreibzimmer und ein riesiger Kamin in der Diele. Wir Kinder hatten dort nicht viel zu suchen, unser Reich war das Erdgeschoss, das man durch ein riesiges Tor vom Terrassengarten aus betrat. Meist flitzten wir direkt zu Resi Lonski und Herta Krimpelstätter in die riesengroße Küche, deren graue Steindecke von dicken Säulen getragen wurde. Auf dem riesengroßen Herd wurde immer etwas gebrutzelt, auf dem ebenso riesigen Holztisch immer entweder Strudelteig hauchdünn gezogen oder Vanillekipferl geformt. Und für uns gab es immer etwas zu naschen und einen anregenden Plausch mit den jeweils anwesenden Dienern oder Jägern. Nur das strenge Krönchen verjagte uns dort von Zeit zu Zeit.

Groß und Klein, Alt und Jung war sich völlig einig, wenn es um das absolute Lieblingszimmer ging: das Jagdzimmer im Erdgeschoss. Es war nicht groß, beherrscht von einem großen Kachelofen mit umlaufender Bank und es hatte eine gemütliche Eckbank und eine genauso gemütliche Leseecke. Hier wurden Spiele gespielt, es wurde getanzt, geschwatzt, gealbert und informell die Jause, der Tee oder das frühmorgendliche Frühstück für die Wanderer und Jäger eingenommen. Die Großmama erschien nicht oft hier, wohl aber meine Mutter, meine Tanten und Onkel und alle Kinder meiner Generation. Niemals wurden wir hier durch Geschäftsbesuch gestört. Keiner von uns hat die Besuche der Salzburger Festspiele, die Wanderungen im November, die Fahrten mit dem Pferdeschlitten in den schneereichen Winterferien, die Gespensterspiele und die Weihnachtsfeste je vergessen, an denen wir uns unter einer riesengroßen frischgeschlagenen Tanne versammelten.

Anders als die Essener Stadtväter hatten die Einwohner des

Blühnbachtales und der benachbarten Ortschaften meiner Großmutter immer die Treue gehalten und waren der Familie verbunden
geblieben. An ihrem 65. Geburtstag brachte ihr die Musikkapelle

Aquarell von Bertha, Blick aus dem Schloss auf die Kapelle und das Posthaus

Werfen ein Ständchen. Bei der Gelegenheit wurde »unserer Frau
von Bohlen« in Versform auch eine Anekdote vorgetragen, die im
Tal immer wieder die Runde machte. Die prosaische Version stammt
von Sepp Hofreiter: *Kein Jägerlatein. Es war in den dreißiger Jahren,
Herr von Bohlen (Taffy) hatte eine kleine illustre Gesellschaft zur Jagd
eingeladen. Anwesend waren auch Herr Forstrat Nölscher, die Blühnbacher Jäger und Treiber. Da einem der Gäste nicht gerade ein Blatt-
schuß gelang, mußte die Schweißfährte des waidwunden Hirschs verfolgt werden. Plötzlich der Ruf eines Treibers zwischen den Latschen:
»Herr Forschrot, do is a uma. Do ho a higschissen!« Herr Nölscher,
im Kreis der Gäste stehend, war verzweifelt. Er rief dem Treiber zu:
»Was sind denn das für ordinäre Ausdrücke. Das heißt, hier liegt eine
Losung, hams das verstanden?« Ein kleinlautes »Jawoi, Herr Forscht-
rot«, kam zurück. Die Suche nach dem verwundeten Wild ging weiter.*

Dann kam der nächste Ruf des Jagd-Experten:»Gleich hamman, do hot a wieda a Losung higschissen.«[12] Anlässlich des 40-jährigen Jahrestages des Kaufs von Schloss Blühnbach durch Bertha und Gustav von Bohlen verleiht Werfen ihr 1956 die Ehrenbürgerschaft und den Ehrenbürgerring. Bürgermeister Josef Neuhauser zählt auf, was das Haus Krupp der Gemeinde in dieser Zeit eingebracht hat, und endet mit dem Wunsch: *Mag sein, daß in der Nachkriegszeit auch für Sie in unserer schwergeprüften Heimat manch bitterer Kelch zu leeren war. Dies sei vergessen, hoffen wollen wir aber, daß es uns für immer beschieden sei, daß Sie, sehr geschätzte Frau Krupp von Bohlen, sich mit Ihrer Familie und all Ihren Gästen in unseren Bergen stets wohl und glücklich fühlen.*[13] Dieser Wunsch hat sich für Bertha bis zu ihrem Tod ein Jahr später, für die Familie aber noch bis zu Alfrieds Tod 1967 erfüllt.

Letzte Jahre (1951–1957)

Bis zum Bezug ihres neuen Hauses in Essen bleibt Blühnbach Berthas Wohnsitz, wo Schwiegertochter Sita und Enkel Arnold fast ein zweites Zuhause haben. Um den Rest der Familie zu sehen, geht sie auf Reisen, meist begleitet von Krönchen, in ihrem Mercedes 170 S, der 1953 ausgewechselt wird durch das neuere Modell Mercedes 300. Sepp chauffiert sie nach Bayern zu Irmgard, die zum zweiten Mal geheiratet hat, und zu Berthas Lebzeiten zwei weitere Kinder bekommt, eines wird später noch folgen. München wird ihr zu einer beliebten Zwischenstation auf dem Weg von Blühnbach nach Essen, wo sie Berthold und seine Familie sehen kann. Berthold und Edith wird 1954 ihr Sohn Eckbert geboren. In Essen lebt auch Alfried mit seiner zweiten Frau Vera, jedenfalls, bis auch diese Ehe scheitert. Ab und an sieht Bertha dort auch ihren Enkel Arndt. Bis 1955 bleibt die Sorge um Harald in Russland. *Es war nicht ihre Sache, sich mit den durch dieses Schicksal aufgeworfenen Fragen verstandesgemäß auseinanderzusetzen. Sie litt darunter als Mensch und als Mutter. Als ihr der*

*Sohn im Oktober 1955 zurückgegeben wurde, mochte es ihr erscheinen,
daß nun ein Schlußstrich gezogen war unter eine leidvolle Vergangenheit, daß sie nun wirklich zur Ruhe kommen durfte.*[14]
Sehr gerne fährt sie nach Norden, zu ihrem Schwiegersohn
Henry in Bremen und nach Sylt, wo sie im Sommer so viele Enkel
wie möglich um sich versammelt und wohin auch ihre Tochter
Waldtraut mit den Töchtern Diana und Regina aus Argentinien
kommt. Von einer dieser Autofahrten berichtet Sepp: *Bei der Auto-
bahnraststätte Hannover Garbsen hielten wir. Die Raststätte war in
der damaligen Zeit eigentlich mehr eine große Baracke. Sozusagen ein
Notbau. Den Brummis nach zu urteilen, die am Parkplatz standen,
war es überwiegend ein Rastplatz für Fernfahrer. – Da wir sowieso
von der Autobahn runter mußten, wollte ich Frau von Bohlen etwas
besseres anbieten. Sie sagte:* »*Aber nein, Sepp, wir können hier essen.
Ich möchte mir etwas Gutes antun. Ich möchte gerne ein richtiges
Würstchen von der Faust essen.*« *An einem blankgescheuerten Tisch,
an dem zwei Fernfahrer saßen, nahmen wir Platz. Frau von Bohlen
bestellte sich eine Bockwurst mit Brot und Mineralwasser. Ich aß
dasselbe mit Kartoffelsalat. Der ältere der beiden Tischnachbarn be-
obachtete aus den Augenwinkeln Frau von Bohlen beim Essen. Als wir
fertig waren, sagte er:* »*Na, Mütterchen, ich sehe, das Würstchen hat
Ihnen geschmeckt. Wenn Sie noch Hunger haben, möchte ich für Sie
gerne noch eines spendieren.*« *Frau von Bohlen lächelte verschmitzt
und sagte:* »*Es ist sehr liebenswürdig von Ihnen, aber ich bin wirklich
satt und ich bedanke mich für das Angebot.*« *Als wir wieder im Auto
waren, meinte Frau von Bohlen:* »*Diese Lastwagenfahrer sind wirklich nette Leute.*« *In guter Stimmung fuhren wir Richtung Hamburg.
Wobei wir noch das finanzielle Angebot des Fernfahrers beim Essen
im Kopf hatten.*[15]
Bertha genießt die Sommer in Kampen auf Sylt. Zu Beginn
mietet Waldtraut für sie das Haus Hasenheide. Später erwirbt Henry
Thomas das Wiesenhaus, das direkt neben dem Klenderhof gelegen
ist, in dem sie von da an Quartier nimmt. Immer sind einige der
älteren Enkel dabei, Arndt, Arnold, Alheid, Carol, Bobby, Rutger,
Sigbert, Diana oder Regina und öfters auch Enkel ihrer Schwester
Barbara. Es ist eine muntere Runde, zu der auch Alfried zählt. Henry, der sich mit seiner Yacht Diana II öfters bei der Kieler Woche

mit Alfrieds Germania misst – wobei beide ab und an gewinnen –, lädt die Gesellschaft eines Sommers auf sein Motorboot Regina ein. Auch Sepp gehört dazu. *Auf dem Programm stand eine kleine Kreuz-*

Alle noch lebenden Kinder versammeln sich zu Berthas 70. Geburtstag; v.l.n.r.: stehend: Alfried, Henry und Waldtraut, Berthold, Arndt, Robert von Eilenstein, Harald, sitzend: Bertha, Irmgard

fahrt mit der Regina. Sie war, so wie mich Herr Thomas aufklärte, ein ehemaliges Flieger-Rettungsboot aus dem Krieg. Das Boot hatte eine Breite von 3 Metern und war 24 Meter lang. Als Antrieb dienten zwei Dieselmotoren mit je 300 PS. Das zu einer Yacht umgestaltete Boot lag in List vor Anker. – An Bord waren Frau von Bohlen, Frau und Herr Thomas, Frau Sita, Herr Alfried, Arnold, Rutger und Sigbert. Natürlich waren auch ein Bootsführer und ein Schiffsjunge dabei. Auch ich durfte zu den Nordfriesischen Halligen mitfahren. Es war ein sonniger Tag. Trotzdem wehte, wie der Seemann sagte, eine »steife Brise«. Vor der Insel Amrum wurde geankert. Herr Thomas und Herr von Bohlen wollten mal kurz ans ca. 200 Meter entfernte Ufer segeln, wozu sie mich einluden. Mit einem Schwenkarm wurde das kleine Beiboot an

der Backbordseite gewässert. Trotzdem beide Herren, was das Segeln
betrifft, große Strategen waren, wurden wir, bevor Herr Thomas die
Segel setzte, ein paar mal kräftig an die Bordwand der Yacht geschleu-

Berthas 70. Geburtstag auf dem Hügel; v. l. n. r.: Berthild von Wilmowsky,
Berthold, Bertha, Diana

dert. Beeindruckt war ich, wie Herr Thomas das kleine Kielboot auf
den Wellen, im Gegenwind, ans Ufer kreuzte.[16] Das sind die ersten
Nordseeerfahrungen eines jungen Bayern, dessen Mitsegler Alfried
der Olympiadritte von 1936 und – wie auch sein Schwager Henry –
mehrfach Regattasieger der Kieler Woche war.

Niemand von uns konnte es wissen, aber Großmamas 70. Geburtstag am 29. März 1956 war unser letztes großes Fest auf dem Hügel. Für diesen einen Abend verwandelte er sich wieder in Berthas
Haus und versammelte ihrer und ihrer Schwester Barbara Familien
fast vollzählig. Selbstverständlich gibt es viele offizielle Ehrungen an
diesem Tag. Bereits am Morgen wird ihr in der Berenberger Mark
ein Ständchen gebracht. Sie empfängt die Abgesandten der Firma
und der Stadt Essen. Blumen en masse werden überreicht, die lokale
und die nationale Presse berichtet.

Wie widersinnig und ungerecht auch das Leben so oft erscheint, so erweist es sich doch ab und an auch als ein gerecht wägender Richter. Die Empfindungen, die Frau von Bohlen an ihrem 70. Geburtstag

Arndt und Waldtraut mit Pudel Peter im Sommer 1955 in Kampen aus Sylt

begegnen, legen Zeugnis ab für den Wert eines Daseins, das sich in Aufopferung und Pflichterfüllung erschöpfte. In der Liebe und Dankbarkeit, die ihr an diesem Tage entgegengetragen wurden, darf sie, die immer Gebende, nun endlich einmal beglückten Herzens die Nehmende sein, womit eine von höherem Gesichtspunkt aufgemachte Lebensrechnung aufgeht auf eine tröstliche Weise.[17]

So stand es in den Kruppschen Mitteilungen, denen ich meine eigenen Erinnerungen an den privaten Festabend auf dem Hügel folgen lasse: *Eingeladen waren alle, die zur Familie gehörten, also die Kinder und Enkel von Bertha und Barbara Krupp. Wer immer konnte, war gekommen zu diesem ersten großen Familienfest auf dem Hügel, das seit dem Krieg dort gefeiert wurde. (Wir ahnten nicht, dass es auch das letzte Familienfest auf dem Hügel sein sollte. Die Großmama starb anderthalb Jahre später, und damit zerriss das Band, das*

Hügel und Familie verband.) Es war ein fröhliches, heiteres Fest, wie es der Hügel nicht oft gekannt hat. Sogar die einschüchternde Untere Halle hatte ihre Düsternis verloren, helles Licht schien auf die Wände,

Berthas 69. Geburtstag am 29.3.1955; v.l.n.r.: Diana, Barbara von Wilmowsky, Elsa Kuhlmann, Berthold, Bertha, Arthur Krupp, Waldtraut, Sita, Edith, Christel Kronen, Regina

und die Enkel standen vor den Familienportraits und verglichen Bild und Original. – Einige Enkelinnen, darunter auch ich, waren auf Entdeckungsreise gegangen und spielten oben, neben dem Glasdach, Gespenst. Die dunklen Korridore, die das Glasdach im Dachgeschoß wie ein Atrium umgeben, waren erfüllt von Schatten und knisternden Geräuschen, die aus den unbewohnten Zimmern kamen. Wir waren heimlich hier, darum wagten wir kein Licht anzuzünden. Aber der Mond schien, und seine schrägen Strahlen zeichneten geometrische Muster in die tiefen Schatten. Früher hat hier das Personal gewohnt, nun standen die Zimmer leer oder dienten als Möbellager. Ein Stockwerk tiefer huschten wir durch die ehemaligen Zimmer unserer Eltern und versuchten uns vorzustellen, wie es dort früher gewesen war. Dann hatten wir uns genug gegruselt und kehrten zurück zur Bibliothek, in das helle, festliche Treiben. Es wurde musiziert und vorgetanzt, geplaudert und gelacht. Onkel Alfried wirkte entspannt, lächelte vielen

Berthas 70. Geburtstag; v.l.n.r.: Regina, Waldtraut, Bertha, Diana

zu und hielt eine herzbewegende Rede auf seine Mutter, als wir uns endlich an dem großen Tisch im Gartensaal zum Festessen versammelt hatten – die Enkel, soweit sie nicht am Kindertisch saßen, natürlich am unteren Ende. Doch das war die einzige Erinnerung an die Zeit, als unsere Eltern an diesem Tischende saßen. Denn wir brauchten nicht zu schweigen, bis wir angesprochen wurden, keine Gouvernante saß neben uns, wir durften in Ruhe unsere Teller leer essen und so albern sein, wie wir wollten. Wir fanden, daß wir es besser hatten als sie.[18]

Damals habe ich meine Großmutter zum letzten Mal gesehen. Als sie starb, waren wir in Argentinien und nur meine Mutter nahm das Flugzeug nach Essen. Von ihr weiß ich, dass Bertha einen leichten Tod hatte. Die vielen schweren Jahre, die sie als ältere Frau erleben musste, hatten ihren gesundheitlichen Tribut gefordert. Dass sie ein schwaches Herz hatte, wussten wir. Darauf nahmen alle Rücksicht. An ihrem Todestag, dem 21. September 1957, trat Krönchen wie jeden Morgen in ihr Schlafzimmer, sagte ihr Guten Morgen und öffnete die Fenster. Sie half Bertha, sich im Bett gemütlich aufzusetzen,

bereitete das Betttischchen vor und verließ den Raum, um unten in der Küche das Frühstück zu holen, das sie ihr wie immer im Bett servieren wollte. Als sie zehn Minuten später wiederkam, fand sie die Großmama in ihrem Bett sitzend, mit friedlichem Gesichtsausdruck, leblos. So bescheiden und unspektakulär, wie sie trotz ihrer öffentlichen Exposition gelebt hatte, ist sie auch gestorben, ganz ohne unnötiges Aufsehen zu erregen.

Ihr treuer Fahrer, Sepp, schreibt in seinem Erinnerungsbuch, das er uns Enkeln gewidmet hat: *Zu meinen Empfin-*

Bertha an ihrem 70. Geburtstag 1956

dungen zu Frau von Bohlens Tod kann ich auch alle Angestellten mit einbeziehen, die persönlich mit Eurer Großmutter zu tun hatten, dass sie in ihrer mütterlichen Güte nie einen Befehlston von sich gab. Alle geleisteten Arbeiten, und waren sie noch so selbstverständlich, sie wurden von ihr immer mit einem Bitte und Danke belohnt. Man wird sie nie vergessen. Sie war einfach die Größte.[19] Niemand in der ganzen riesengroßen Rede- und Papierflut, die ihr Tod auslöste, hätte dies treffender oder ehrlicher sagen können.

Bis ganz zuletzt bleibt es Berthas Wunsch, *in Fortführung alter Kruppscher Tradition zur allgemeinen Fürsorge für die Belegschaftsmitglieder der Kruppschen Werke und für die Essener Bürgerschaft beizutragen.*[20] Trotz der beschränkten Möglichkeiten nach dem Kriege bittet sie bereits im August 1950 das Direktorium, sich um den Wiederaufbau des Altenhofes und um das Schicksal der Rentner zu kümmern. Sie kann nur bitten, denn noch ist das Firmen-

Aquarell von Bertha, Schloss Blühnbach

vermögen beschlagnahmt, das aber tut sie in bewegenden Worten:
*Wenn ich mich erstmalig seit dem Ende des Krieges mit einer Bitte an
das Direktorium wende, dann geschieht das aus tiefer Sorge für das
Schicksal von Menschen, die ihr Leben lang der Firma treu gedient
hatten. Immer wieder tritt mir aus Briefen und Berichten das traurige Los gerade der Alten vor Augen, die sich nach den furchtbaren
Folgen des Krieges nicht mehr aus eigener Kraft ein eigenes Heim
schaffen können. – Für den alten Menschen ist ein gesichertes Heim
der unerläßliche Hort seines Daseins. In dieser Erkenntnis haben
meine Eltern den Altenhof geschaffen, in dem den alten Pensionären
der Firma an ihrem Lebensabend ein unentgeltliches Wohnrecht gesichert werden sollte. Den Luftangriffen auf die Stadt Essen sind auch
Teile dieser schönen Siedlung zum Opfer gefallen. – Bei den sicher
eingeschränkten Möglichkeiten eines Wiederaufbaus können allzu
leicht die Bedürfnisse der alten Leute zurückgestellt werden gegenüber denen der zur Zeit noch tätigen und schaffenden Generation. Ich
möchte mich daher zum Sprecher unserer ältesten Mitarbeiter und
ihrer Frauen machen und die Bitte aussprechen, der sich auch mein
Sohn Alfried anschließt, den Altenhof wieder aufzubauen und seiner
segensreichen Bestimmung soweit wie möglich wieder zuzuführen. –
In der Hoffnung, daß Sie die Erfüllung dieses Wunsches ermöglichen
können, grüße ich Sie als Ihre sehr ergebene Bertha KruppBohlen-
Halbach.*[21]

Trotz Beschlagnahme, Trümmerarbeit und den langwierigen
Verhandlungen, um Krupp vor dem Zugriff der Alliierten so weit
wie möglich zu bewahren, gelingt es dem Direktorium, diesen
Wunsch zu erfüllen. Anlässlich ihres 70. Geburtstag am 29. März
1956 bittet Bertha das Direktorium nochmals um eine Million Mark,
die sie für den Ausbau des Kruppschen Krankenhauses auf dem
Altenhof sowie für ein Grundstück für den Bau eines Schwestern-
hauses stiftet. Das war für die damalige Zeit und für die Situation
des Werks eine sehr bedeutende Summe.

Noch zu ihren Lebzeiten und mit ihrer Unterstützung entsteht
die Idee, das gesamte Unternehmen in eine gemeinnützige Stiftung
zu verwandeln, um die Kontinuität der Firma zu bewahren und sie
unabhängig von geeigneten Nachfolgern aus dem Familienkreis zu
machen. Die nach ihrem ältesten Sohn benannte Alfried-Krupp-von-

Bohlen-Stiftung wird erst 1967, zehn Jahre nach ihrem Tod, eingerichtet. Sie wirkt bis zum heutigen Tage im Sinne von Berthas Großvater Alfred Krupp und seiner Nachfahren. *Der Zweck der Arbeit soll
das Gemeinwohl sein*, das war Alfred Krupps innerste Überzeugung.
Die nachfolgenden Generationen haben diese Überzeugung geteilt
und gelebt, und vielleicht ist dies einer der Gründe, warum der
Mythos Krupp bis heute noch lebendig ist.

ANHANG

Dank

Mein Dank gebührt den Menschen, die mich während des Schreibens begleitet haben. Als Erstes nenne ich meine Mutter, die mich bis zu ihrem Tod immer wieder ermuntert hat, die Geschichte unserer Familie zu erforschen und darüber zu schreiben. Ich danke auch für das positive Echo, das mein letztes Buch über Berthas Mutter, Margarethe Krupp, innerhalb unserer Familie gefunden hat, sowie die Ermunterung vieler Familienmitglieder, mich auch an die Biografie von Bertha Krupp zu wagen. Harald Friz und Birgit Blumenau haben es mir ermöglicht, dieses Buch trotz meines Lebens in zwei Welten zu vollenden. Helgard Gräfin Grote-Schachten, Alexandra Friz und Harald Friz waren kritische Lektoren des Manuskripts. Für ihre Anregungen und Korrekturen danke ich ihnen ganz besonders. Ein besonderes Dankeschön geht an den Leiter des Historischen Archivs Krupp, Herrn Prof. Dr. Ralf Stremmel, und seine Mitarbeiter. Frau Fellner-Feldhaus sei Dank für ihre Geduld und Ausdauer. Dass aus dem Manuskript ein Buch wurde, verdanke ich meinem Agenten Joachim Jessen und dem Deutschen Taschenbuch Verlag. Großen Dank schulde ich Dr. Andrea Wörle für ihr professionelles Lektorat, sowie Helga Jesberger und allen anderen Mitarbeitern des dtv. Last but not least danke ich den Lesern meiner Bücher über die Familie Krupp. Ihr Interesse und ihre Anteilnahme am Schicksal meiner Familie hat mich trotz anfänglicher Bedenken dazu gebracht, dieses Buch zu schreiben.

Stammbaum Die Krupps

Stammbaum	Die Krupps	geboren	gestorben
heiratet 10.08.1808	**Friedrich Krupp** **Gründer der Firma Krupp** **Therese Johane Wilhelmi** Die beiden haben 4 Kinder, darunter:	17.07.1787 28.08.1790	08.10.1826 03.08.1850
heiratet 19.05.1853	**Alfred Krupp** **Bertha Eichhoff** Die beiden haben 1 Kind	26.04.1812 13.12.1831	14.07.1887 04.09.1888
heiratet	**Friedrich Alfred Krupp** **Margarethe Freiin von** **Ende** die beiden haben 2 Töchter:	17.02.1854 15.03.1854	22.11.1902 24.02.1931
heiratet	**Bertha Krupp** **Gustav von Bohlen und** **Halbach** Die beiden haben 8 Kinder (siehe Tafel: die Kinder von Bertha und Gustav Krupp von Bohlen und Halbach)	29.03.1886 07.08.1870	21.09.1957 16.01.1950
heiratet	**Barbara Krupp** **Tilo Freiherr von** **Wilmowsky** Die beiden haben 5 Kinder	25.09.1887 03.03.1878	30.09.1972 28.01.1966

Die Kinder von Bertha Krupp

Die Kinder von Bertha und Gustav Krupp von Bohlen und Halbach	geboren	gestorben
Alfried	13.08.1907 heiratet 11.11.1937 in erster Ehe Annelise Bahr geschieden 1941 Die beiden haben einen Sohn: Arndt von Bohlen und Halbach 11.11.1937–08.05.1986 heiratet am 19.05.1952 in zweiter Ehe Vera Hossenfeld geschieden 1957	30.07.1967
Arnold	25.10.1908	08.01.1909
Claus	18.09.1910 heiratet 29.09.1938 Sita von Medinger Die beiden haben einen Sohn, Arnold (*1939)	10.01.1940

Irmgard   31.05.1912   23.11.1998
               heiratet am 07.04.1938
               Hanno Freiherr
               Raitz von Frentz,
               der am 03.09.1940 fällt.
               Die beiden haben 3 Kinder:
               Alheid (*1939), Rutger
               (*1940) und Sigbert (*1941)

               heiratet am 19.6.1952
               Robert von Eilenstein
               Die beiden haben 3 Kinder:
               Gunhild(*1952),
               Hildburg (*1954)
               und Dietlind (*1956)

Berthold   12.12.1913   21.04.1987
               heiratet am 18.12.1950
               Edith Freiin von Malzan
               Die beiden haben 1 Sohn,
               Eckbert (*1956)

Harald   30.05.1916   6.11.1983
               Heiratet 1960
               Doerte Hillringhaus
               Die beiden haben 3 Kinder:
               Friedrich (*1962) , Georg
               (*1963) und Sophie (*1966)

Waldtraut 31.07.1920   27.05.2005
               heiratet am 14.03.1942
               Henry S. Thomas
               Die beiden haben zwei
               Töchter: Diana (*1944) und
               Regina (*1945)

Eckbert   31.08.1922   Fällt 25.04.1945

Siglen

AAKK   Diana Maria Friz: Alfried Krupp und Berthold Beitz, Der Erbe und sein Statthalter, Orell Füssli 1988

FAH   Familien Archiv Hügel

FH   FAH 21853 Erinnerungen des Gärtners Franz Holzapfel

GM   Golo Mann. Unveröffentlichtes Typoskript, 1988

LG   Lothar Gall (Hrsg.): Krupp im 20. Jahrhundert, Siedler 2001

KK   Klaus Tenfelde, Krupp bleibt doch Krupp. Ein Jahrhundertfest – Das Jubiläum der Firma Fried. Krupp AG in Essen 1912, Essen 2005

KM   Kruppsche Mitteilungen, Werkszeitschrift

MK   Diana Maria Friz: Margarethe Friz, das Leben meiner Urgroßmutter, dtv 2008

TW   Tilo Freiherr von Wilmowsky: Rückblickend möchte ich sagen..., An der Schwelle des 150-jährigen Krupp-Jubiläums, Oldenburg & Hamburg, 1961, Stalling

VH   Tillmann Buddensieg: (Hrsg.), Villa Hügel. Das Wohnhaus Krupp in Essen. Industriekultur. Schriften zur Sozial- und Kulturgeschichte des Industriezeitalters. Siedler Verlag o. D.

WA   Werksarchiv Krupp

Abkürzungen in den Anmerkungen

BK   Bertha Krupp
GBH   Gustav von Bohlen und Halbach
GKBH   Gustav Krupp von Bohlen und Halbach

Anmerkungen

VORWORT

1 Wangenheim, Frhr. von, Hans Ulrich, Aus dem Leben meines Vaters Hans Frhr. von Wangenheim – Freundschaft über den Tod hinaus – Gustav Krupp von Bohlen und Halbach, Düsseldorf 1969

DAS KAISERREICH UNTER WILHELM II.

1 Generallandesarchiv Karlsruhe, Prospekt für die Großherzogin-Luise-Haushaltungsschule in Baden-Baden für Töchter aus gebildeten Kreisen
2 Ebda.
3 Schliep, Mathilde, Erinnerungen. Handschriftliche Aufzeichnungen um 1930 (Witwe von Dr. Paul Schliep, Leibarzt des Kaisers, Stadtarchiv Baden-Baden, Nr. 10298
4 Prospekt für den Kochkurs in der Großherzogin-Luise-Haushaltungsschule in Baden-Baden, Generallandesarchiv Karlsruhe
5 Ebda.
6 Deckblatt der Glückwunschadresse anlässlich der Goldenen Hochzeit Großherzogin Luises, inklusive Liste der Schülerinnen aus der Haushaltungsschule Baden-Baden, 20.9.1906, Generallandesarchiv Karlsruhe
7 Ebda., S. 2
8 Anmerkung der Autorin: Die biografischen Daten sind dem Artikel ›Die badische Seite der Stahl-Dynastie Krupp – die Familie von Bohlen und Halbach und ihr Stammgut in Obergrombach‹, S. 10–15, Momente – 1/2005, entnommen.
9 Ebda., S. 14
10 Ebda.
11 Gustav von Bohlen und Halbach, Briefe an die Mutter Sophie von Bohlen und Halbach. 1900–1903. Aus dem Englischen übersetzt und bearbeitet von Edith von Bohlen und Halbach. Satz: Kruppsche Grafische Betriebe GmbH. Druck und Verbreitung: Richard Bacht. Grafische Betriebe und Verlag Gmbh, Essen. Brief Nr. 98, vom 4. Mai 1902, S. 186 f.
12 Ebda.
13 Amelung, Iwo, Gegen die ausländischen Barbaren: Die Boxer und ihr Mythos. Ausstellungskatalog des Deutschen Historischen Museums vom 27. März bis 19. Juli 1998. http://www.dhm.de/ausstellungen/tsingtau/katalog/Inhalt.htm

14 GBH Peking, S. 44, Brief Nr. 13
    vom 22.10.1900
15 Ebda., S. 48 Brief Nr. 14, vom
    1. November 1900
16 Anmerkung der Autorin
17 Ebda., S. 163, Brief Nr. 81 vom
    8. Januar 1901
18 Ebda., S. 178, Brief Nr. 92 vom
    21. März 1902
19 Ebda.
20 FAH 4F 211, S. 79 und 80, Brief
    von Bertha Krupp an Anna
    Caspary vom 6. April 1925
21 FAH 3M 285 Akte Vogt, Blatt 11,
    Brief MK an Vogt, 17. Jan. 1906.
22 Anmerkung der Autorin: Die
    Reise hat stattgefunden, siehe
    Fotos aus FAH 3M 120.
23 FAH 3M 285, Akte Vogt, Blatt 9,
    Brief MK an Vogt, 29. August 1905
24 Ebda, Blatt 12, Brief MK an Vogt,
    18. März 1906
25 Anmerkung der Autorin: Nä-
    heres ist nachzulesen in: Diana
    Maria Friz, Margarethe Krupp.
    Das Leben meiner Urgroßmutter,
    München 2008
26 FAH 4v 26 Verlobung und Hoch-
    zeit Bertha, Blatt 8
27 Ebda., Blatt 1
28 FAH 3M 285 Akte Vogt, Blatt 14–
    15, MK an Vogt, ohne Datums-
    angabe
29 FAH 4 V 25, Verlobung BK und
    GBH, Blatt. 2 und 3
30 Ralf Stremmel, Margarethe
    Krupp. Eine verhinderte Unter-
    nehmerin?, 2003, in: Ulrich S.
    Soénius (Hrsg.), Bewegen – Ver-
    binden – Gestalten, Unternehmer
    von 17. bis 20. Jhdt. (Schriften
    zur rheinisch-westfälischen
    Wirtschaftsgeschichte, Band 44)
    S. 142 f.

31 Michael Stürmer, Alltag und Fest
    auf dem Hügel. In: VH, S. 266 f.
32 WA 4 1789 Dr. Krupp von Bohlen
    und Halbach, Biographische Auf-
    sätze
33 FAH 23312 Hochzeit BK und
    GBH: Titel des Bräutigams auf
    der gedruckten Teilnehmer-Liste,
    S. 1
34 Akten der Kruppschen Hausver-
    waltung, Vermählungsfeier von
    Bertha Krupp mit Gustav v. B.
    Hügel, den 15. Oktober 1906
35 Michael Stürmer, in VH, S. 268
36 Ebda.
37 Ebda.
38 Ebda.
39 Ebda.
40 FAH 4v 26 Verlobung und Hoch-
    zeit Bertha, Blatt 107
41 Ebda., Blatt 55
42 Ebda.
43 Benz, Wolfgang (Hrsg.), Wilhelm
    Muehlon – Ein Fremder im ei-
    genen Land, Erinnerungen und
    Tagebuchaufzeichnung eines
    Krupp-Direktors 1908–1914,
    Bremen 1989, S 43 ff.
44 Anmerkung der Autorin: Die
    ehemals türkische Ecke wurde
    nach Friedrich Alfreds Tod
    umdekoriert.
45 FAH 3D 72 Erinnerungen an Al-
    fred Krupp und F. A. Krupp von
    Homann aufgrund eines Hügel-
    besuchs am 18.5.1906, Gespräch
    mit Hausmeister Herms, Blatt
    13,14
46 FAH 23148 Geburt Alfried Krupp
    von Bohlen und Halbach
47 Ebda.
48 Ebda.
49 FAH 23–137 Blatt 1
50 FAH 23–137 Blatt 6 und 7

51 FAH 23–127 Blatt 46
52 FAH 23–141, Blatt 100 f.
53 FAH 23–140 Blatt 35
54 Georg Baur, z. Zt. in Kiel
55 FAH 23–141 Blatt 6 f.
56 FAH 23–141 Blatt 119
57 FAH 23–142 Blatt 87 f., Brief von Hildegard von der Leyen an Bertha, 16.1.1909
58 Anmerkung der Autorin: Französisch »ein gewisses Örtchen«
59 Anmerkung der Autorin: Französisch »begleitet«
60 Brief von Alix Freiin von Kesling an ihre Großmutter, 5. November 1910, zit. nach: Villa Hügel: das Wohnhaus Krupp in Essen, hrsg. v. Tilmann Buddensieg, Berlin 2001, S. 384 ff.
61 Sie stellen dar: 1) Der wunderbare Fischzug, 2) Die Schlüsselübergabe 3) Heilung des Lahmen 4) Tod des Ananias 5) Das Opfer zu Listra 6) Die Blendung des Elymas 7) Paulus predigt in Athen
62 Begleitnotiz zur Übersendung der Teppichabbildungen von Waldtraut von Bohlen und Halbach an die Autorin, Dez. 1987 (Q0531)
63 Thomas Nipperdey, Deutsche Geschichte 1866–1918, Bd. 1, 3. Auflage München 1993, S. 497
64 Tenfelde: Krupp bleibt doch Krupp. Planungen und Vorbereitungen für ein Großereignis, S. 21
65 KK, Planungen und Vorbereitungen für ein Großereignis, S. 21
66 ›Aurora und die schwindende Nacht‹, auf Leinwand übertragenes und tranplantiertes Fresko von Giovanni Battista Tiepolo (1696–1770). Zitiert nach VH, S. 237

67 Zit. Nach KK, S. 74
68 Anmerkung der Autorin: Eine ausführliche Beschreibung des Jubiläumsfestes in seinem historischen Kontext mit reichem Bildmaterial findet sich in Klaus Tenfelde: Krupp bleibt doch Krupp«. Ein Jahrhundertfest – Das Jubiläum der Firma Fried. Kupp AG in Essen 1912, Essen 2005 (Sigle KK)
69 KK, S. 114
70 WA 4 H 29, Nachdruck vom (März) 1914. Anlage zum Bildband (Generalprobe): Hie Barbara! Hie St. Georg! Festspiel vor Seiner Majestät dem Kaiser und König auf dem Hügel, am 9. August 1912, aus Anlaß der Hundertjahrfeier der Firma Krupp, S. 3
71 Ebda., S. 10
72 FAH 21838, Erinnerungen von Frau F.
73 Näheres zu dem Capri-Skandal ist nachzulesen bei Diana Maria Friz, Margarethe Krupp, München 2008
74 Siehe Bösch, Frank, Krupps »Kornwalzer«. Formen und Wahrnehmungen von Korruption im Kaiserreich, Sonderdruck in: Historische Zeitschrift, Bd. 218, 2005.
75 Ebda., S. 338
76 Ebda., S. 368
77 Ebda., S. 368
78 Ebda., S. 369
79 Nachzulesen bei Friz, Margarethe Krupp, 2008
80 Nachlass Maximilian Harden, Bundesarchiv NL 1062 (Harden) 130, S. 13
81 Ebda., S. 25

82 Ebda. S. 22 f.
83 Anmerkung der Autorin:
    Näheres ist nachzulesen bei
    Wolbring, Barbara, Krupp und
    die Öffentlichkeit im 19. Jahr-
    hundert, Selbstdarstellung und
    gesellschaftliche Kommunika-
    tion, München 2000
84 FAH III M 197 Essener General
    Anzeiger vom 8. und 9. August
    1912
85 Ebda.

DER ERSTE WELTKRIEG

1 WA IV C 73, An Haux, 17.4.1917
2 Näheres in: Prof. Dr. Joachim
   Kort, Vom Kruppschen Bara-
   ckenlazarett zum Alfried Krupp
   von Bohlen und Halbach Krankenhaus. Ein Beitrag zum Sozial-
   werk der Firma Fried. Krupp.,
   FAH Sign. K11.2
3 KM, 1919, Nr. 42, S. 252
4 Ebda.
5 FH, s. 74 f.
6 Ebda., S. 85
7 Ebda., S. 86
8 Ebda., S. 97
9 KM, 15. August 1914, K17811, S. 164
10 Ebda., S. 165
11 Klaus Tenfelde, Die Firma Fried.
    Krupp AG im Ersten Weltkrieg,
    S. 72 f., in: Hans Ehlert, Michael
    Epkenhans, Militärische Refor-
    mer in Deutschland im 19. und
    20. Jahrhundert. Mit Beiträgen
    von Walter Mühlhausen, Frank
    Nägler, Michael Skiora, Klaus
    Tenfeld und Dierk Walter, Militä-
    risches Forschungsamt, Potsdam
    2007
12 FH, S. 70

13 Anmerkung der Autorin:
    Die Gärtnerei lag oberhalb
    des Großen und des Kleinen
    Hauses.
14 FH, S. 77 f.
15 Ebda., S. 76
16 Ebda., S. 76 f.
17 FAH 4F 288, Göler von Ravens-
    burg, Korrespondenz 1916–1944,
    Blatt 252 ff.
18 Ebda., Blatt 254 ff.
19 FAH 23122, Taufe Harald von
    Bohlen 1916, Blatt 66
20 Ebda., Blatt 50 ff.
21 Ebda.
22 Ebda., Blatt 81
23 Ebda., Blatt 81–82
24 Näheres zur Geschichte
    Blühnbachs in Fritz Hörmann,
    Chronik von Werfen, Hg. von
    der Marktgemeinde Werfen. 1987,
    S. 521–562
25 FAH 4f 626 Arthur Krupp an
    GKBH. 30. Mai 1915, Blatt 2 f.
26 Ebda. GKBH an Tilo von Wil-
    mowsky, 19. März 1916, Blatt 220
27 K 22.16 Nach der Schicht. 15. Ja-
    nuar 1916. Nr. 2, S. 8
28 K 22.17 Nach der Schicht. 11. Feb-
    ruar 1917, Nr. 3, S. 19
29 K 22.17 Nach der Schicht.
    28. April 1917, Nr. 16
30 K 22.17 Nach der Schicht. 28. Juli
    1917, Nr. 29, S. 113
31 K 22.17 Nach der Schicht. 5. Mai
    1917, Nr. 17, S. 1
32 K22.17 Nach der Schicht. 13. Ok-
    tober 1917, Nr. 40, S. 167
33 K22.18 Nach der Schicht. 2. Fe-
    bruar 1918, Nr. 5, S. 1
34 K 22.18 Nach der Schicht, 5. Janu-
    ar 1918, Nr. 1
35 FAH 4C 119, Brief von Trotha an
    GKBH, 15.61917, Blatt 89

36 Ebda., Brief GKBH an Gontard, 23. Juni 1917, Blatt 52

37 FAH 4C 120, Telegramm 13.09.1918, Blatt 88

38 Tilo von Wilmowsky, Rückblickend möchte ich sagen ..., Oldenburg und Hamburg 1961, S. 88

DIE WEIMARER REPUBLIK

1 Golo Mann, unveröffentlichtes Typoskript, S. 35

2 Kruppsche Mitteilungen, 13. Dezember 1919, Nummer 49, S. 169

3 FAH 23588 Privatbriefe Bertha Krupp von Bohlen und Halbach an ihren Ehemann Gustav 3.6.1919–31.5.1923, Brief von Bertha an Taffy, Sayneck, 15. April 1920, Blatt 6–8

4 Ebda., Brief von Bertha an Gustav, Bad Salzufflen, 8. Mai 1920, Blatt 14 f.

5 Ebda, Brief von Bertha an Gustav, o. D. Blatt 41–43

6 Ebda., Brief von Bertha an Gustav, Hügel 21.11.1920, Blatt 47 f.

7 Ebda., Brief von Bertha an Gustav, Hügel 21.06.1922, Blatt 97–99

8 Ebda., Brief von Bertha an Gustav, Hügel o. D., Blatt 104 f.

9 FH, S. 89 f.

10 FAH 23119 Akte Taufe Eckbert von Bohlen, Blatt 26

11 WA 4 1789 Dr. Krupp von Bohlen und Halbach, Biografische Aufsätze

12 FH, S. 88 f.

13 FAH 4F 211, Brief Gustav von Bohlen an Anna Caspary vom 1.3.1924

14 GM, S. 51

15 WA 4 1789 Dr. Krupp von Bohlen und Halbach, Biografische Aufsätze

16 Erik Reger, Krieg im Frieden. Die Essener Ostertragödie. Erlebnisbericht von 1937, S. 2. Zitiert nach Klaus Wisotzky, Der »blutige Karsamstag« 1923 bei Krupp, in: Gerd Krumeich/Joachim Schröder (Hrsg.), Der Schatten des Weltkriegs: Die Ruhrbesetzung 1923, Düsseldorfer Schriften zur Neueren Landesgeschichte, Bd. 69

17 Ebda.

18 Aussage des Fabrikarbeiters Johann Huth am 1.4.1923, zit. nach Wisotzky, S. 267

19 HAK, WA 4/2054, Blatt 32 f., Schlegel an Schäffer, 11.5. 1923, zit. nach Wisotzky, S. 282

20 Mündliche Familienüberlieferung und Wilmowsky: Rückblickend möchte ich sagen ..., S. 166

21 FAH IV 27, Bericht Geheimrat Baur

22 FAH-4F-6–01

23 FAH 23589 Privatbriefe Bertha Krupp an ihren Ehemann. 1.6.1923–11.6.1940. Blatt 13 f.

24 Ebda., Blatt 63–65

25 Ebda., Blatt 72 ff.

26 Ebda., Blatt 80

27 Ebda., Blatt 82

28 Ebda., Blatt 149 f. o. D.

29 Ebda., Blatt 161 f. o. D.

30 Hans Ulrich Frhr. v. Wangenheim, Aus dem Leben meines Vaters Hans Frhr. v. Wangenheim, S. 6

31 Photoalbum Blühnbach Jagd-

zimmer mit Begleitbrief GKBH
vom Juni 1929

32 Transkript Golo-Mann-Kassetten

33 FAH 23589 Privatbriefe Bertha Krupp an ihren Ehemann.
1.6.1923–11.6.1940, Blatt 175–178

34 MK, 3. Teil, Blatt 46

35 Wangenheim, Erinnerungen, S. 8

36 Ebda., S. 9

37 FAH 23/41, Autounfall mit Todesfolge, Blatt 77 f.

38 Ebda., Blatt 109 f.

39 FAH 23841, Blatt 53, Brief von GKBH an Alfried 16. 11. 1925

40 FAH 23527 Typoskript Reise nach Ägypten 1926, geschildert von Frau von Bohlen

41 FAH 4F 288, Göler, Blatt 96 f.

42 FH Blatt 92 f.

43 FAH 4F 257, Blatt 85 ff.

44 Kruppsche Mitteilungen, 1940/41, S. 118–121

45 Ebda.

46 Brief von Waldtraut von Bohlen und Halbach an ihre Tochter Diana vom 10.2.1983

47 TW, Rückblickend möchte ich sagen, S. 165

1 GM, Unveröffentlichtes Typoskript von Golo Mann, 1988 von diesem der Autorin mit der ausdrücklichen Genehmigung übergeben, daraus Teile veröffentlichen zu dürfen. Hier zitiere ich den Teil, der Gustav und Bertha betrifft.

DAS DRITTE REICH

1 FAH 23777, S. 21 f., Redeentwurf Taffys zum Krupptag 1936

2 FAH 23236, S. 245 f., Claus an Taffy, Harvard, 10. Dez. 1935

3 Ebda.

4 Ebda., S. 252, Taffy an Claus, 11. Dezember 1935

5 FAH 23236, S. 182 f., Claus an Taffy, 12. April 1936

6 Ebda.

7 Ebda., S. 97

8 Ebda., S. 91

9 FAH 23226, S. 15 f., Brief Harald an Eltern vom 11.3.1936

10 Ebda., S. 31ff, Brief Taffy an Harald, 28.2.1936

11 Anmerkung der Autorin: Näheres zu den Segelyachten der Krupps findet sich in Svante Domizlaff, Alexander Rost: Germania, die Yachten des Hauses Krupp, Hg. AKBH-Stiftung, Essen 2006

12 FAH 23236, S. 92, Claus an Taffy, 17.8.1936

13 Kruppsche Mitteilungen Nov. 1936, 28/4

14 Ebda.

15 Ebda.

16 FAH 41 6 Kruppsche Mitteilungen 5,2, 1.12.1936

17 Ebda. Essener Anzeiger 322 vom 21.11.1936

18 FAH 23790, Adolf Hitler, Akten betreffend Privatkorrespondenz. Der Führer 1936–1938, S. 5

19 FAH 23865, Handschriftliche Briefentwürfe an den Führer u. a.

20 FAH 23790. Adolf Hitler, Akten betreffend Privatkorrespondenz. Der Führer 1936–1938

21 Ebda.

22 FAH 23239, S. 12 ff., Bertha Krupp an Claus von Bohlen, 8. Juni 1937

23 Ebda.

24 Ebda.

25 Q9279 Korrespondenz Eckbert

1920–1939, Brief Eckbert an Bertha vom 9.4.1936

26 Ebda.

27 FAH 23788, Korrespondenz GKBH und BK 1943–1944

28 Zitiert nach GM

29 Anmerkung der Autorin: Wegen der frühen Geburt wurde das Baby dort für einige Tage eingeliefert.

30 FAH 23710, S. 145, Brief Annelise an Bertha, Berlin 25.1.1938

31 Ebda., S. 151, Brief Annelise an Bertha, Wiesenburg 20.2.1938

32 FAH 23710, S. 151 ff., Annelise an Bertha, Wiesenburg 28.3.1938

33 Ebda.

34 Ebda.

35 Anmerkung der Autorin: Gemeint ist der Turm des Verwaltungsgebäudes der Gussstahlfabrik.

36 Ebda.

37 FAH 23710, S. 170, Annelise an Bertha, Partenkirchen 12.12.1938

38 Ebda., S. 173

39 FAH 23720 Scholle und Schacht, Beilage der Essener Allgemeinen Zeitung, 15. Januar 1938, Nr. 2

40 FAH 23714 S. 133 f., Brief Taffy an Hanno, 7. Sept. 1940

41 Ebda., S. 134

42 Ebda., S. 133

43 Anmerkung der Autorin: Es handelt sich um den Biesendahlshof bei Casekow, Pommern, Landkreis Randow.

44 Ebda., S. 108 f

45 FAH 23713 S. 86 ff., Hanno an Rechtsanwalt von der Goltz, 6. Mai 1938

46 Ebda.

47 FAH 23713, S. 96, Hanno an Bertha Krupp, 3.5.1938

48 Ebda, S. 90 f., Bertha an Hanno, 5.5.1938

49 Ebda., S. 16, Hanno an Bertha, 15.4.1939

50 Anmerkung der Autorin: Das Schloss lag in der böhmischen Gemeinde Klein-Skal, Bezirksgericht Eisenbrod, Bezirksamt Semil, Tschechien.

51 FAH 23240, Schriftwechsel des Privatsekretariats von GKBH mit Claus 1938–1940, S. 115

52 Ebda., S. 121

53 Ebda., S. 121

54 FAH 23237, Schriftwechsel BK und GKBH mit Claus April 1937, August 1938 – Dezember 1939, S. 150

55 Ebda., S. 12

56 Anmerkung der Autorin: Es handel sich um Waldtraut und Eckbert.

57 FAH 23237, S. 2, Brief Sita von Bohlen an Bertha vom 27.12.1939

58 FAH 23512, S. 67, Telefonnotiz Taffy vom 13. Juli 1938

59 Ebda., S. 69 f., Brief von Taffy an Tilo vom 8. Juli 1983

60 FAH 23794, S. 19 ff., Annelise an Irmgard, 22. Juni 1938, aus Wiesenburg

61 Ebda.

62 FAH 23794, S 27 f., Bertha an Irmgard, 26. Juni 1938

63 Ebda. S. 24 ff.

64 Anmerkung der Autorin: Gemeint ist das Torrener Joch, ein hochgelegenes Jagdgebiet in einem Seitental von Blühnbach.

65 FAH 23794 Brief von Bertha an Annelise, 20. August 1939

66 Ebda., S. 44 f., handschriftliche

Notiz von Taffy vom 30. August
1939
67 GM, S. 133

DER ZWEITE WELTKRIEG

1 FAH 23237, Schriftwechsel BK
und GKBH mit Claus, April 1937,
August 1938 – Dezember 1939,
S. 22
2 FAH 23237, S. 13, Taffy an Claus,
12. Dezember 1939, Auf dem
Hügel
3 FAH 23794, Brief Bertha an
Annelise vom 16.1.1940
4 FAH 4 F 55 KM, Nov. 9, 36 Jahr-
gang, 1.2.1940
5 Ebda.
6 FAH 23240, S 319, Brief von Sita
von Bohlen an Bertha, kurz nach
dem Tod von Claus, o. D.
7 Ebda., S. 307 f. Brief Sita von
Bohlen an Bertha vom 3. März
1930
8 FAH 23794, S. 61 f., Brief von
Annelise von Bohlen an Bertha,
Bayer. Gmain, 2.4.1940
9 FAH 23235, S. 104, Brief von
Annelise von Bohlen an Bertha,
Berlin 30. April 1942
10 Anmerkung der Autorin: Arnold
ist der Sohn von Claus und Sita
von Bohlen.
11 FAH 23794, Blatt 127 ff., Brief Bertha an Annelise aus Blühnbach
vom 7.9.1942
12 Ebda.
13 FAH 23714, S. 52, Brief Oberleutnant Hoffmann an Irmgard Raitz
von Frentz vom 8.9.1941
14 Ebda.
15 FAH 23714, S. 54 f., Irmgard an
Bertha, Biesendahlshof 19.9.1941

16 Ebda., S. 49, Geburtsanzeige
Sigbert
17 Ebda., S. 47, Brief Taffy an Irmgard, 3. 11. 1941
18 FAH 23721, S. 40 ff., Brief Bertha
an Irmgard vom 25. Februar
1942
19 Ebda.
20 Werner Abelshauser, Rüstungsschmiede der Nation? Der
Kruppkonzern im Dritten
Reich und in der Nachkriegszeit
1933–1951, in: Lothar Gall (Hrsg.),
Krupp im 20. Jahrhundert,
Siedler 2002
21 FAH 21788, S. 273 f., Brief Berthold an Bertha vom 13. 12. 1942
22 Ebda.
23 FAH 21788, S. 209, Brief Berthold
an Taffy, 22.5.1943
24 Ebda., S. 210, Brief Berthold an
Bertha vom?.6.1943 (Datum
unleserlich wegen Brandscha-
den). Anmerkung der Autorin:
1939 lebten auf der Krim 1,1 Millionen Menschen, davon 60 000
Deutsche, die im 18. Jh. dorthin
ausgesiedelt worden waren.
25 Ebda.
26 FAH 23687 Henry Thomas und
Hügelverwaltung 1936–1945, S. 14,
Merkblatt Luftschutzwart Hügel,
12.3.1942
27 FAH 23204, S. 24 ff., Henry
Thomas an Bertha und Taffy, 22.
12. 1942,
28 FAH 23788, S. 116, Brief Wilhelm
Berdrow an Gustav, 3.8. 1943
29 Ebda.
30 FAH 23204. S. 72 f., Brief Waldtraut an Bertha, 2.2.1944
31 Postkarte von Bertha an Emmy
Coerper, Ende Juni 1944 (Privatbesitz der Autorin)

32 Mündlicher Bericht Waldtraut an ihre Tochter Diana Maria Friz

33 FAH 23229, S. 12, K. Pfirsch an Alfried Krupp von Bohlen, Berlin, 16.9.1944

34 FAH 23229 S. 10, Aktenvermerk: Reichsdeutsche in Rumänien, Ernst von Raußendorff, Essen, den 3. November 1944

35 Ebda. S. 3, Privatsekretariat Alfried an Uffz. Schöpke, 17.1.1945

36 Mündlicher Bericht Haralds an Diana Maria Friz

37 Mündlicher Bericht Haralds an Diana Maria Friz

38 Zit. nach: Günter Bischof-Stefan Karner-Barbara Stelzt-Marx (Hrsg.), Kriegsgefangene des Zweiten Weltkrieges, 2005, München, S. 189

39 FAH 5 F 8, Briefsammlung Gustav von Bohlen Essen 1945–1955 mit Informationen zu Haralds Gefangenschaft. Referat von Prof. Dr. H. Gollwitzer am 26.3.1953 vor dem Kommendekreis der Bergwerksdirektoren: Erinnerungen an Rußland.

40 FAH VF 8, Brief von Hans Bauer an Familie Krupp, 9. 10. 1953

41 Einzelheiten siehe FAH 5F 8, Briefsammlung GKBH mit Prof. Dr. H. Gollwitzer u. a., 1953 f.

42 Ebda., S. 187

43 Mündlicher Bericht Harald von Bohlen an Diana Maria Friz

44 FAH 23228, Blatt 19 ff., Brief Eckbert an Taffy vom 6.4.1944

45 Ebda. Brief Eckbert an Bertha vom 31.3.1945

46 Ebda.

47 FAH 1083, Brief Direktorium an Bertha vom 28. August 1945

48 Ebda., Brief Hauptmann Wenzel an Gustav von Bohlen, 17. Juli 1945

49 Ebda.

50 Wilmowsky, Rückblickend möchte ich sagen, S. 225

51 FAH 1083, Brief Willi Rötger an das Direktorium vom 2. November 1945

52 FAH 23715, S. 24 ff., Brief Gustav an Irmgard vom 26. Dezember 1943

53 Ebda.

54 Abelshauser, Der Kruppkonzern im Dritten Reich und in der Nachkriegszeit 1993–1951, S. 322

55 Näheres ist nachzulesen bei Lothar Gall (Hrsg.) Krupp im 20. Jahrhundert. Berlin 2002

56 FAH 23714, S. 10, Brief Gustav an Irmgard vom 30.3.1944

57 Abelshauser, S. 437

58 Ebda., S. 443

59 Gustav Krupp von Bohlen und Halbach. Zu seinem Tode. Sonderdruck Westdeutsche Allgemeine, Essen, Veröffentlichungen zwischen dem 16. Januar und 7. Februar 1950, S. 7, Interview mit Berthold von Bohlen

60 Erinnerungen von Berthold von Bohlen, posthum zusammengefasst von Eckbert und Edith von Bohlen, 1989, S. 7 ff.

61 Mündlicher Bericht von Waldtraut Thomas an die Autorin.

62 Wilmowsky, Rückblickend möchte ich sagen, S. 227 ff.

63 Ebda.

64 Ebda.

65 Erinnerungen von Berthold von Bohlen, S. 8

66 Ebda.

67 Ebda.

68 Abelshauser, Rüstungsschmiede der Nation, in: Gall (Hrsg.): Krupp im 20. Jahrhundert, S. 469

69 Gall, S. 430 f.

70 Erinnerungen von Berthold von Bohlen, S. 7 ff.

71 Näheres ist nachzulesen bei: Diana Maria Friz, Alfried Krupp und Berthold Beitz, Der Erbe und sein Statthalter, Zürich 1988. Als aktualisiertes Taschenbuch unter dem Titel: Die Stahlgiganten, Berlin 1990 erschienen

72 Anmerkung der Autorin: Bei der Beschreibung folge ich dem Artikel ›Landsberg – von innen betrachtet‹, Die Tat, Schweizerische unabhängige Tageszeitung, 28. Oktober 1949

73 Erinnerungen von Herrn Weichert, Dezember 2009. Herr Weichert ist Autor einer Chronik über Landsberg.

74 Gall, Krupp, S. 472

DIE BUNDESREPUBLIK DEUTSCHLAND

1 Brief Bertha an Waldtraut, Blühnbach/Werfen, d. 24.1.1950, Nachlass Waldtraut Thomas

2 Bremer Nachrichten, 18. Januar 1950, Ausriss aus dem Nachlass Waldtraut Thomas

3 Erinnerungsheft Dr. Gustav Krupp von Bohlen und Halbach zum Gedächtnis. Nachlass Waldtraut Thomas

4 Brief Christel Kronen an Waldtraut Thomas, 23. 11. 1950, Nachlass Waldtraut Thomas

5 Zit. nach Diana Maria Friz,

Alfried Krupp und Berthold Beitz, S. 45 f

6 Michael Strasas, Sekt und Tulpen für Krupp & Co, Landsberg im 20. Jahrhundert, Zeitungsbericht vom 31. Januar 1951

7 Friz, Alfried Krupp und Berthold Beitz, S. 46

8 Sepp Hofreiter, Meine Dienstjahre bei Frau Bertha Krupp von Bohlen und Halbach und Familie

9 Bericht Lore von Kries, 8. 12. 1988

10 Anmerkung der Autorin: Das Hurra-Hütterl war das bereits von Erzherzog Franz Josef erbaute Kinder-Spielhaus.

11 Hofreiter, S. 8 f.

12 Hofreiter, S. 100

13 FAH IVF 63 Ernennung Frau Bertha Krupps v B u H zur Ehrenbürgerin der Gemeinde Werfen, 1956

14 Gerd von Klaas, Beilage der Kruppschen Mitteilungen Nr. 2/1956, anlässlich von Berthas 70. Geburtstag

15 Hofreiter, S. 55 f.

16 Hofreiter, S. 59 f.

17 Klaas, ebda.

18 Friz, Alfried Krupp und Berthold Beitz, S. 108 f.

19 Hofreiter, S. 85

20 FAH 4F 62, Brief Berthas an das Direktorium vom 29.3.1956, S. 7

21 FAH 4F 62, Brief Berthas an das Direktorium vom 22.8.1950, S. 2

Personenregister